オールカラーの丁寧な解説で
知識ゼロでもわかりやすい！

半導体のしくみとビジネスがしっかりわかる教科書

これ1冊で

著
田中瑞穂
Mizuho Tanaka

監修
東京電機大学工学部 教授
森山悟士
Satoshi Moriyama

技術評論社

ご注意：ご購入／ご利用の前に必ずお読みください

■免責

本書に記載された内容は、情報の提供のみを目的としています。したがって、本書を用いた運用は、必ずお客様自身の責任と判断によって行ってください。これらの情報の運用の結果について、技術評論社および著者または監修者は、いかなる責任も負いません。

また、本書に記載された情報は、とくに断りのない限り、2025年2月現在での情報をもとにしています。情報は予告なく変更される場合があります。

以上の注意事項をご承諾いただいたうえで、本書をご利用願います。これらの注意事項をお読みいただかずにお問い合わせいただいても、技術評論社および著者または監修者は対処しかねます。あらかじめご承知おきください。

■商標、登録商標について

本書中に記載されている会社名、団体名、製品名、サービス名などは、それぞれの会社／団体の商標、登録商標、商品名です。なお、本文中に™マーク、®マークは一部明記しておりません。

はじめに

シリコンに代表される半導体技術は、これまでの膨大な技術の蓄積と革新により日々進化を続けています。半導体素子と回路（半導体チップ）を一括で大量生産できる半導体製造プロセス、微細化による性能向上と低消費電力化などの利点から半導体の応用範囲は飛躍的に広がり、さらにそれを実現するために半導体技術は発展する、というサイクルが実現され、世界の最先端技術が濃縮されている分野といえます。たとえば、半導体の応用の代表格であるコンピュータはデスクトップ、ノートパソコンと性能は向上しながらもサイズは小さくなり、いまはスマートフォンが身近な高性能のコンピュータといえます。応用先の広がりとしては多種多様なセンサーが半導体で実現されています。車の自動運転においては、制御部のみならず周辺環境をモニターするための半導体センサーが搭載され、「自動車は走る半導体」と呼ばれる中で半導体が果たす役割はより大きくなるでしょう。さらに、AIやデータセンター専用の半導体チップなど、今後も幅広い分野に波及し、半導体の進化は続くと期待されます。

本書は、半導体のもっとも基本的なところから、製造プロセス、機能を持つ半導体素子のトランジスタ、それらを組み合わせた回路動作を理解するためのデジタル回路やロジックIC、データを扱ううえで重要な半導体メモリ、幅広い応用の広がりを見せる半導体センサーと、半導体技術の基本を解説しています。さらに、具体的な半導体素材や製品、主要企業、今後の市場動向などにも触れ、社会や産業を支える半導体の全体像を多角的に理解できるよう構成しました。専門的な半導体の物理や集積回路工学を学ぶのは、一般的に理工系大学の高学年次になり、さらに複数科目にまたがります。また、目まぐるしく変化する半導体産業の動向はセミナーなどで情報を得る必要があります。これから、もしくはすでに半導体に携わっている方々にとって、知っておきたい半導体の基礎知識が本書では網羅されています。進化し続ける半導体の本質への理解と、将来の技術発展を展望するうえで、本書がその一助となれば幸いです。

2025年2月
森山 悟士

CONTENTS

Chapter 1
そもそも半導体とは何か

Chapter 2

半導体はどのようにして作られるのか（前工程）

Chapter 3

半導体はどのようにして作られるのか（後工程）

Chapter 4

ディスクリート半導体の代表「トランジスタ」

Chapter 5

半導体で構成されるデジタル回路のしくみ

Chapter 6
考える機能を担う「ロジックIC」のしくみ

Chapter 7

記憶する機能を担う半導体メモリのしくみ

Chapter 8

半導体センサー

Chapter 9
主な半導体素材と半導体製品、メーカー

Chapter 10
半導体のこれから

第1章

そもそも半導体とは何か

半導体は、電気的に導体と絶縁体の中間に位置する物質です。トランジスタやダイオードをはじめ、さまざまな電子部品の製造に必要不可欠な存在といえます。半導体の材料には、主にシリコンやゲルマニウムが使用されており、特定の不純物を添加することで電気的特性の調整が可能です。

Chapter1 01

半導体はあらゆる電子機器に使われている

スマートフォンにも欠かせない「半導体」の存在

半導体はスマートフォンやパソコンといった電子機器、自動車の分野において欠かせない存在です。半導体の重要性は今後も高まり、5GやIoT、人工知能などの技術革新の支えとなっていくことが予想されています。

電子機器には半導体が多く使われている

近年、さまざまな産業や日常生活において、半導体の需要がより高まっています。半導体は、電子機器の中にある回路基板上に搭載されており、電気信号を伝達／制御する重要な役割を果たしています。つまり、半導体は電子機器の中核を担う部品であり、現代社会を支える基盤技術といえるでしょう。

私たちの生活において、半導体が果たす役割は多岐にわたります。スマートフォンやパソコンなどのデジタル機器に欠かせない部品であり、機器の性能向上や省エネ化に大きく貢献しています。また、自動車業界においても半導体の重要性が高まっており、自動運転技術の進歩や車両の電動化にともない、車載システムの制御やセンサー技術に半導体が使用されています。

これらの事例からもわかるように、半導体は私たちの生活にとって欠かせない存在です。世界における半導体の出荷額は、2015年以降増加傾向にあり、2022年には12兆5493億円に達しました。ディスクリート半導体の出荷額がもっとも大きく、自動運転技術の向上にともない画像センサーの需要も増加しています。

技術革新の支えとなる半導体

今後も半導体技術は進歩を続け、さまざまな分野での技術革新を支え、新たな価値やサービスを生み出していくでしょう。たとえば、近年の5G（第5世代移動通信システム）の普及により、大量のデータを高速でやり取りすることが可能となり、IoTデバイスのさらなる発展が期待されています。

IoT（Internet of Things）
ネットに接続された機器同士が情報をやり取りをするシステム。スマートホームや工場で活用されている。

世界の半導体出荷額の推移

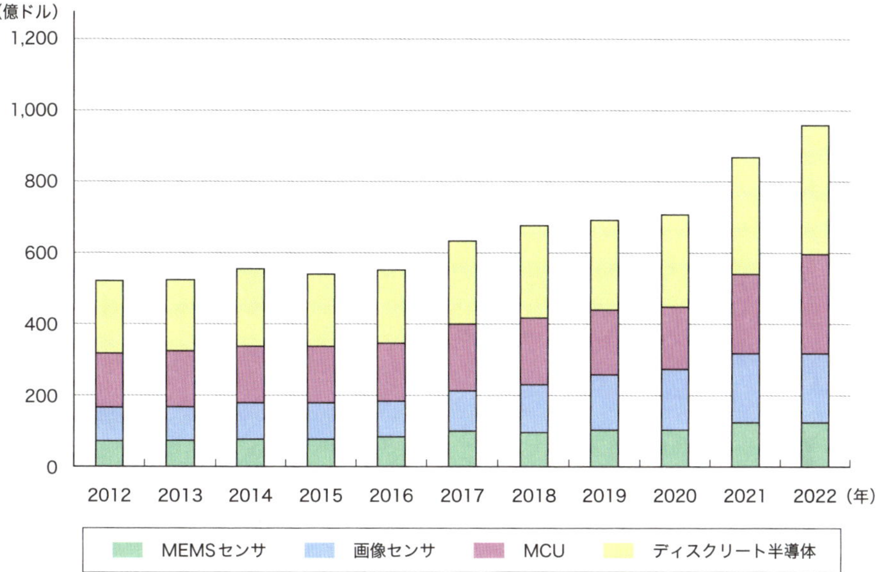

出所：総務省 令和５年版 情報通信白書より作成

日本の半導体出荷額の推移

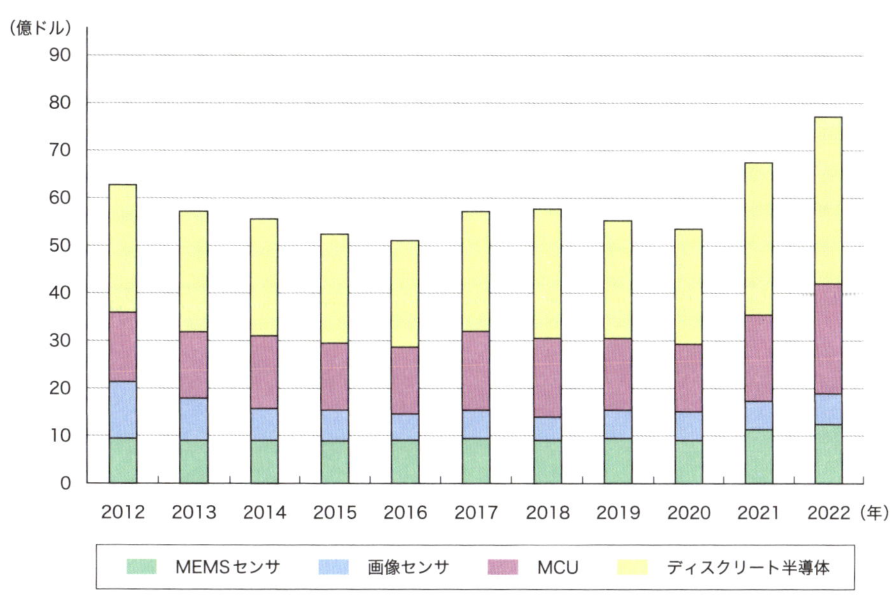

出所：総務省 令和５年版 情報通信白書より作成

Chapter1
02

電気を通しやすい物質と通しにくい物質

「導体」と「絶縁体」とは

導体は電気を通しやすい物質で、ケーブルの心線などに使われています。一方で絶縁体は電気をほとんど通さないため、ケーブル外側の被覆などに使われています。

導体と絶縁体の特性と用途

導体とは、電気を通しやすい物質のことです。高い電気伝導性を持っており、電流を効率的に伝えられます。例として、銅、アルミニウム、銀、金といった金属が挙げられます。金属は熱をよく伝える性質がありますが、これは自由に動く電子（自由電子）がたくさんあり、熱を運ぶためです。電圧をかけると、マイナスの電荷を持つ自由電子がプラスの方向へ移動し、電流となります。導体はケーブルの心線や電子機器の部品などに使われています。

一方、絶縁体はほとんど電気を通さない物質です。非常に低い電気伝導性を持っており、電流の流れを止める役割があります。身近にある絶縁体の例としてゴム、ガラス、プラスチック、セラミックなどが挙げられます。絶縁体には、自由電子がほとんど存在せず、電気が流れにくいのが特徴です。絶縁体は、電流がほかの部品や回路に漏れないように保護するための素材として使われています。電気的に導体と絶縁体の中間的な特性を持つ物質こそが「半導体」と呼ばれるものです。

導体と絶縁体で電気抵抗率が異なる

また、具体的な決まりはありませんが、一般的に導体の電気抵抗率は10^{-4}～10^{-8}Ω・cm、絶縁体の電気抵抗率は10^{8}～10^{18}Ω・cm、半導体はその中間である10^{-4}～10^{8}Ω・cmといわれています。この数字からも、絶縁体は電気抵抗が非常に高い物質であり、電気回路において電流の流れを阻止する役割を果たしていることがわかります。

一方、電気抵抗は電流の流れに対する物質の抵抗力を示す指標で、回路内で電流の流れを制御するために用いられます。

電気抵抗率
電気を通しにくさを度合いで示したもの。電気抵抗率が高いほど、電気が流れにくくなる。

導体と絶縁体の特性

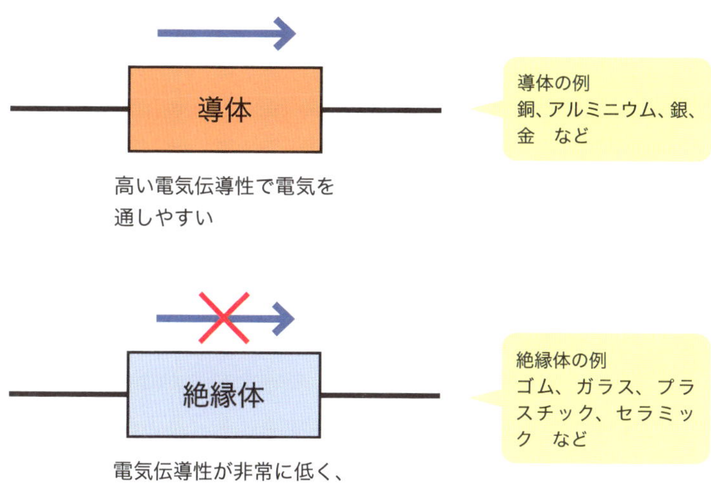

導体、半導体、絶縁体の電気抵抗率

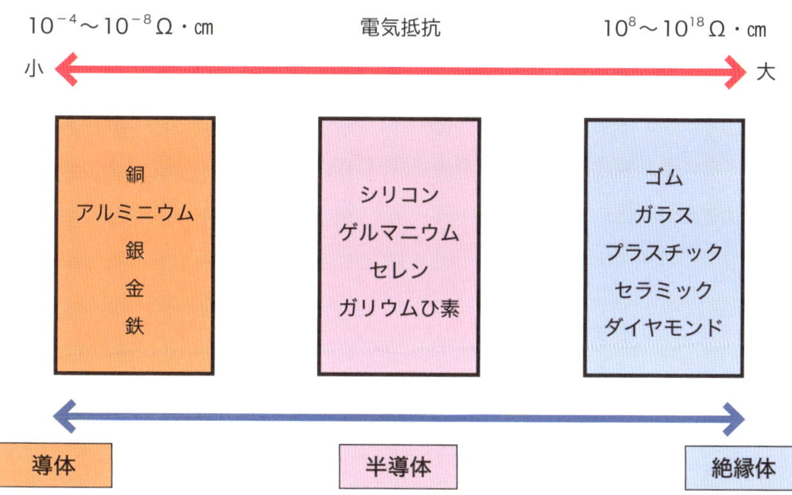

電子と価電子

Chapter1 03

原子と重要な役割を果たす価電子

電子とは最小の粒子であり、電気的現象の多くは電子によって起こります。また、価電子（原子の外側にある電子）は、元素の性質に大きな影響を与える要素です。

電子とは負の電荷を持つ最小の粒子

電子とは負の電荷を持つ素粒子の一種です。素粒子とは「これ以上分割することのできない最小の粒子」のことを指し、電気的な現象の多くは電子の挙動によって起こります。

たとえば、電流が流れるのは電子の働きによるものです。電子はマイナスの電荷を帯びているため、マイナス側からプラス側へと移動します。すると、電流はプラス側からマイナス側へと流れます。電子の流れる向きと、電流の流れる向きは逆であることに注意しましょう。

元素の化学的性質に大きな影響を及ぼす価電子

価電子とは、原子の最外殻電子のうち、化学反応において関与する電子です。原子間の化学結合を形成するときに重要な役割を果たし、元素の化学的性質の大部分は、価電子によって決まります。

最外殻電子
原子核（原子の中心にある核）から遠くなるほどエネルギーは高くなる。つまり、最外殻電子はもっとも高いエネルギーを持つ電子である。

たとえば水分子（H_2O）は水素原子と酸素原子から構成されています。水素原子は1つの価電子を持ち、酸素原子は6つの価電子を持っています。

原子がもっとも安定するのは最外殻が満たされて閉殻したときです。最外殻を満たすためには水素原子はあと1つ、酸素原子はあと2つの価電子が必要です。このため、2つの水素原子と1つの酸素原子が結合して水分子を形成します。このような結合を共有結合と呼びます。

共有結合
原子と原子で結合を行うとき、いくつかの価電子を出して、共有することで結合が行われる。

電子と価電子

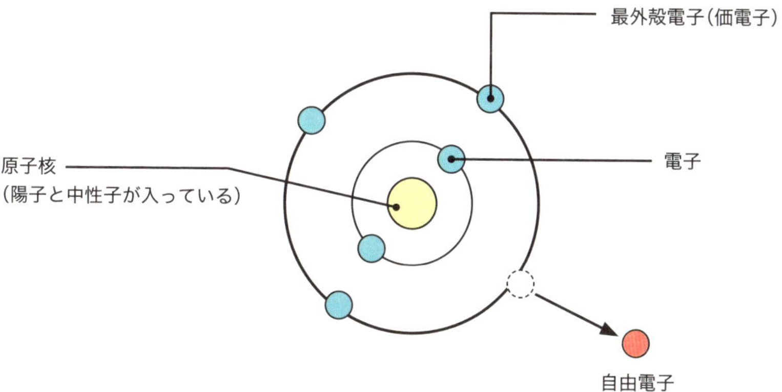

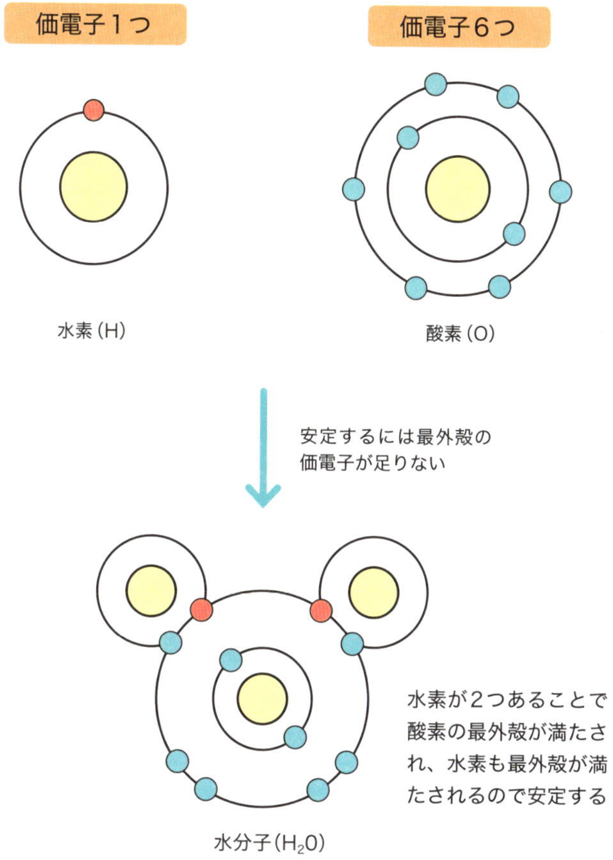

最外殻電子(価電子)
原子核
(陽子と中性子が入っている)
電子
自由電子

価電子1つ
価電子6つ
水素(H)
酸素(O)
安定するには最外殻の
価電子が足りない
水素が2つあることで
酸素の最外殻が満たさ
れ、水素も最外殻が満
たされるので安定する
水分子(H_2O)

Chapter1
04

電気的な力を生み出すための要素

半導体の動作原理にかかわる電子と正孔

導体は電気を通しやすく、絶縁体は電気を通さない特性を持つ物質です。その中間に位置する物質が半導体と呼ばれるものです。これらの物質が持つ電気伝導性の違いにより、電気回路の機能を制御します。

負の電荷を持つ粒子を電子という

電子とは原子の周りを回る小さな粒子で、負の電荷を持っています。電荷とは、物質が持つ電気の性質のことで、電気的な力を生み出すために必要な要素です。原子の中心には原子核と呼ばれる部分があり、正の電荷を持つ陽子と電荷を持たない中性子から構成されています。原子核の周りを電子がぐるぐると回るような構造になっています。原子の性質にもっとも影響を与えるのは、原子核内の陽子の数であり、この数によって元素の特徴や化学的性質が決まります。

電気伝導の主なメカニズムは、原子核に束縛されていない、自由に動ける電子（自由電子）が電場の影響を受けて移動することです。導体の場合、自由電子が多く存在するため電気が容易に流れます。一方で、半導体では自由電子の数が限られているため、電気伝導性が導体よりも低くなります。

価電子が抜けると正孔と呼ばれる空間ができる

正孔（ホール）とは、負の電荷を持つ価電子が抜けたあとに残る空間のことです。シリコン（Si）のような4価元素に、ホウ素（B）やガリウム（Ga）といった3価元素を少量混ぜると、電子が1つ足りない不完全な部分ができます（正孔）。

半導体内で原子から価電子が離れて自由電子になると、元の原子には正の電荷が残ります。この正の電荷が正孔です。正孔は電場の影響を受けて、価電子とは逆の方向へ移動し、このときに電流が発生します。正孔の移動は、近くの価電子がほかの正孔の場所に移ることで発生します。この自由電子と正孔はキャリアと呼ばれ、電流を運ぶために重要な要素です。

原子
物質を構成する基本単位。中心にある原子核と、その周りを回る電子から成り立っている。

電場
電荷の存在によって、電気的な力が生じる空間。電場の強さは、電荷の大きさや距離に関係する。

逆の方向へ移動
正孔はプラス側からマイナス側へ移動し、正孔による電流もプラス側からマイナス側へ流れる。正孔の流れる向きは電流の流れる向きと同じになる。

キャリア
電流の担い手となるものをキャリアと呼ぶ。半導体では自由電子と正孔（ホール）の2種類のキャリアが存在する。

原子と電子

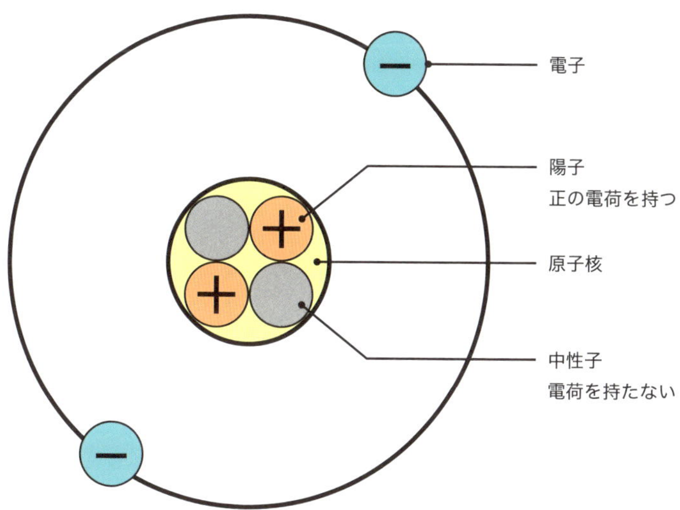

価電子の動き

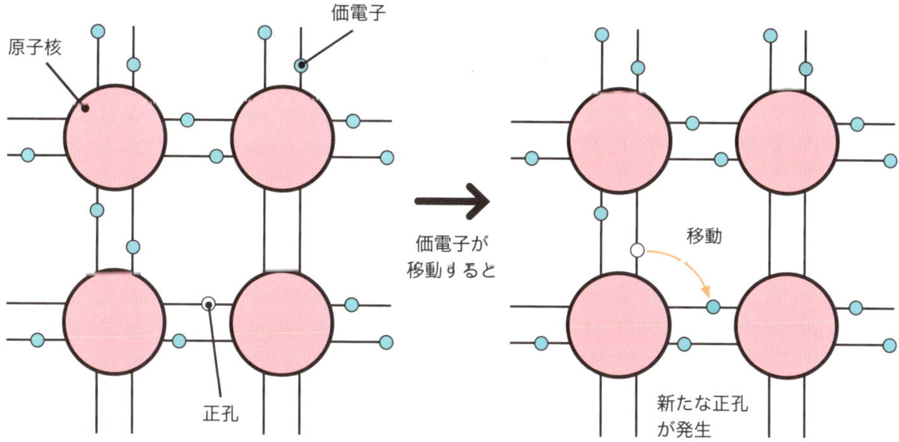

※原子核と価電子のみを描いた簡易モデル

Chapter1
05

半導体は絶縁体と導体の中間的性質を持つ

半導体が持つ2つの性質

半導体は絶縁体と導体の中間に位置する物質で、外的要因によって特性が大きく変動します。真性半導体は純粋な材料で構成され、不純物半導体は、ドーピングによって電気的特性が向上します。

半導体は外的要因によって特性が変動する

半導体は、絶縁体と導体の中間に位置する物質です。温度、光の照射の度合い、不純物の添加などによって特性が大きく変動します。たとえば、周囲温度が低いと半導体内部の電子がほとんど動かず、絶縁体のようなふるまいをします。また、半導体に光が照射されると、半導体の電気伝導性が増加して、導体に近い特性を示すようになります。

「真性半導体」と「不純物半導体」

半導体は大きく分けて「真性半導体」と「不純物半導体」の2つに分類できます。真性半導体には不純物が添加されておらず、純粋な半導体材料で構成されています。純度99.999999999％といった高い純度の半導体材料であり、電気を通しにくい物質です。真性半導体の代表例として、シリコン（Si）やゲルマニウム（Ge）といった単一元素からなる半導体が挙げられます。真性半導体そのものは電気伝導性が低いですが、温度や光が加わることで電気が流れるようになります。

一方、真性半導体に、微量の不純物を添加したものが不純物半導体です。不純物を加えると電気的特性が変化し、導体に近い特性を示すようになります。これが「ドーピング」と呼ばれる技術です。ドーピングによって、半導体の電気伝導性が大幅に向上し、N型半導体やP型半導体など、さまざまな電気的特性を持つ半導体が生成されます。

不純物半導体は、その高い電気伝導性を生かし、トランジスタやダイオード、太陽電池などに広く利用されています。

シリコン（Si）
ケイ素とも呼ばれる。元素番号14番。シリコーン高分子材料としても多く使われている。

単一元素
1種類の元素のみから構成されている物質。リン、銅、金などが該当する。

太陽電池
太陽エネルギーを電気的なエネルギーへ変換する機器。

周期表（抜粋）

Ⅱ族 (12)	Ⅲ族 (13)	Ⅳ族 (14)	Ⅴ族 (15)	Ⅵ族 (16)
	5 B ホウ素	6 C 炭素	7 N 窒素	8 O 酸素
	13 Al アルミニウム	14 Si シリコン	15 P リン	16 S 硫黄
30 Zn 亜鉛	31 Ga ガリウム	32 Ge ゲルマニウム	33 As ヒ素	34 Se セレン
48 Cd カドミウム	49 In インジウム	50 Sn 錫	51 Sb アンチモン	52 Te テルル
80 Hg 水銀	81 Tl タリウム	82 Pb 鉛	83 Bi ビスマス	84 Po ポロニウム

「族」とは周期表における縦の列のこと。同じ族に属する元素は、似たような化学的性質を持つ。また、Ⅱ～Ⅵの数字は価電子の数を示す

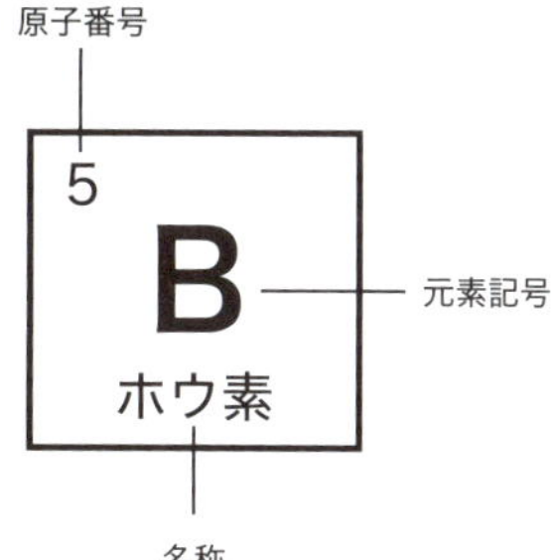

真性半導体

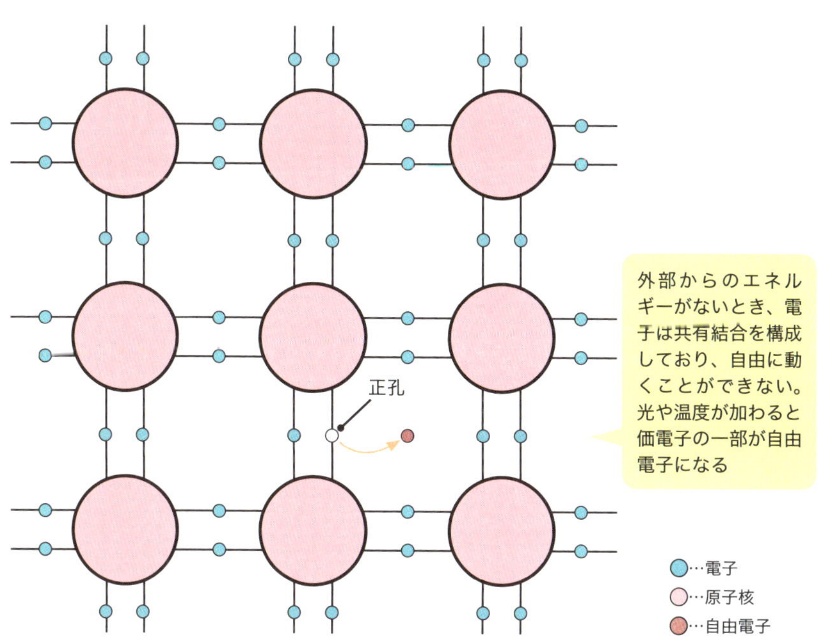

Chapter1
06

シリコンは半導体に多く使用されている材料

半導体は何から作られているのか

半導体の材料はシリコンが一般的です。これは、シリコンが豊富な資源と優れた特性を持つためです。シリコンのほかに、ゲルマニウムやカーボンといった材料が使われることもあります。

シリコンが半導体材料として使われる理由

半導体の材料には、シリコン（ケイ素）が多く使用されており、これにはいくつかの理由があります。まず、シリコンは高い純度を持つ材料であり、原料である珪石が地球上に多く存在する資源です。そのため、半導体の安定した供給が可能となります。シリコンは99.999999999％（イレブンナイン）以上の純度を持つ結晶を製造可能で、非常に高い品質の半導体デバイスを製造することが可能です。半導体製造過程において、シリコンウェハーの表面に二酸化ケイ素（SiO_2）が形成されます。二酸化ケイ素は優れた絶縁性を持ち、半導体を製造するうえで欠かせない存在です。

イレブンナイン
純度99.999999999％（9が11桁並ぶ）を意味する。不純物が極めて少ない高純度なシリコンなどを指す際に使われる。

シリコンウェハー
半導体の基盤となる部分で、シリコンから切り出した薄い板である。

物質の電気伝導と半導体の性質

物質の電気伝導は、電子のエネルギー状態で説明できます。エネルギーバンド図では、電子のエネルギーを縦軸に示し、価電子帯、バンドギャップ、伝導帯の3つの領域に分割できます。価電子帯は電子が詰まった領域で、バンドギャップは電子が存在できないエネルギーの空白領域です。伝導帯はバンドギャップの上に位置し、電子が自由に動ける空の領域です。

導体は伝導帯に電子が多く存在し、電子が自由に動いて電気を通します。一方、絶縁体では伝導帯が空で、価電子帯に電子が完全に詰まっているため、電気を通しません。半導体は絶縁体よりもバンドギャップが小さく、光や熱、ドーピングなど外部からの影響によって電気伝導を制御できます。

また、シリコンは約1.1eVの大きなバンドギャップを持ち、ほとんど電気を通さない性質があります。そのため、シリコンは半導体材料としてもっとも多く使用されているのです。

eV
「電子ボルト」のこと。エネルギー単位の1つ。1eVは、電子が1Vの電位差を通過するときに得るエネルギーを示す。

導体、半導体、絶縁体のバンドギャップ

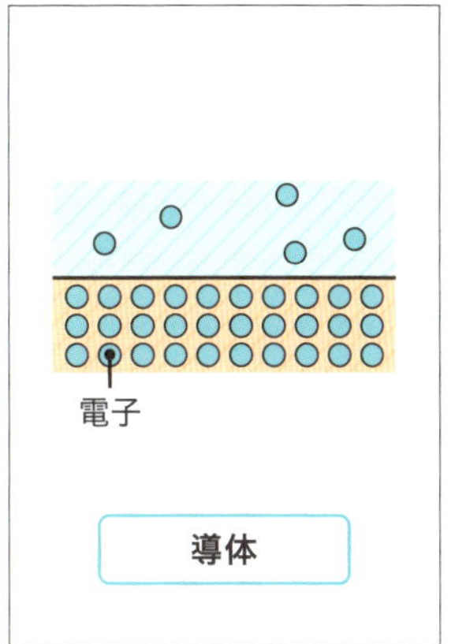

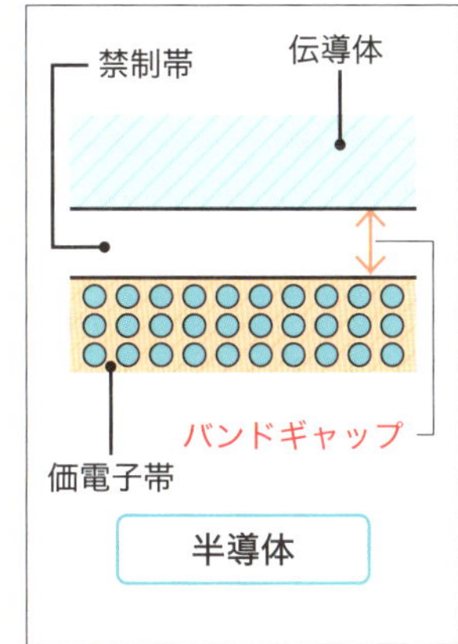

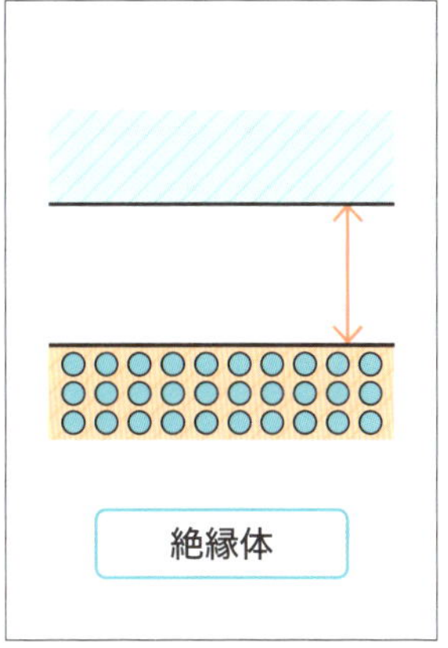

半導体はバンドギャップが狭く、絶縁体では広くなります。バンドギャップが狭いことで、外部からの影響によって電気伝導を制御できます

半導体の種類について

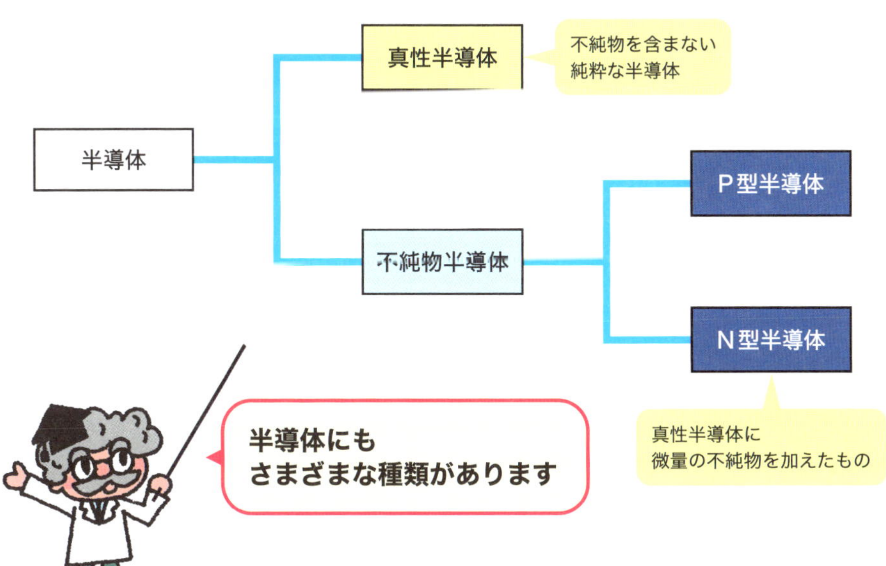

Chapter1 07

Positive と Negative

P型半導体とN型半導体

P型半導体は、3価元素を添加し、正孔を生成して電流を伝導させます。一方、N型半導体は、5価元素を添加し、自由電子を供給することで電流を伝導させます。

プラスの電荷を持つP型半導体

P型半導体とは、ホウ素（B）やアルミニウム（Al）など、3つの価電子を持つ3価元素を不純物としてシリコンに添加した半導体のことです。

たとえば、シリコンにホウ素を添加した場合、ホウ素の3つの価電子は、すべてシリコン（4価元素）の4つの価電子と結合しますが、1つ価電子が不足します。つまり、欠けた状態となって正孔が生成されるのです。この3価元素はアクセプタと呼ばれ、価電子帯から電子を受け取り正孔を生成します。

正孔は電子が欠けた部分を埋めるように動くことで、電流が流れるようになります。正孔はプラス（Positive）の電荷を持つことからP型半導体と呼ばれています。

ホウ素（B）
原子番号5の元素。絶縁体や断熱材に使われる。

アクセプタ
価電子帯から電子を受け取り正孔を生成する。

マイナスの電荷を持つN型半導体

N型半導体とは、シリコンに微量の5価元素を不純物として添加した半導体のことです。5価元素とは、5つの価電子を持つ元素のことを指します。5価元素の例として、リン（P）、ヒ素（As）、アンチモン（Sb）などが挙げられます。

たとえば、シリコンにリンを添加した場合を考えてみましょう。シリコンの価電子が4つであるのに対し、リンの価電子は5つです。リンの価電子4つ分はシリコンとの結合に使用され、余った1つ分の電子が自由電子となります。この5価元素はドナーと呼ばれ、伝導帯に電子を供給します。自由電子の数が増えることで、シリコンは電気を流しやすくなり、電気伝導性が向上します。この自由電子はマイナス（Negative）の電荷を持つことから、N型半導体と呼ばれています。

アンチモン（Sb）
原子番号51の元素。半導体の材料や電極に使われることが多い。

ドナー
伝導体へ電子を供給する。

P型半導体

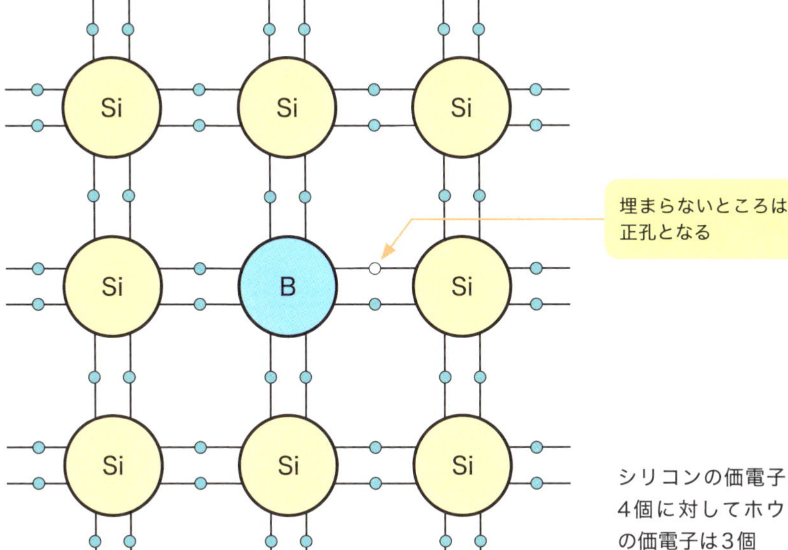
Si
Si
Si
埋まらないところは正孔となる
Si
B
Si
Si
Si
Si
シリコンの価電子が4個に対してホウ素の価電子は3個

N型半導体

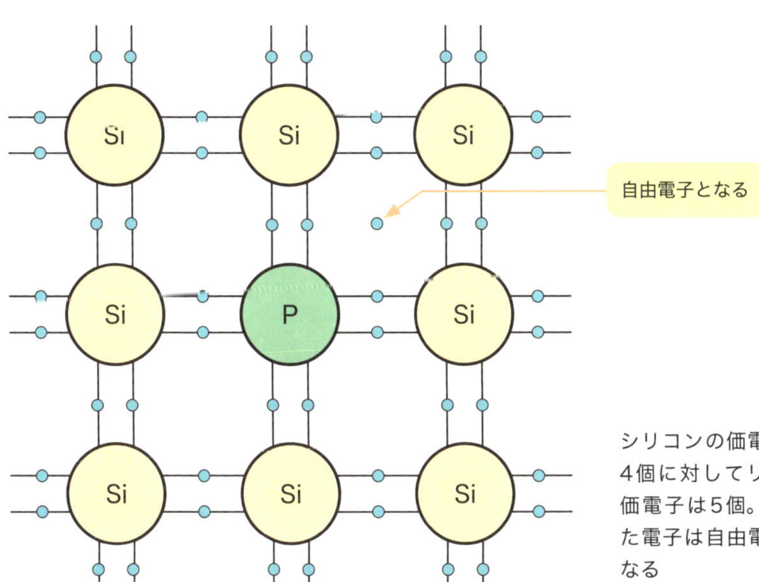
Si
Si
Si
自由電子となる
Si
P
Si
Si
Si
Si
シリコンの価電子が4個に対してリンの価電子は5個。余った電子は自由電子となる

半導体の保護に必要不可欠

Chapter1 08

PN接合の基本であるダイオード

ダイオードは整流作用を持つ半導体デバイスで、電流を制御するために重要な役割を果たします。その一方で、ツェナーダイオードは特定の電圧で大量の電流を流し、半導体を保護する働きがあります。

ダイオードの基本的な動作原理と特性について

ダイオードとは、電流が一定の方向にしか流れない特性を持ち、これを整流作用と呼びます。2つの端子を持つ半導体デバイスで、基本的にはPN接合から構成されています。

P型半導体に接続される電極をアノード（A)、N型半導体に接続される電極がカソード（K）と呼びます。

アノード側にプラスの電圧、カソード側にマイナスの電圧を加えることで、電流が流れます。これを順方向バイアスと呼びます。一方、逆向きの電圧を加えても、電流はほとんど流れず、これを逆方向バイアスと呼びます。

これらの特性により、ダイオードはAC（交流）をDC（直流）に変換する整流器、電圧を安定させる電圧レギュレータ、電流を制限する保護デバイスなど、電子回路の広範囲にわたって利用されています。

PN接合
P型半導体とN型半導体を接合した構造のこと（30ページ参照)。

アノード
正極側の電極。電子が離れていく場所。

カソード
負極側の電極。電子が集まる場所。

AC（交流)
時間と共に電流や電圧が規則的に方向を変える電気エネルギーのこと。家庭で使う電気は交流。

DC（直流)
一定の方向にしか流れない電気エネルギー。自動車やパソコンといったバッテリーを内蔵した製品に使われる。

ツェナーダイオードの特性

ツェナーダイオードは逆方向バイアスで動作するタイプのダイオードです。逆方向電圧を加えたときに、一定の電圧を超えると急激に大電流が流れるようになり、これを降伏現象と呼びます。このときの逆方向電圧の大きさをツェナー電圧と呼びます。このツェナー電圧を利用して、電圧制御や電圧保護用のデバイスとして多く利用されています。

たとえば、サージ電圧のような非常に大きな電圧が直接半導体にかかると、故障してしまいます。しかし、前段階にツェナーダイオードを挿入することで、サージを吸収し、半導体を保護します。

ダイオードの動作原理

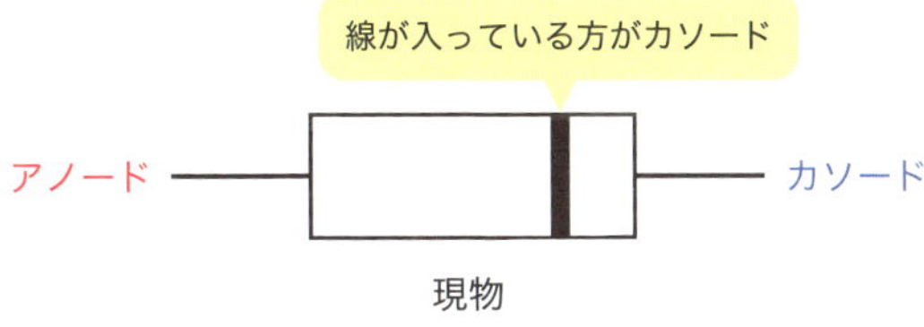

P型半導体とN型半導体が接合されることでダイオードが形成される

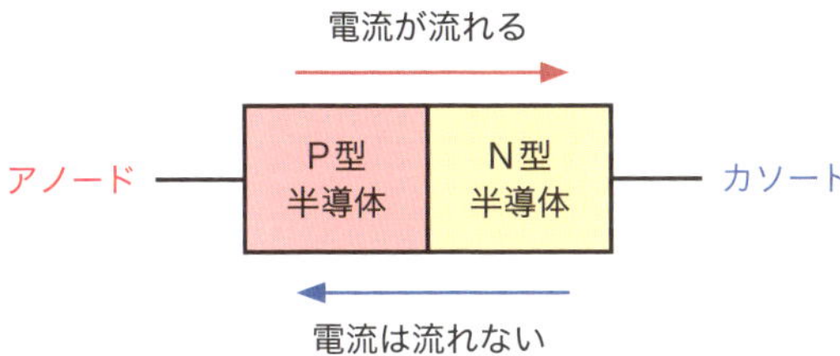

ツェナーダイオードと基本特性

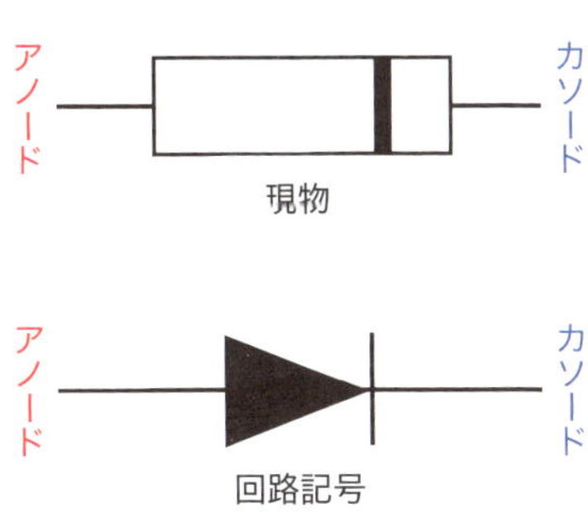

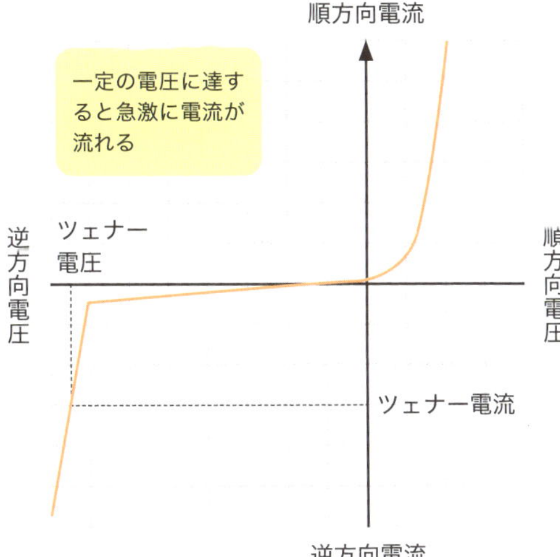

Chapter1
09

電子自由度が高くバンドギャップを選べる

2種類以上の元素を組み合わせた化合物半導体

化合物半導体は、原子の組み合わせによって、バンドギャップを自由に変化させられます。中でも、II―VI族半導体とIII―V族半導体は光ダイオードや高速電子デバイスの材料として利用されています。

原子の組み合わせでバンドギャップを調整できる

化合物半導体とは、2種類以上の原子が化学結合してできる半導体のことです。化合物半導体の最大の強みは「広範囲にわたって特性を調整できる」点にあります。通常、半導体のバンドギャップはその半導体を構成する元素によって決まるため、特性を大きく変化させることはできません。しかし、化合物半導体であれば、原子の組み合わせによって、自由にバンドギャップを調整できます。バンドギャップが大きいほど、高電圧と高温に耐えられるようになります。その観点から、パワー半導体デバイスの領域でその能力を発揮します。

さらに、多くの化合物半導体は、シリコン（Si）よりも高い電子移動度を持っています。電子移動度とは、半導体内で電子がどれだけ自由に動けるかを示す物理的な指標です。この値が大きいほど電流がスムーズに流れ、半導体の全体的な性能が向上します。

II―VI族半導体とIII―V族半導体

たとえば、周期表（21ページ参照）のII族とVI族の元素が結合したII―VI族半導体は、光ダイオードの材料としてよく使われています。これは、可視光域から紫外域にわたる広範囲のバンドギャップを持っているためです。硫化亜鉛（ZnS）やセレン化亜鉛（ZnSe）がII―VI族半導体の例として挙げられます。

また、III族とV族の元素からなるIII―V族半導体は、シリコン（Si）と比較して、電子移動度が高く、高周波や高速の電子デバイスに適しています。具体的な例としてヒ化ガリウム（GaAs）や窒化ガリウム（GaN）などがあり、電界効果トランジスタ（FET）などに多く使用されています。

族
元素の周期表の縦の列の部分。同じ族に属する元素は、性質が似る傾向にある。

高周波
周波数の高いものを指す。具体的には、電波や音波が高周波にあたる。

化合物半導体の種類

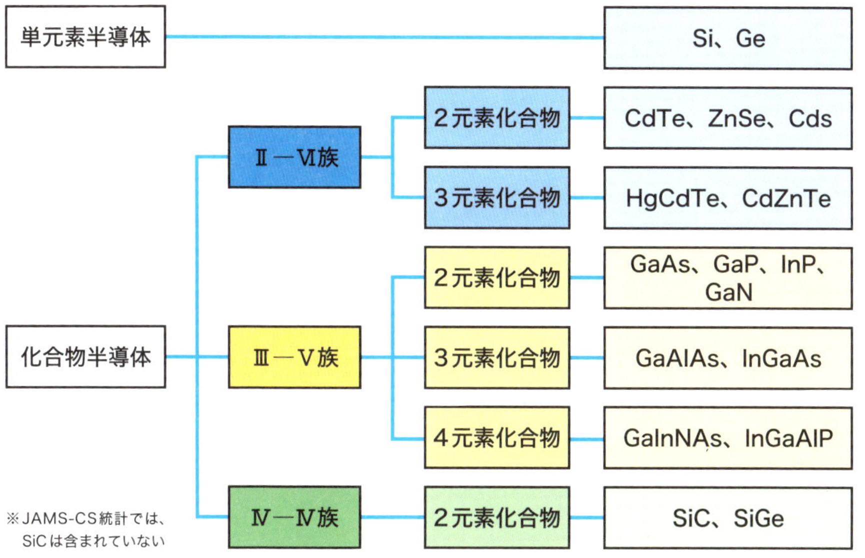

出所：経済産業省資料「化合物半導体産業の現状と課題」をもとに作成

化合物半導体の主な用途

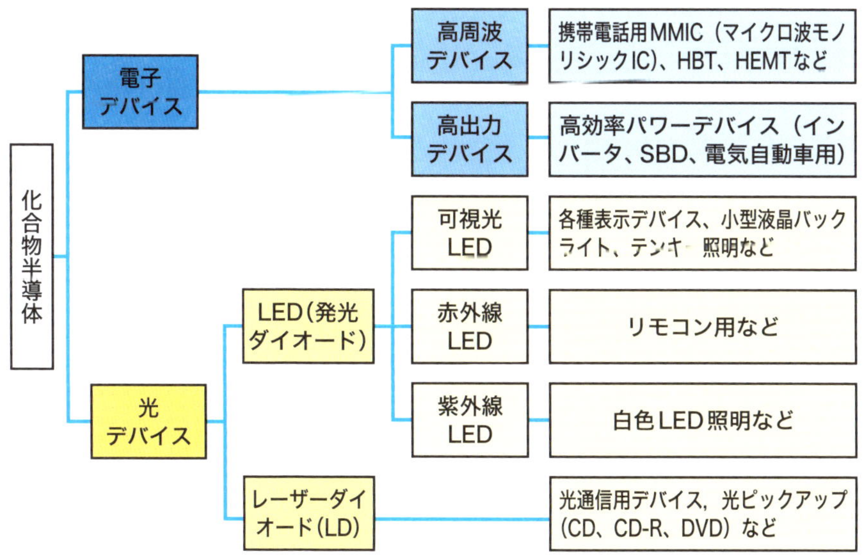

出所：経済産業省資料「化合物半導体産業の現状と課題」をもとに作成

Chapter1
10

ダイオード整流作用に欠かせないPN接合

PN接合ダイオードとは

半導体は自由電子と正孔、2つのキャリアによって電流を制御します。PN接合の形成とその順バイアスと逆バイアスの状態は、これらのキャリアの動きを理解する鍵であり、ダイオードの整流機能の核心です。

P型半導体とN型半導体が接触すると

キャリア
自由電子や正孔のように、電荷を運ぶ存在。

P型半導体は、正の電荷（正孔）が主なキャリアとなる半導体で、N型半導体は負の電荷（自由電子）が主なキャリアとなる半導体です。このP型半導体とN型半導体が接触している部分をPN接合といいます。

P型半導体とN型半導体を接触すると、P型半導体の正孔はN型半導体へ、逆にN型半導体の自由電子はP型半導体へ引き寄せられます。これが「拡散」と呼ばれる現象です。

この拡散によって、接合部付近では正孔と自由電子が結合し、キャリアの少ない「空乏層」という領域が形成されます。

イオン化したドナー、アクセプタによってP型側に負の電荷、N型側に正の電荷が残るため、電場が発生します。この電場はキャリアのさらなる拡散を抑制し、電子や正孔の流れを阻止します。

順バイアスと逆バイアス

P型半導体にプラスの電圧、N型半導体にマイナスの電圧を印加すると、順バイアス状態となります。空乏層が縮小し、電子と正孔が接合部を通過できるようになり、結果として電流が流れます。

一方、P型半導体にマイナスの電圧、N型半導体にプラスの電圧を印加すると、逆バイアス状態となります。空乏層が拡大し、電子と正孔は接合部を通過することができず、ほとんど電流は流れません。

この一方向性の特性を活かし、ダイオードは「電流の整流」としてよく使われます。

PN接合の原理

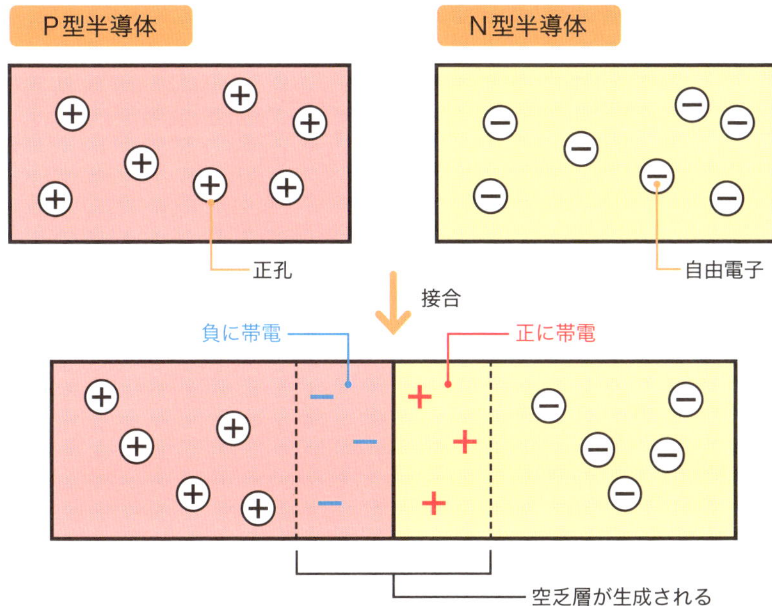
P型半導体
N型半導体
正孔
自由電子
接合
負に帯電
正に帯電
空乏層が生成される

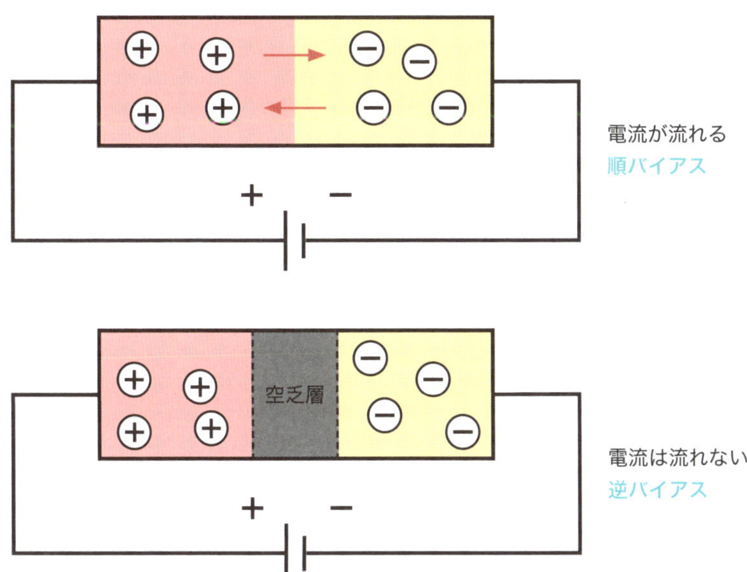
電流が流れる
順バイアス
空乏層
電流は流れない
逆バイアス

Chapter1
11

種類ごとの特徴

半導体は大きく３つに分類される

半導体デバイスは電子技術の心臓部ともいえるでしょう。ディスクリート半導体から集積回路、大規模集積回路まで、それぞれの特性を生かし、情報社会の高度化と進化を支えています。

ディスクリート半導体

ディスクリート半導体は、トランジスタ、ダイオード、FET（電界効果トランジスタ）など、1つの素子に対して1つの機能を持つ半導体デバイスです。これらは電子機器の多くの部分で使用され、電流の制御、信号の増幅、電圧の整流など、さまざまな機能を持っています。

通常、ディスクリート半導体は個別にパッケージ化され、回路基板上へ個別に実装されます。故障した際には、該当部分だけを交換でき、メンテナンスが容易です。

集積回路（IC）

集積回路（IC）は、1つの半導体チップ内にトランジスタ、ダイオード、抵抗など、複数の半導体デバイスが統合されたものです。この集積化により、大量の半導体デバイスを小さなスペースに配置でき、製品の小型化やコストの削減が可能です。半導体の小型化が進み、集積回路の集積度は年々増加傾向にあります。オペアンプ、タイマーICなどが集積回路の代表例となります。

大規模集積回路（LSI）

大規模集積回路（LSI）は、1つの半導体チップ内に、トランジスタ、ダイオードなど、1000以上の素子が組み込まれている超高密度の集積回路です。LSIは非常に複雑な機能を実現でき、コンピューターの中心部となるマイクロプロセッサ、大容量のメモリチップなどに利用されています。これにより、情報処理の高速化、省電力化、機能の高度化が可能となり、情報社会の発展を支えています。

マイクロプロセッサ
コンピューターのCPU (Central Processing Unit)を1つの半導体チップに集約したもの。コンピュータが計算したりデータ処理できるのはマイクロプロセッサのおかげ。

半導体の種類と機能、構造について

	ディスクリート半導体	集積回路（IC）	大規模集積回路（LSI）
外観			
構造	1つの素子に対して1つの機能を持つ。個別にパッケージされ、回路基板上へ個別に実装する	1つの半導体チップ内にトランジスタ、ダイオード、抵抗など、複数の半導体デバイスが統合	1つの半導体チップ内に、トランジスタ、ダイオードなど、1000以上の素子が組み込まれている超高密度の集積回路
例	トランジスタ、LED、ダイオード	オペアンプ、タイマーIC	CPU

半導体デバイスはディスクリート半導体、集積回路（IC）、大規模集積回路（LSI）の3つに分類できます

ディスクリート半導体を集約したものがICとなる

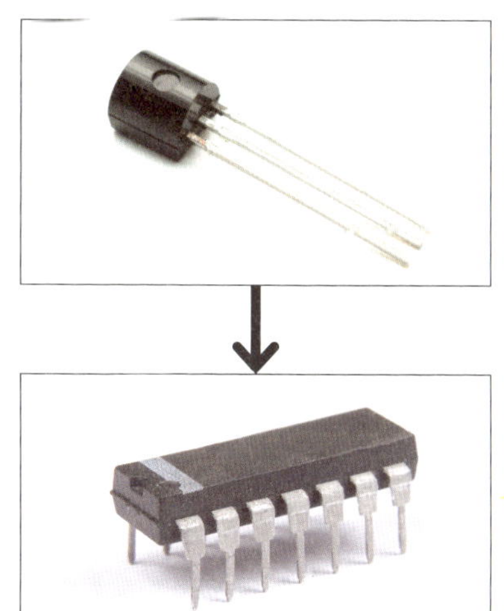

ディスクリート半導体

小型化（チップ化）して収集したものが、集積回路（IC）。より規模が大きいものが大規模集積回路（LSI）となる

Chapter1 12

スマートフォンにも使われる回路

半導体はアナログとデジタルで上手に使い分ける

アナログ回路は自然界の連続した信号をとらえます。一方で、離散的な情報を精密に処理するのがデジタル回路です。多くの電子機器は、アナログとデジタル両方の回路を組み合わせて作られています。

連続信号を処理するためのアナログ回路

電子機器は、アナログ回路とデジタル回路から構成されていることがほとんどです。アナログ回路とデジタル回路は、それぞれ特有の性能と用途を持っています。

アナログ回路とは、連続的な信号を処理する回路のことです。アナログ信号は、時間に対して任意の電圧や電流値を取ることができ、自然界に存在する多くの信号、たとえば音声や振動などが該当します。

アナログ回路を構成する主な要素として、抵抗、コンデンサ、コイル、トランジスタが挙げられます。これらを用いて、アナログ信号の増幅、フィルタリング（特定の周波数成分だけを通過させる）といった操作を行います。アナログ回路は、オーディオアンプやラジオ受信機、パワーサプライなど、多くの電子機器で重要な役割を果たします。

パワーサプライ
AC100Vといった交流電力を直流電力へ変換する機器。

2進数へと処理をするデジタル回路

デジタル回路とは、2進数（0と1）で情報を処理する電子回路のことです。正弦波のようなアナログ信号を、デジタル信号へ変換する際、0か1の離散的な信号として表現されます。もっとかんたんにいえば、電気が流れていない状態を0、流れている状態を1として表現が可能です。

コンピューターやスマートフォンなど、現代の電子デバイスの中心部はデジタル回路によって構成されています。これらのデバイスでは、デジタル信号を処理するためのマイクロプロセッサやメモリ、論理ゲートなどが集積回路（IC）として実装されています。

正弦波
周期的に繰り返す性質があり、波打つような曲線を描く。振幅（波の最大点と最小点の差）、周波数（1秒間に何回振動するか）、位相（波が始まる点）によって決まる。

アナログ回路とデジタル回路

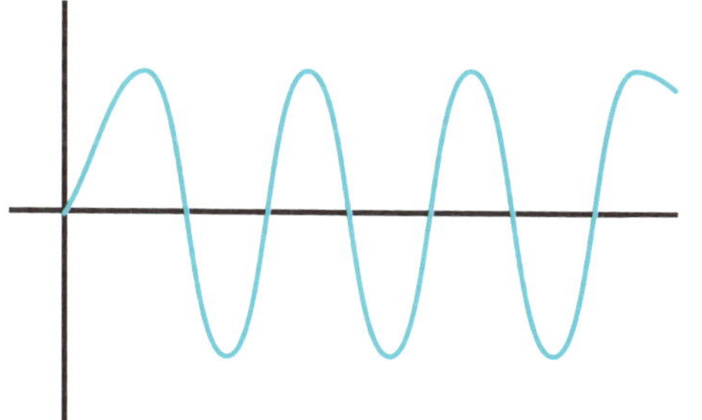

アナログ回路

アナログ信号

電圧や電流などの時間に対して連続的に変化する信号

標本化

アナログ信号を一定の時間間隔で測定。離散的なデータポイントを生成

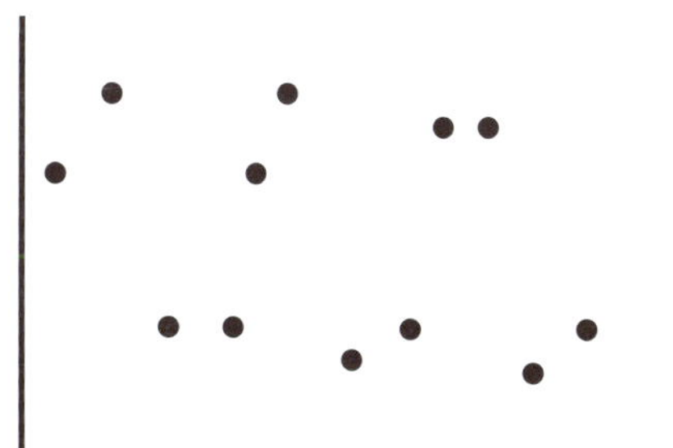

量子化

標本化したデータを近似的な整数へ変換

0	1	0	0	0
0	1	1	0	0
0	1	1	1	0
0	1	1	1	1

デジタル回路

符号化

量子化したデータポイントを0もしくは1で表現。データの保存／転送に必要

COLUMN 1

半導体不足が世界経済に与える影響

半導体不足によって製品の供給がストップする

近年、世界中で深刻な半導体不足に直面しています。この不足は、自動車からスマートフォン、さらには医療機器まで、多岐にわたる分野に影響を及ぼしています。

新型コロナウイルスの影響によって、在宅勤務やオンライン学習の需要が急増し、PCやスマートフォン、ネットワーキング機器などの需要が爆発的に高まったためです。その結果、既存の半導体サプライチェーンがプレッシャーを受け、需要に対して供給が追い付かなくなりました。

この半導体不足を受け、自動車産業では車両の生産遅延が発生しています。現代の自動車は数百個の半導体から構成されており、これらの不足が生産の妨げとなっているためです。消費者用電子機器の分野においても、スマートフォンやゲーム機、PCといった製品の発売遅延や在庫不足が報告されています。

価格上昇を招く半導体不足

この半導体不足は国内に留まらず、世界経済にも大きな影響を与えています。半導体不足による製品の出荷遅延によって、製品を市場に供給できる数が制限されます。結果として、需要が供給を上回り、製品の価格は自然と上昇する傾向になります。

また、多くの半導体はアジアの特定の国々で製造されており、これらの地域での生産がストップすることで、全世界の供給に影響を与えることが明らかになりました。供給にトラブルが生じないためには製造能力の増強、製造の地理的多様化、サプライチェーンの強化などが解決策として挙げられます。

第 2 章

半導体はどのようにして作られるのか（前工程）

第２章では、半導体製造の前工程に焦点を当て、回路設計からウェハーの検査までのステップを解説します。シリコンインゴットの切断、ウェハーのクリーニング、フォトリソグラフィ、エッチング、イオン注入といった複雑な製造プロセスを通じて、どのようにして微細な半導体デバイスが製造されるのでしょうか。

半導体デバイスが果たすべき機能を具現化するための工程

Chapter2 01

回路設計およびパターン設計

半導体製造は回路設計とパターン設計から始まります。これらの設計は、半導体の機能と性能を決定する重要なステップです。電気の通り道を作るための設計図ともいえます。

電気が流れる経路を作るための回路設計

半導体を製造するときには、まず仕様の検討から入ります。半導体にどんな機能と性能を持たせるか検討した上で、回路設計およびパターン設計を行います。この2つは、半導体デバイスが実現したい機能を生み出すための重要なステップです。

回路設計の工程では、半導体デバイスが実行すべき機能を定義した上で、それを実現するための電子回路を設計します。回路設計をするときには、専用のソフトを使用して、回路の作成およびシミュレーションを行います。

半導体の消費電力を最小限に抑えるような設計をしなければなりませんが、併せて製造コストもできるだけ抑える必要があります。

デバイスや接続線の配置を決めるパターン設計

回路設計が完了したら、次はパターン設計です。

パターン設計では、半導体チップ上に形成されるデバイスや接続線の配置と形状を決めます。各デバイスが半導体チップ上のどこに配置され、どのように接続されるかを決定するための重要な工程といえるでしょう。パターン設計をする上で、パターンの幅やパターン同士の間隔など、各メーカーによって厳密に決められています。

パターン設計で設定されたパターンは、リソグラフィと呼ばれるプロセスによってシリコンウェハー上に転写され、その後のエッチングやドーピング工程を経て、微細な配線が形成されます。

リソグラフィ
半導体デバイスや液晶ディスプレイなどの製造過程で使われる技術。パターンを生成するために必要な工程。

CMOSインバータのレイアウト図

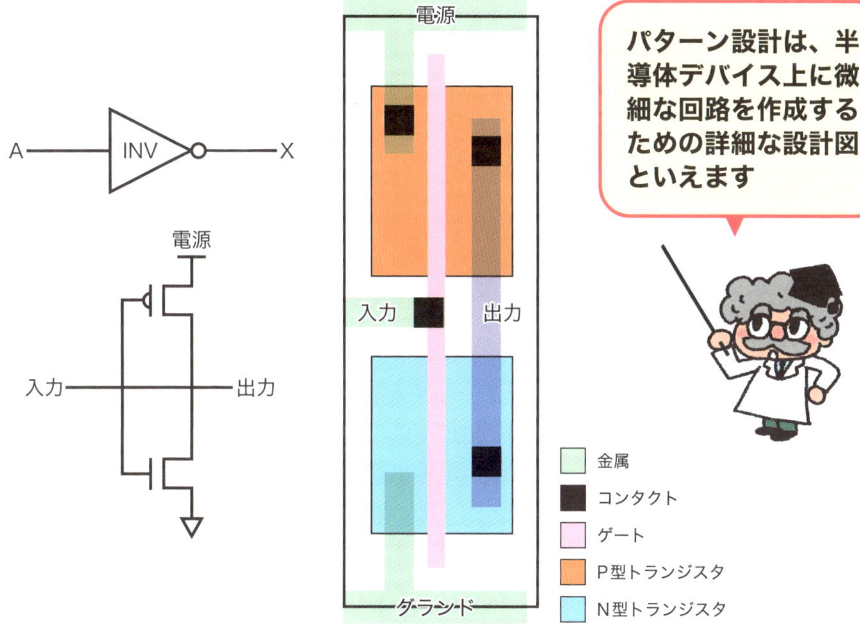

CMOS NANDのレイアウト図

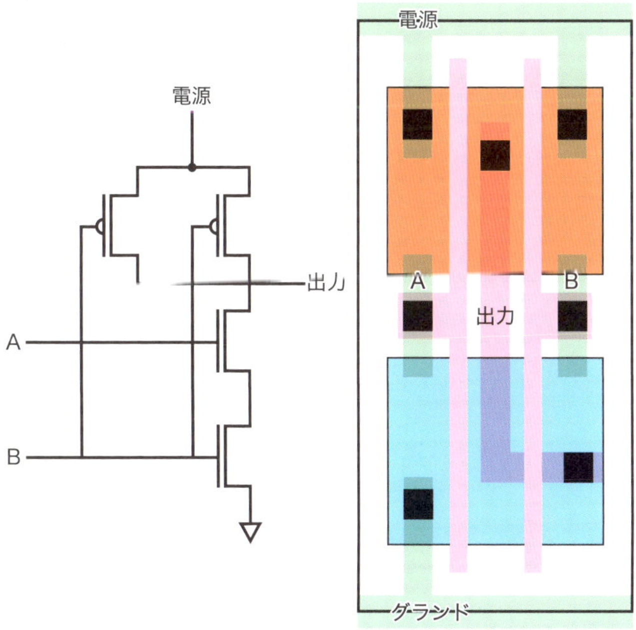

電源
出力
A
B

電源
A
B
出力
グランド

金属
コンタクト
ゲート
P型トランジスタ
N型トランジスタ

パターンがなければ、半導体はただの物質。電子的機能を持たせるためには、パターン設計が必要不可欠なのです

Chapter2
02

ネガフィルムと同じ原理のフォトマスク

フォトマスク作成

フォトマスクはパターンが微細に描かれた板のことです。その微細なパターン設定と厳密な検査が、半導体デバイスの性能と品質を決定付ける要素となります。

フォトマスクには微細なパターンが描かれる

フォトマスクとは、LSIのような集積回路のパターンが微細に描かれた板（ガラスや石英など）のことです。各デバイスの配置や接続線の配置については、すでにパターン設計の段階で詳細に決められており、この設計図をもとにフォトマスクが作られます。このとき、描写装置として高精度のレーザービームや電子ビームが使われ、板に微細なパターンを描きます。

このフォトマスクは、半導体デバイスの製造過程にて、ウェハー上にパターンを形成するために必要です。

リソグラフィと呼ばれる工程では、フォトマスクのパターンを、フォトレジストと呼ばれる感光性材料に転写するために、フォトマスクを通じて光を照射します。照射された部分のフォトレジストは、化学反応を起こし、最終的にフォトマスクのパターンがウェハー上に転写されるのです。

感光性材料
光の照射によって、物質が化学変化を発生する性質を持つ材料。写真のフィルムは感光性材料の1つ。

このプロセスが繰り返し行われることで、1つのウェハーに何百ものチップが形成されます。

性能を左右するため厳しい検査が行われる

このように、フォトマスク作成は半導体製造プロセスの土台作りとして非常に重要です。

最終的なデバイスの性能や品質を確保するために、フォトマスク作成の精度と正確さは絶対的に求められます。フォトマスクのパターンが欠けていたり、異物が付着していたりすると半導体の性能が低下し、最悪の場合は不良品へつながります。そのため、フォトマスクに欠陥がないか厳しく検査が行われ、欠陥が小さい場合には、リペア装置を用いて修正が行われます。

フォトマスク作成

フォトマスク

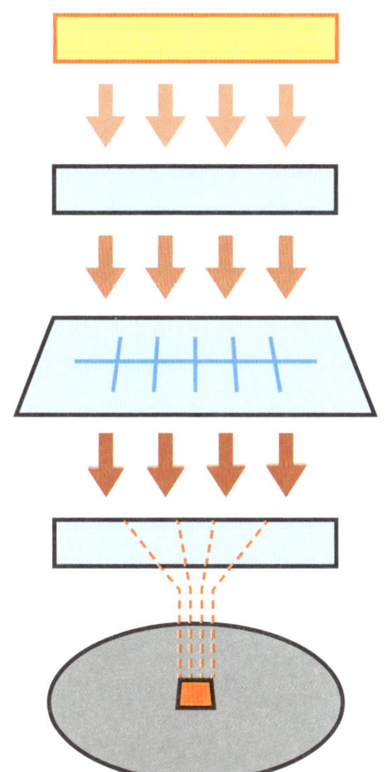

Chapter2
03

シリコンインゴットを薄く切断するとウェハーとなる

インゴットの切断

半導体の材料となるシリコンインゴットは、自然界にある珪石が材料となっており、精密な工程を経て製造されます。純度の高いシリコンインゴットが切断されることで、ウェハーが完成します。

シリコンインゴットはどのように作られるのか？

シリコンインゴットとは、溶かしたシリコンを冷却させて固めた単結晶シリコンの塊のことです。

半導体の主な材料であるシリコンは、珪石（SiO_2）から採取されます。この珪石を溶かすことで、純度の高い金属シリコンが作られ、そこから多結晶シリコンが作られます。多結晶シリコンとは、不規則に並んでいるシリコンのことです。

この多結晶シリコンに結晶成長技術を適用し、さらに純化することでようやく単結晶シリコンが生成されます。この単結晶シリコンは、シリコン原子が規則正しく並んでいるため、電子の移動がスムーズに行われ、半導体デバイスに適した材料になります。

チョクラルスキー法と呼ばれる製造方法にて作られたシリコンインゴット（単結晶シリコン）は長さが1mほど。直径が数百ミリメートルの円柱形をしているのが特徴です。

チョクラルスキー法
シリコンインゴットを作るときに用いられる代表的な製造方法。多結晶シリコンを、ホウ酸やリンと一緒にルツボに入れ、融解させる。その後、融解したシリコンに種結晶シリコン棒を付けて、引き上げる。

シリコンインゴットからウェハーへのプロセス

その後、シリコンインゴットは、必要に応じた長さへと切断されます。その後、ワイヤーソーやダイヤモンドブレードを使用して、薄いディスク状に切断されます。この切断されたディスクがシリコンウェハーと呼ばれるものです。このプロセスは非常に繊細であり、最高の精度が要求されます。

切断方法については、製品の要求される精度や切断する材料によって異なります。

シリコンインゴットが半導体製造の上でもっとも使われる材料ですが、このほかにもゲルマニウムインゴットなどが使われることもあります。

シリコンはどのように作られるのか

半導体の主な材料であるシリコンは珪石から採取され、以下の流れで加工される

珪石（SiO_2）　→　金属シリコン　→　シリコンインゴット

シリコンインゴットの切断

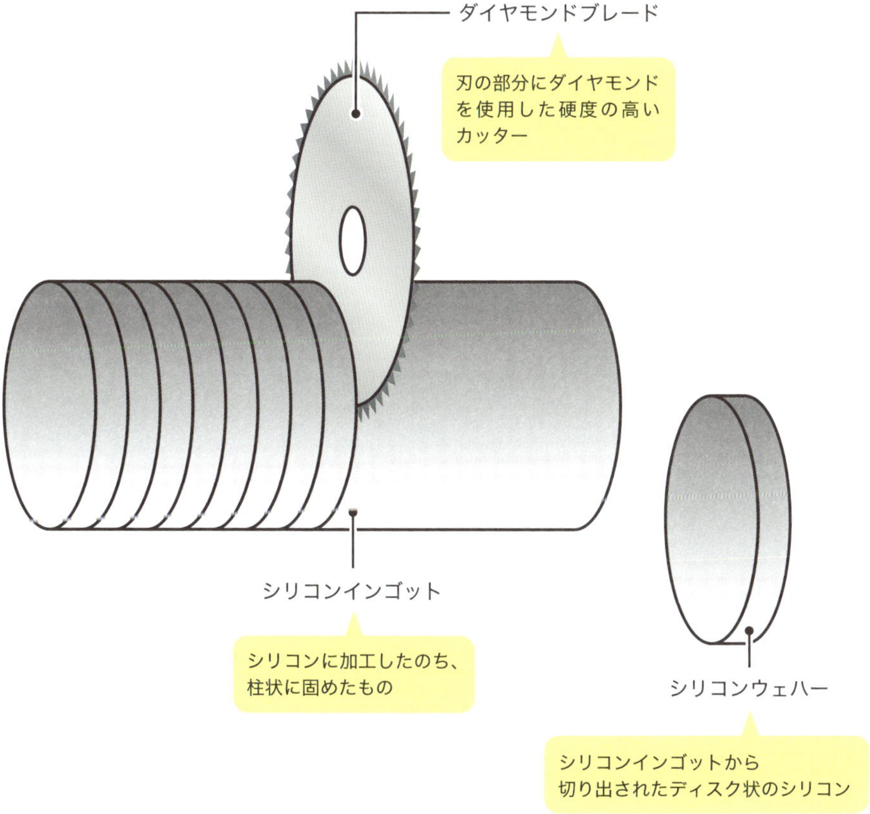

ダイヤモンドブレード

刃の部分にダイヤモンドを使用した硬度の高いカッター

シリコンインゴット

シリコンに加工したのち、柱状に固めたもの

シリコンウェハー

シリコンインゴットから切り出されたディスク状のシリコン

ウェハー上に欠陥が生じないようにするためのクリーニング

Chapter2
04

ウェハーのクリーニング

ウェハーのクリーニングに使用される洗浄装置や方法には、いくつか種類があります。製品の品質とコストパフォーマンスに大きな影響を及ぼすため、それぞれの特徴を理解することが重要です。

洗浄装置はバッチ式と枚葉式の2つ

クリーニングは、ウェハー表面に存在する微細な汚れを除去する重要なプロセスです。ウェハーに汚れが付着していると、正常なパターンが形成されず、デバイスの性能が低下する恐れがあるためです。

ウェハーの洗浄装置には「バッチ式」と「枚葉（まいよう）式」の2種類があります。

バッチ式では、一度に多くのウェハーを同時に処理できる点が強みです。特定の化学薬品や水でウェハーを洗浄したあと、乾燥プロセスを経て次の製造工程へ進みます。バッチ式は、コストパフォーマンスに優れている一方で、枚葉式と比較して、ウェハーの洗浄品質は劣る傾向があります。

枚葉式では回転しているウェハーに対して、化学薬品を吹き付けて洗浄する方法です。1枚ずつウェハーが処理されるため、洗浄の品質と精度が向上しますが、一度に処理できるウェハーの数が限られます。バッチ式と比較して処理能力は低く、製造コストが高くなる可能性があります。

ウェハーの洗浄方法はウェット式がほとんど

ウェハーの主な洗浄方法は、化学薬品を使ってウェハーの表面を洗浄するウェット式です。ウェハーの表面に付いた汚れや不純物を効果的に除去できるため、多くの半導体製造プロセスで活用されています。

一方、ドライ洗浄では液体ではなく**ガス**を使用して洗浄を行います。微細なパターンを持つウェハーや高精度が要求される場合は、ドライ洗浄の方が適しているといえるでしょう。

ガス
ウェハー表面にガス状態の薬剤が触れて、ガス中に不純物が溶けて取り除かれる。

ウェハーのクリーニング

バッチ式

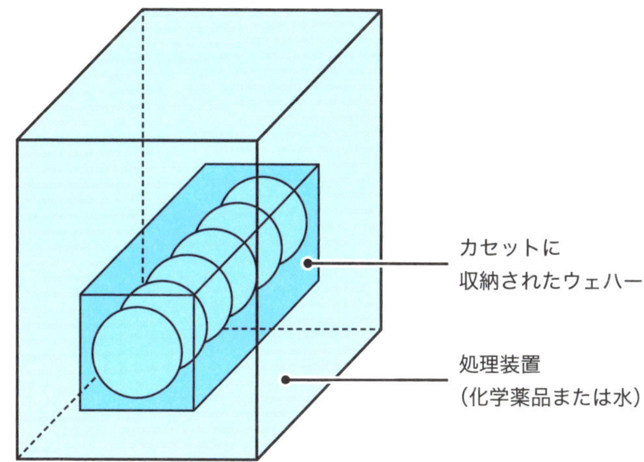

松葉式

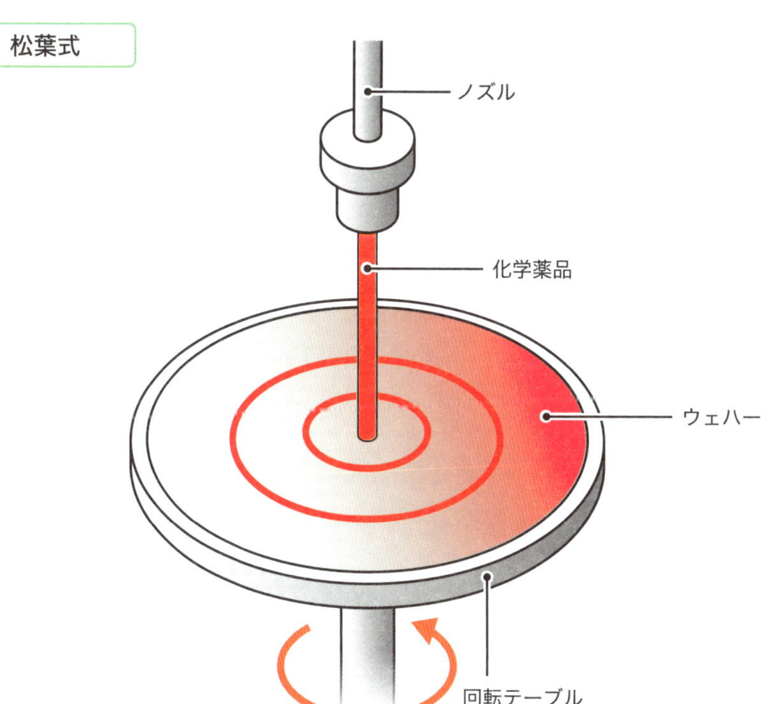

Chapter2
05

回路パターンの形成に必要不可欠な技術

写真の現像技術を利用したフォトリソグラフィ

フォトリソグラフィは、写真の現像技術をもとにした半導体製造において重要なプロセスです。ウェハーにフォトレジストを塗布し、マスクを用いた露光を通じて微細な回路パターンを形成します。

写真の現像技術との関連性について

フォトリソグラフィとは、半導体製造において不可欠なプロセスであり、写真の現像技術を応用して微細な回路パターンをチップ上に形成する技術です。写真の現像技術は、特殊なフィルムに撮影した画像が記録され、その後、特定の薬品を使って目に見える形で画像へ変換する方法です。

具体的に、このリソグラフィは「塗布」「露光」「現像」「エッチング」「フォトレジストの除去」の工程から構成されています。

パターンが形成されるまでの一連の流れ

塗布工程では、ウェハー表面にフォトレジストと呼ばれる感光性材料を均一に塗布します。その後、マスクを使用してフォトレジストに特定のパターンを露光します。

その後、マスクを使用してフォトレジストに光を当てると、マスクのパターンに応じて光が当たる部分と当たらない部分が生じます。露光された部分のフォトレジストは化学的に変化し、後工程で洗い流すことが可能です。

一方、光が当たらなかった部分はそのまま残ります。このプロセスによって、ウェハー上に目的の回路模様が正確に形成されるのです。

現像工程では、露光された部分のフォトレジストを化学的または物理的に除去します。その後、エッチング工程にてウェハー上に回路パターンを形成します。そして、ウェハー上に残っているフォトレジストを洗い流すと、クリーンな回路パターンだけがウェハー上に残ります。

フォトリソグラフィの工程

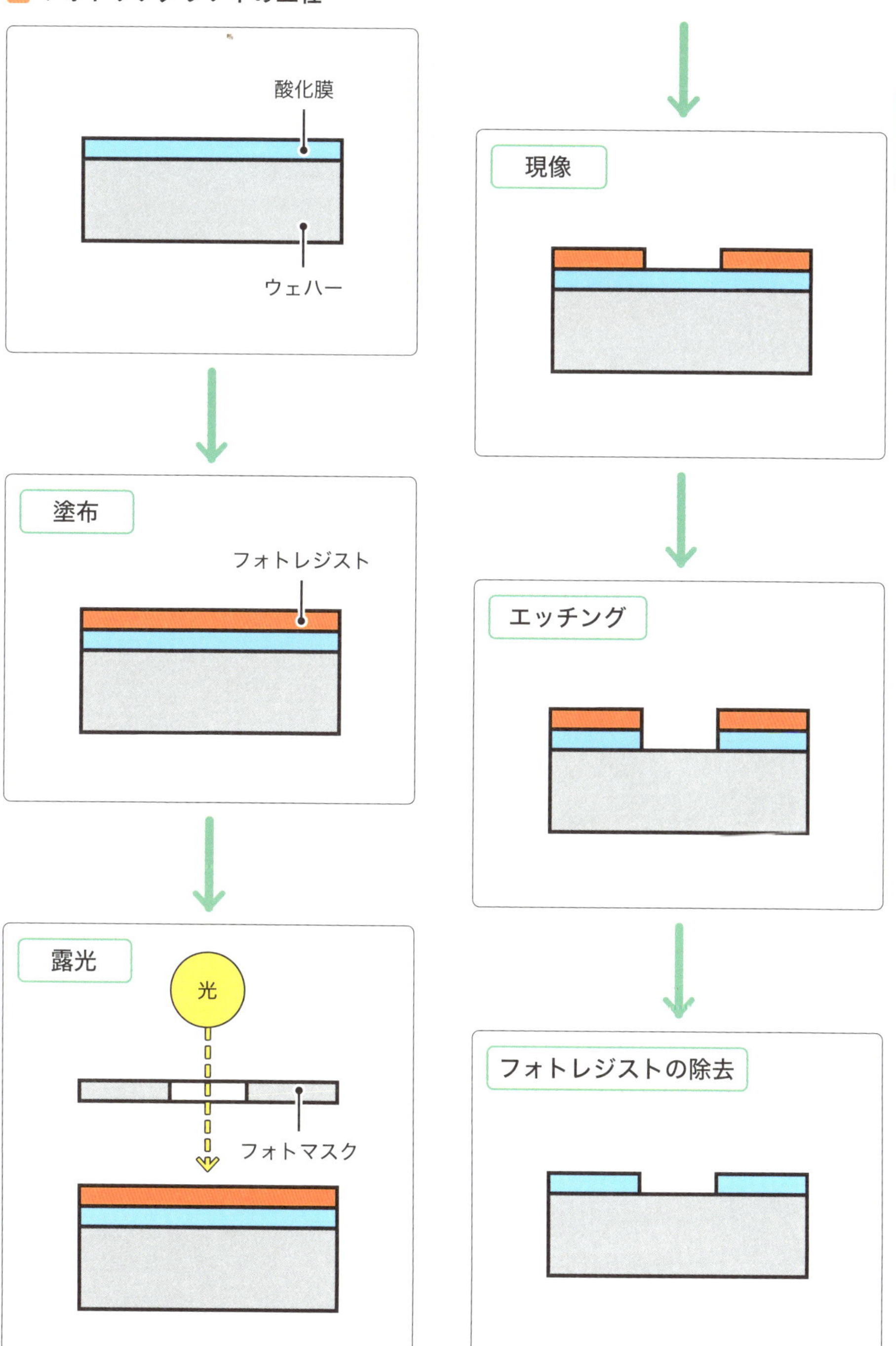

Chapter2
06

特定のパターンをウェハー上に刻む

微細なパターンを形成するためのエッチング

エッチングは、半導体製造において微細なパターン形成に不可欠な技術です。ウェットエッチングは大量生産とコスト効率に優れ、ドライエッチングは高精度のパターン形成に適しています。

生産性に優れるウェットエッチング

微細なパターンを形成する技術として、エッチングと呼ばれる方法が広く利用されています。エッチングとは、フォトリソグラフィの工程が終わったあとに、ウェハーに対してパターンを彫刻するプロセスです。半導体を製造する上で、微細なデザインを形成するのに必要なプロセスです。

エッチングにはウェットエッチングとドライエッチングの2種類があります。ウェットエッチングは、硫酸や硝酸といった化学薬品を用いてウェハーの一部を溶かす方法です。マスクで覆われていない部分だけが、化学反応を起こして腐食します。一度に多くのウェハーを処理できるため、生産性を高められる点がメリットです。低コストかつシンプルな方法ですが、加工精度はドライエッチングよりも劣る場合があります。

腐食
材料が化学的／電気化学的に反応を起こして劣化する現象。非金属でも腐食は発生する。

高精度パターンを形成するドライエッチング

一方、ドライエッチングは、ガスやプラズマを利用して、ウェハーの表面から特定の部分を削り取る方法です。ウェットエッチングよりも精度が高く、より微細なパターンを形成するのに適しています。ただし、このプロセスは真空状態にて行われるため、ガスをプラズマ状態にするための装置と、ウェハーを真空状態に保つための装置が必要となり、大がかりなものになります。

真空状態
ガスや空気がほとんど存在しない状態（空気がほとんどない状態）。

以上の特性を理解し、目的に合わせて使い分けることが重要です。大量生産やコストパフォーマンスを重視するならウェットエッチング、高精度を求める場合にはドライエッチングを選びましょう。

ウェットエッチング

ウェットエッチングは垂直方向、水平方向に腐食が進む

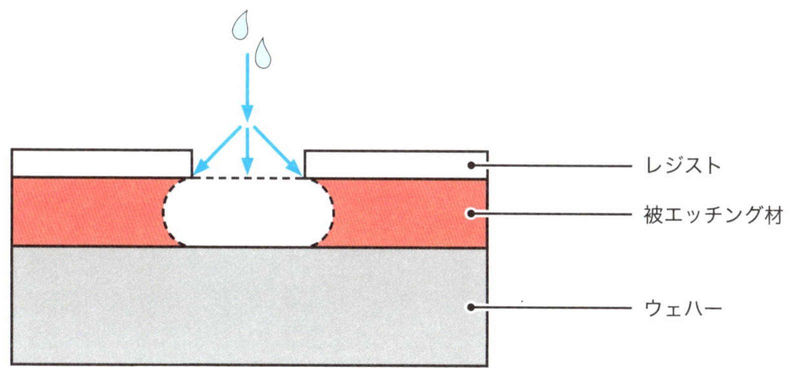

ドライエッチング

ドライエッチングは垂直方向に腐食する。
余分に腐食することはない（精度よく加工できる）

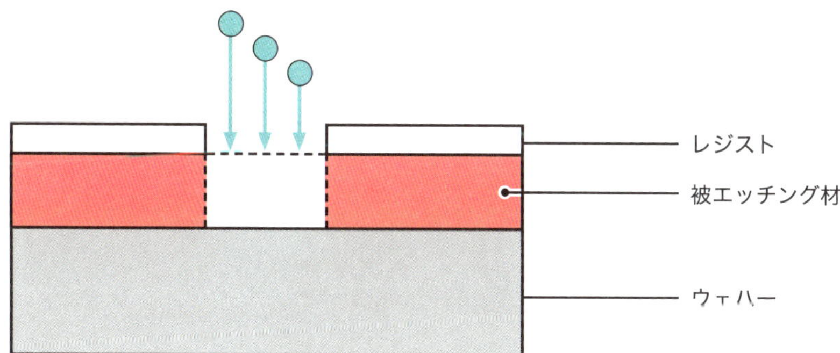

シリコンに不純物を混ぜてP型もしくはN型の半導体を作る

Chapter2 07

半導体として使用するための不純物添加

半導体デバイスとして使用するためには、シリコンウェハーに不純物を添加しなければなりません。現代では「イオン注入方式」が主流ですが、かつては「熱拡散方式」が一般的でした。

半導体素材に不純物を加える

シリコンウェハーは真性絶縁体であるため、そのままでは半導体デバイスとして使用することはできません。そこで必要になってくる工程が「不純物の添加」です。これは「ドーピング」とも呼ばれ、シリコンのような半導体素材に不純物を加えて、電気的特性を変化させる働きがあります。

電気的特性
電気的特性を示すものの1つに抵抗率がある。たとえば、金属のような導体は抵抗率が低くて、電気を通しやすい。

現代の半導体製造ではイオン注入方式が主流

不純物の添加方法として代表的なものが「イオン注入方式」です。この方法は、現代の半導体製造においてもっとも使用されています。

シリコンウェハーの表面に加速した不純物イオンを照射し、特定の深さまで注入します。注入の深さはイオンのエネルギーによって調整され、注入後はアニール処理を行って、イオンを活性化させ、半導体の電気特性を向上させます。

さらに、注入するイオンの種類によって半導体の特性が変化し、N型またはP型といった特定の半導体への変化が可能です。

かつては熱拡散方式が一般的であった

熱拡散方式は、半導体製造初期における古典的なドーピング手法でした。不純物を含むガスを半導体の表面に流したあと、高温にして不純物を半導体内部へと拡散させます。

拡散の深さと濃度は、温度と時間によって決まります。加熱する時間が長くなれば不純物が深くまで拡散されます。

イオン注入方式

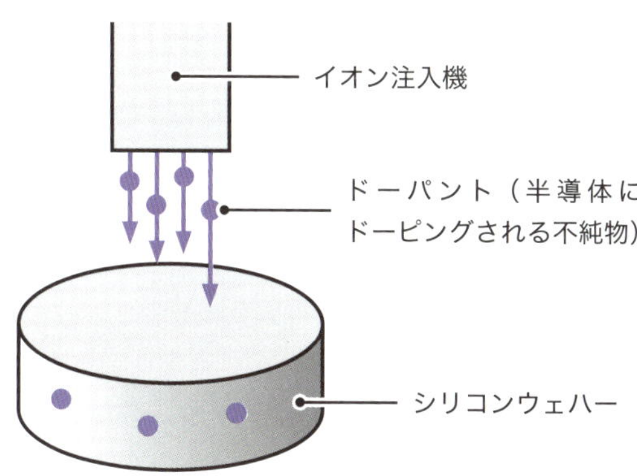

熱拡散方式

気相拡散方式

ドーパントガスを加熱したシリコンウェハーの表面に流す

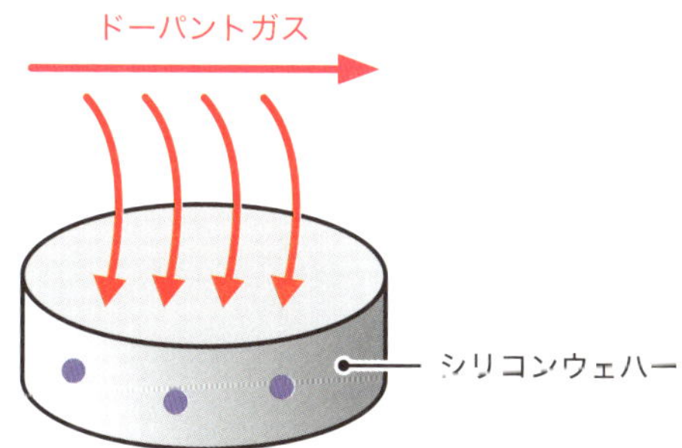

固相拡散方式

不純物膜を堆積させ、シリコンウェハー表面から拡散する

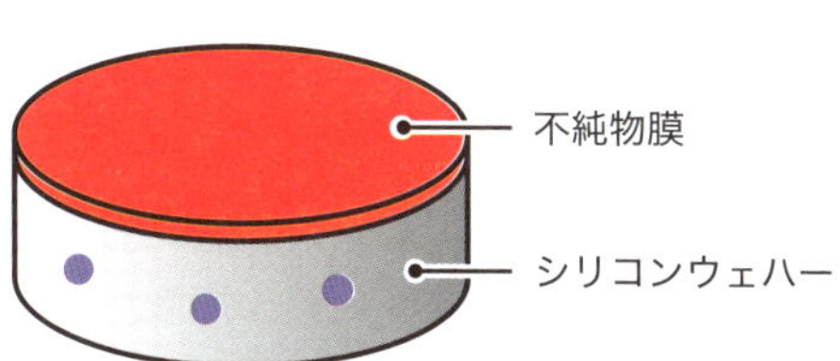

Chapter2
08

ウェハーの平坦性は半導体デバイスの性能に大きく影響する

平坦化と電極形成

ウェハーの平坦性は半導体デバイスの性能に大きな影響を及ぼします。平坦化にはCMPと呼ばれる技術を使用することが多いです。また、電気信号の出入り口となる電極についても解説します。

ウェハーの平坦化プロセス

半導体デバイスは層構造であり、各層の間の不均一さをなくし、次のプロセスへスムーズに移行できるように、平坦化する必要があります。

ウェハーの平坦化は、一般的に化学機械研磨（CMP：Chemical Mechanical Polishing）にて行われます。これは、化学反応と機械的研磨を利用して、ウェハーの表面を平滑にする技術です。

CMPでは、スラリーと呼ばれる研磨粒子を含む化学薬品をウェハーの表面に塗布します。これにより、ウェハーの表面と化学的に反応し、表面の微細な突起が軟化します。

その後、研磨パッドでウェハーを物理的に研磨します。ウェハーは研磨パッドの上で高速回転し、ウェハー表面の軟化した部分が除去されるのです。

このプロセスは数回繰り返され、表面が平坦になるまで行われます。ウェハーの表面の平坦性は、デバイスの性能に大きく影響を及ぼすため、CMPのプロセスは重要な工程といえるでしょう。

電気信号の出入り口として必要な電極

電気信号をデバイスに入力したり、デバイスから出力したりするためには電極が必要です。電界効果トランジスタ（FET）の例でいえば、ソースとドレインは電子の出入り口として機能し、ゲートは電子の流れを制御する役割があります。電極形成には主に金属が使用され、この金属はウェハーへ埋め込まれます。

スラリー
CMPで使用される液体の研磨剤。微細な粒子と水溶液から構成され、ウェハーの表面を一定の粗さに研磨するために重要な役割を果たす。

ソース
トランジスタがONの状態のとき、電流が入る入口の役割を果たす。

ドレイン
トランジスタがONの状態のとき、電流の出口として機能する。ソースから流れてきた電荷がドレインを通じて流れ出る。

ゲート
トランジスタのON／OFFを制御するためのスイッチの役割を果たす。ゲートに電圧を加えると、トランジスタに電流が流れる。

CMPプロセスの概要

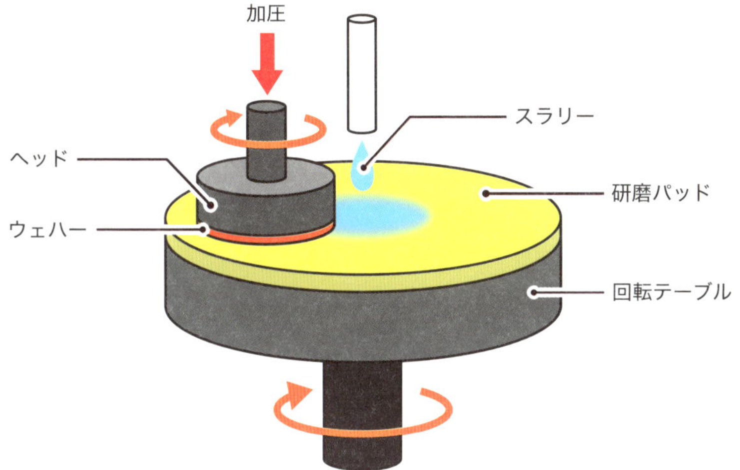

電界効果トランジスタの電極について（Nチャネル型）

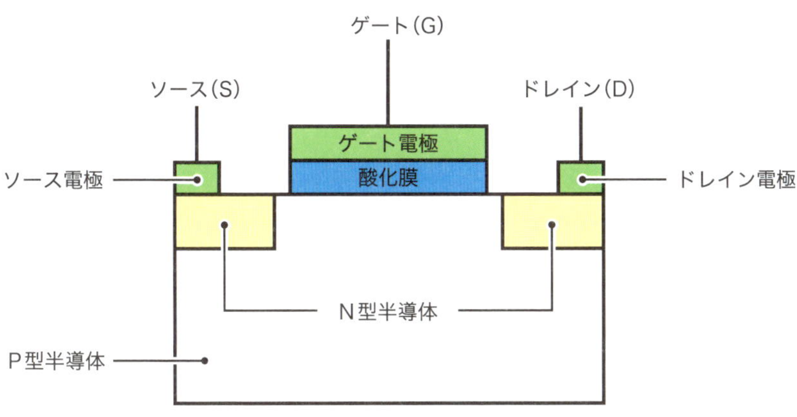

ゲートは制御電極、ドレインは出力電極、ソースは入力電極として機能します

Chapter2
09

ウェハーの検査方法はパターンの有無で異なる

ウェハーの検査

ウェハー検査は、半導体デバイスの品質を保証するための重要な工程です。初期段階の「パターンなし検査」では物理的特性を、パターン形成後の「パターン付き検査」では電気的特性について厳しくチェックします。

検査は重要な工程

半導体デバイスの製造において、早期に欠陥を発見し、製造品質を保証するのがウェハーの検査工程です。

半導体デバイスの集積度が増せば、その分微細な欠陥であってもデバイスの性能に影響を及ぼす可能性があります。欠陥を見逃さないためにも、ウェハーの検査は重要な工程です。

集積度
半導体デバイスが1つのチップ上にどれだけ密集（集積）されているかを示す指標。

ウェハーの検査方法は大きく、「パターンなし検査」と「パターンあり検査」の2つに分類されます。

パターンなし検査

パターンなし検査は、パターンが形成される前、つまり製造工程の初期段階で行われます。

具体的にはウェハーの平坦性や粗さ、ひび割れや異物の付着の有無といったウェハーの物理的な特性を検査します。回転しているウェハーにレーザーを当て、異物があればレーザー光が散乱し、検出器が「異常」として検知します。

パターンあり検査

パターンが形成されたあとに行われる検査が、パターンあり検査です。ここでは電気的な検査が行われ、製造されたデバイスが設計通りの電気的特性を示すかを確認します。このときによく使用される装置が、ウェハープローバです。これは、ICチップの上に電極を当てたあとに電流を流して、電気的特性を計測するためのものです。

また、パターンなし検査と同様に、ICチップにレーザーを当てて、欠陥がないかどうか外観検査が行われます。

半導体製造の検査の流れ

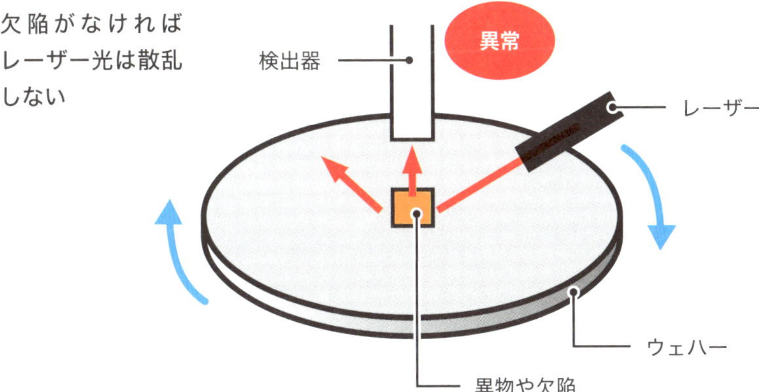

パターンあり検査

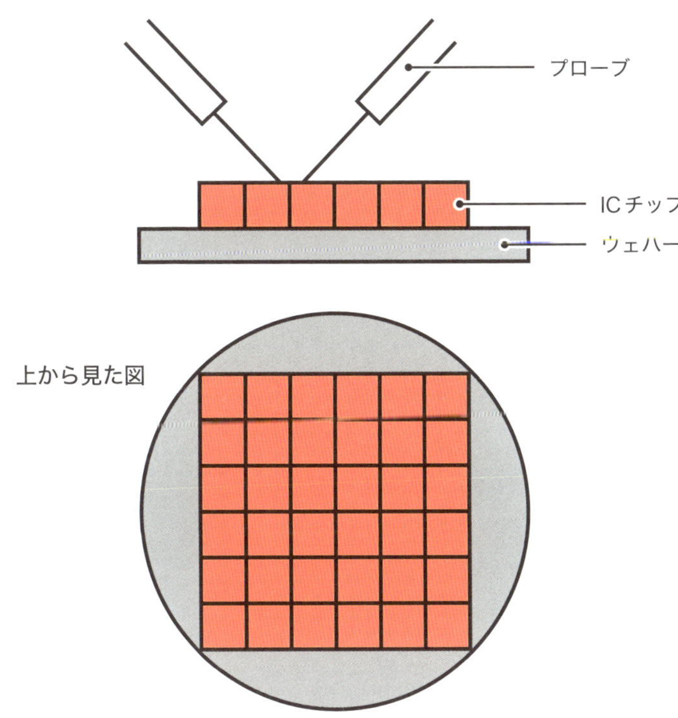

COLUMN 2

異なる機能を組み合わせたチップレット

チップレットによって歩留まり向上が期待できる

チップレット（Chiplet）とは、異なる機能を持つ小さな半導体チップのことです。このチップを組み合わせて、1つの大きな半導体デバイスとして構築します。

従来の単一の半導体チップの代わりに、複数のチップレットを互いに接続して使用することで、製造コストの削減が可能です。不良品が発生したとしても、一部のチップレットを交換すればよいため、全体として歩留まりが向上します。結果として、廃棄量が削減され、全体の製造コストが低減できます。

多機能化を実現するチップレット

チップレット技術のメリットとして、異なる機能を持つチップを複数個組み合わせて使用できる点にあります。これは、すべての機能を1つのチップに詰め込む従来の方法では難しかったことです。

また、チップレットを用いることで、異なる製造プロセスで作られたチップを組み合わせられるため、柔軟性が高まります。

たとえば、あるチップレットは計算処理に特化し、別のチップレットはデータ転送に特化させることができます。それぞれのチップレットをそれぞれの機能に最適化することで、全体としての性能向上が見込めるのです。

チップレット技術は、とくに高性能コンピューティング（HPC）、サーバー、AI、大容量データセンターなどの分野で注目されており、将来の半導体デバイスの設計と製造の主流の1つになると考えられています。

第3章

半導体はどのようにして作られるのか(後工程)

第３章では、半導体製造の後工程に焦点を当て、ウェハーのダイシングからバーンイン試験までを解説します。チップの形成、マウンティング、ワイヤーボンディング、モールド処理、そして厳格な品質検査であるバーンインまで、半導体チップが製品として顧客に届くまでの重要な工程を紹介します。

ウェハーを切断してチップ化する

Chapter3
01

ウェハーのダイシング

ダイシングは、ICチップを形成するシリコンウェハーを精密に分割するプロセスです。伝統的なブレードダイシングのほかに、レーザーを用いたアブレーション加工などがあります。

ブレードによるダイシング

ダイシングとは、シリコンウェハーに形成されたICチップを切り出して、素子ごとに分割するプロセスです。ダイシングにはいくつかの種類がありますが、一般的にはブレードを用いてウェハーを切断します。ブレードにはダイヤモンド刃を使用することが多く、切断面を滑らかにすることができます。

その後、ウェハーは細かいグリッドパターンに切断され、各ICチップが一定のサイズと形状になるように成形されます。なお、切断の際には、ブレードとウェハーの間で摩擦により熱が発生します。切断箇所に純水を噴射することで、熱を効果的に冷却し、摩擦による損傷を最小限に抑えます。

レーザー光によるダイシング

レーザー光によるダイシングには、アブレーション加工があります。これは、高エネルギーのレーザーをICチップに当てて切断する方法です。レーザーが物体に当たると表面が溶けて気体となり、物質の一部がなくなるしくみを利用したものです。ブレードによるダイシングとは異なり、加工対象物に接触することなく加工ができるため、加工くずの発生を抑えられる点が特徴です。ブレードダイシングと比較して、精密な切断が可能で、かつウェハーの損傷を減らせるため、より高度な半導体デバイスの製造が可能となります。

このほかにも、ステルスダイシングと呼ばれる方法があります。こちらもレーザーを使用しますが、ウェハー内部に微細なクラックを作り出し、ウェハーを切断する特殊な方法です。

クラック
何かが物理的に破損もしくは損傷している状態のこと。

ブレードによるダイシング

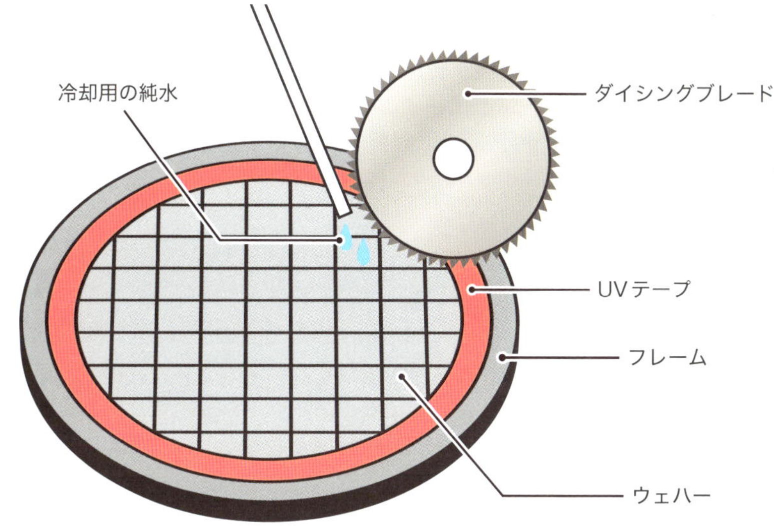

レーザー光によるダイシング（アブレーション加工）

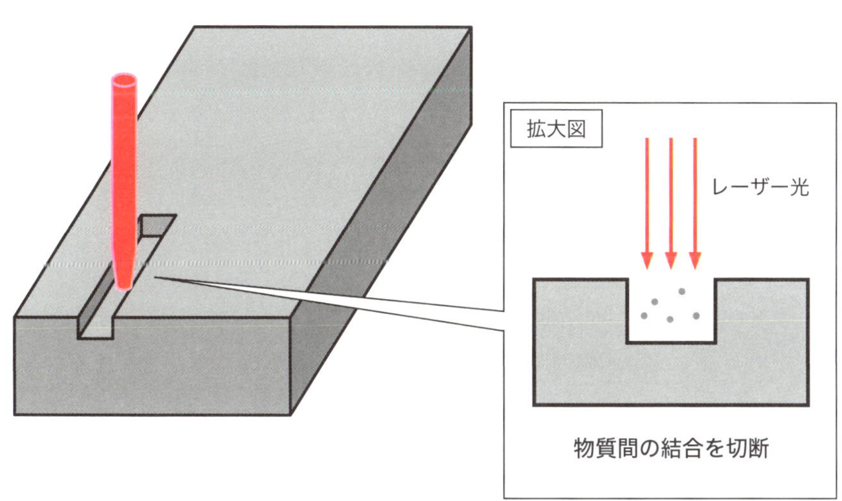

Chapter3
02

チップがリードフレームからずれないように固定する

チップのマウンティング

リードフレームとICチップを接合するためには、マウンティングと呼ばれるプロセスが必要です。接着剤には、主に銀ペースト樹脂とハンダが使用され、それぞれの接合時の注意点について解説します。

銀ペースト樹脂による接合

ダイシング（ウェハーから個々のチップを切断するプロセス）後、それぞれのICチップをリードフレームに接続します。これは、リードフレームとICチップ間を電気的に接続をするために必要なプロセスです。これをマウンティングといい、ダイボンディングと呼ばれることもあります。

このプロセスでは、主に銀ペースト樹脂と呼ばれる接着剤を用いて接続します。銀ペースト樹脂は、銀の粒子とエポキシ系樹脂を混ぜたもので、高い熱伝導性と電気伝導性を持つのが特徴です。

ディスペンサーなどを用いて、銀ペースト樹脂をリードフレームに均一に塗布します。このとき、樹脂を薄く塗るのがポイントで、たくさん塗布をすれば接着強度が向上するわけではありません。

その後、チップをリードフレームに載せて接着し、炉に入れて加熱処理を行い、硬化させると強固な接合が形成されます。

エポキシ系樹脂
合成樹脂の1つで、強固な接着剤やコーティング剤として用いられる。エポキシ樹脂本体と硬化剤を混合すると、化学反応が起きて樹脂が固まる。

ハンダによる溶融接合

銀ペースト樹脂以外の接着剤として使われるのがハンダ（錫と鉛の合金）です。以前は接着剤として多く使用されていたハンダですが、環境対応のために鉛フリーハンダの採用が増え、使用頻度は減少傾向にあります。ただし高い放熱と信頼性が要求される場合には、ハンダが使用されます。

リードフレームとICチップの間にハンダを載せたあと、高温で全体を加熱してハンダを溶かします。その後、冷却することで溶けたハンダが固まり、リードフレームとICチップが強く接着されます。

ハンダ
電子基板に電子部品を取り付ける際によく用いられる金属。人体の健康と環境に配慮された鉛フリーハンダも広く使われている。

銀ペースト樹脂によるマウンティング

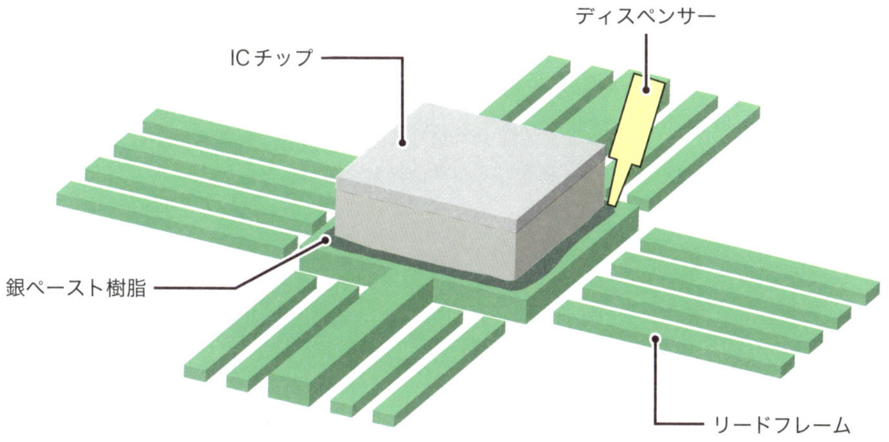

ハンダによるマウンティング

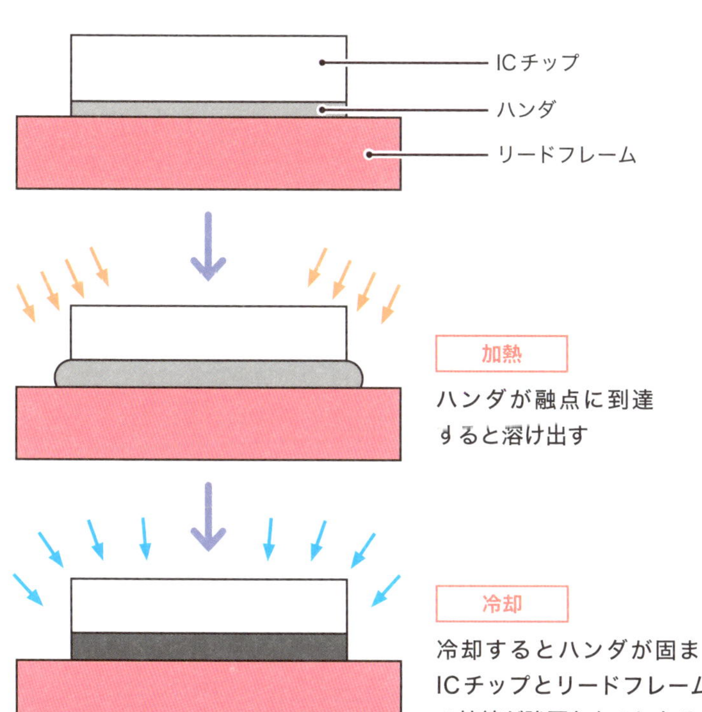

外部端子間の微細な接続

Chapter3
03

ワイヤーボンディング

ワイヤーボンディングでは、半導体デバイスの電極とリードフレームを接続します。信号伝送を保証するこの技術では、電流の大きさやデバイスの用途に応じて、ワイヤーの太さや金属の種類を選択します。

ワイヤーボンディングは信号伝送を保証する技術

ワイヤーボンディングは、半導体デバイスの電極とリードフレームを接続するプロセスです。金、銅、またはアルミニウムといった極細ワイヤーが使用され、熱、圧力、または超音波を利用してチップとパッケージとの間に接続されます。ワイヤーボンディングが適切に行われないと、半導体デバイスと外部回路間で信号の伝送がうまくいかず、半導体デバイスが正しく機能しない可能性があります。

銅
高温に強く、高熱環境下での使用に適している。安価で電気伝導性が高い。

このプロセスでは、ボールボンディングと呼ばれる方法を使うのが一般的です。ワイヤーの先端にボールを形成し、熱と圧力を組み合わせて接続します。ボールを形成することで、接合部の接触面積が増加するため、電極との接着を強固にできる点が強みです。

ワイヤーの太さと金属の種類によって特性が変化

ワイヤーボンディングを行う際、半導体デバイスの使用用途によって、線の太さや金属の種類を使い分けます。

たとえば、金は安定した金属であり、酸化による腐食がほとんど発生しません。さらに、柔らかく加工しやすいため、微細なピッチや複雑なパターンでのワイヤーボンディングに適しています。製造コストを抑えたい場合には、銅やアルミニウムを採用するとよいでしょう。

また、ワイヤーの太さも特性にかかわる重要な要素であり、大きな電流を運ぶ必要がある場合は、線径の太いワイヤーを使用します。これは、ワイヤーの断面積が大きいほど、より多くの電流を運べるためです。

ワイヤーボンディングの概要

ICチップ
リードフレーム
ワイヤー
銀ペースト樹脂

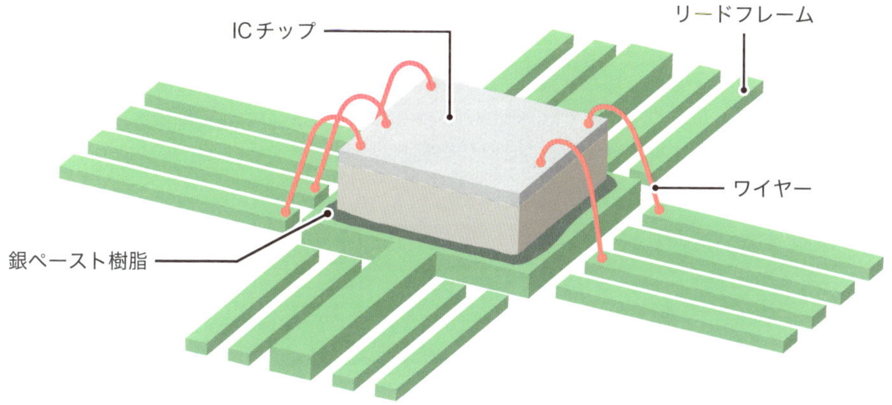

ボンディングの流れ

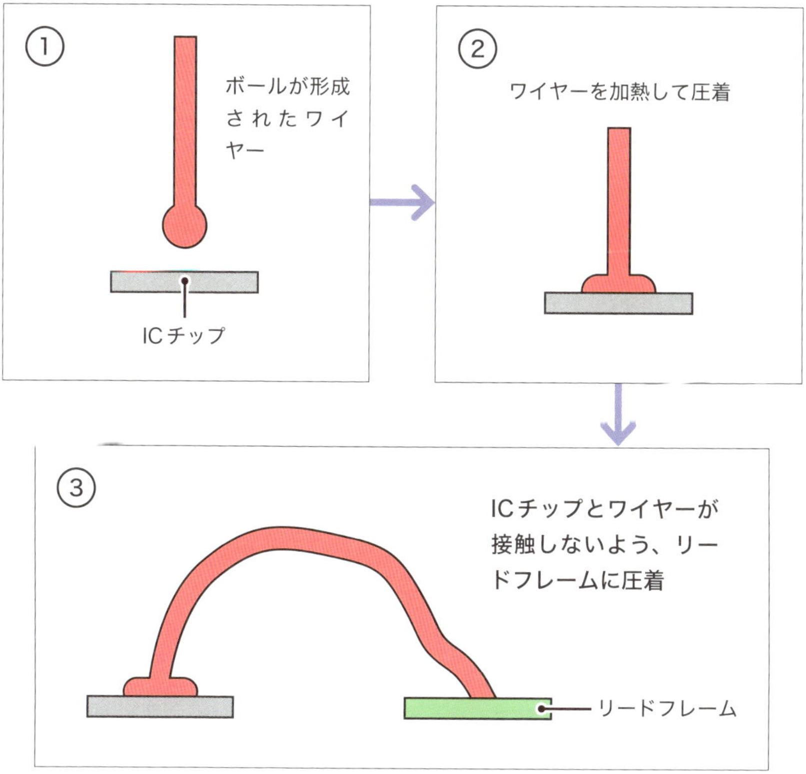

①
ボールが形成されたワイヤー
ICチップ
②
ワイヤーを加熱して圧着
③
ICチップとワイヤーが接触しないよう、リードフレームに圧着
リードフレーム

繊細なICチップを傷や汚れから保護する

Chapter3
04

モールド

モールドは繊細なICチップを保護し、半導体デバイスの性能と信頼性を向上させます。本節では一般的なトランスファー成形と、樹脂の廃棄量が少ないコンプレッション成形の2つを紹介します。

トランスファー成形

ICチップは非常に繊細な素子です。

わずかな傷や汚れが付着することで、動作不良を引き起こす可能性があります。

それを防止するのがモールド（封止）と呼ばれるプロセスになり、ICチップや配線を保護します。モールドに使用される樹脂材やモールドの形状は、最終的に半導体デバイスの性能と信頼性に大きな影響を与えます。

モールド方法には、大きく分けてトランスファー成形とコンプレッション成形の2つの手法があります。

トランスファー成形は、半導体パッケージングにおいてもっとも一般的なモールディング技術です。

まず、特定の形状に加工された金型に、高温で溶かした樹脂を流し込みます。すべての樹脂を流し込んだら、金型内に圧力を維持して樹脂を固めます。トランスファー成形は一度に大量のデバイスを製造できるため、生産効率の高い方法といえます。

金型
金属素材が使われている型。そこに金属、樹脂、ゴムなどを流し込んで成形する。

コンプレッション成形

コンプレッション成形は、あらかじめ金型に樹脂をセットして、高温と圧力を加えて成形する方法です。樹脂の流動がほとんどなく、樹脂の応力などによってワイヤーが変形することなく、安全な成形方法といえます。

応力
外からの力を受けたときに、物体内部に発生する力のこと。

また、コンプレッション成形は樹脂の廃棄量が少ないのも特徴です。これは、カル（モールドマシンと金型の間の接続部分に生成される樹脂の塊）や、ランナー（樹脂が金型の各部に流れるための通路）が発生しないためです。

トランスファー成形

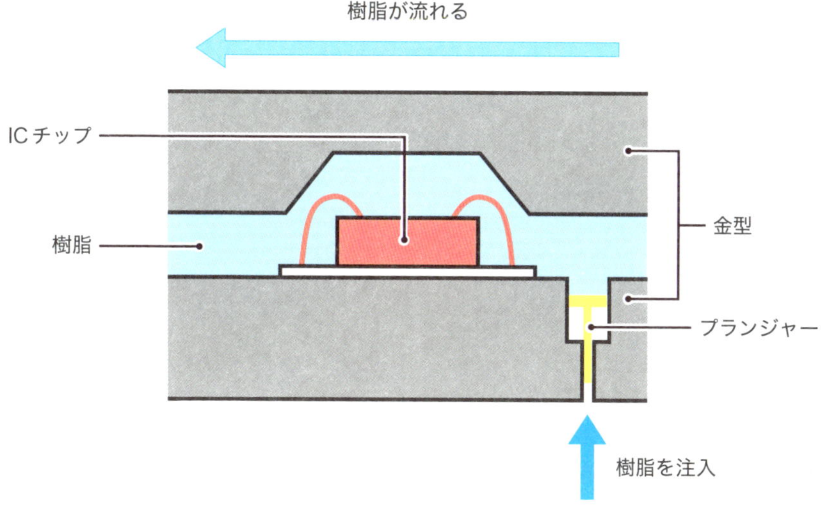

コンプレッション成形

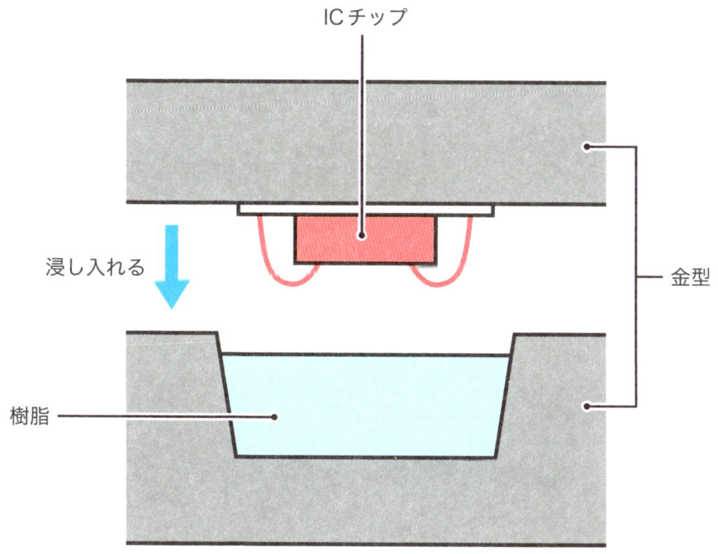

Chapter3
05

初期不良を事前に発見する

バーンイン試験（温度電圧試験）

バーンイン試験とは、半導体デバイスの信頼性を確保するため、初期段階の故障を検出する試験です。試験は大きく分けてスタティックバーンイン、ダイナミックバーンイン、モニターバーンインの3種類があります。

スタティックバーンインとダイナミックバーンイン

バスタブ曲線
製品の故障率が時間の経過によって、どのように変化するかを表したもの。名前の由来は、曲線の形がバスタブ（浴槽）に似ているため。

半導体デバイスの寿命や故障率は、バスタブ曲線によって表されます。故障率は初期段階で高く、時間とともに減少していきます。初期段階の故障の原因として、製造中の欠陥や設計上の問題が多くあります。この初期段階の故障を発見する試験が、バーンイン試験です。この試験を実施することにより、製品が顧客の手に渡る前に不具合を検出し、問題のある製品だけを除外できます。

印加
特定のポイント（端子）に電圧を加えること。それによって、デバイスやシステムの動作をさせたり、制御したりする。

バーンイン試験にはスタティックバーンイン、ダイナミックバーンイン、モニターバーンインの3種類があります。スタティックバーンインでは、デバイスを高温下に置き、一定の電圧を印加してその状態を一定の時間保持します。これは、デバイスが設計条件内で正常に動作することを確認する目的で行われ、潜在的な欠陥を早期に見つけ出すことも可能です。

一方、ダイナミックバーンインでは、デバイスを実際に電気的に動作させた上で試験が行われます。実際に市場での使われ方に近い方法で試験が行われる点が特徴です。

モニターバーンイン

モニターバーンインでは、ダイナミックバーンインの進行中にデバイスのパラメータを観測します。具体的には、入力信号に対する出力信号をモニタリングし、試験中に発生する可能性のある問題を迅速に検出して対処します。

これらの試験は、デバイスの性能と信頼性を保証し、不良品の早期検出に役立ちます。

バスタブ曲線（故障率曲線）

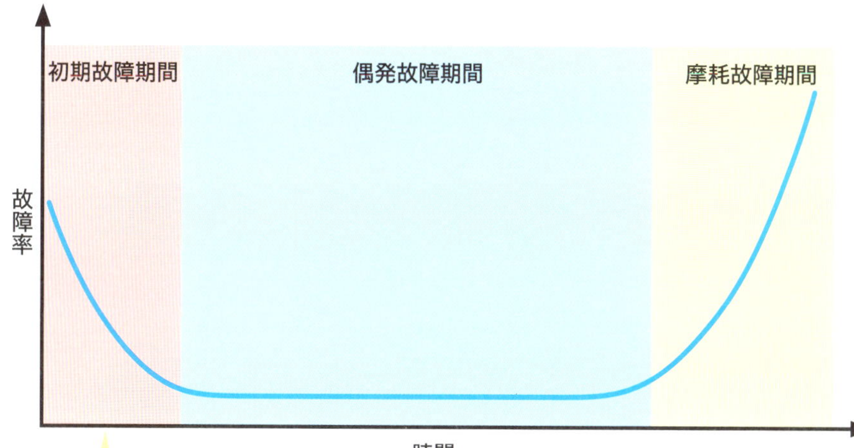

バーンイン試験機

モニタードバーンインシステム（エスペック製）

提供：エスペック株式会社

COLUMN 3

半導体製造におけるAI活用の事例紹介

東芝のAI技術が高速半導体不良解析を実現

半導体の製造は、常に精度と効率を追求する分野です。この目標を達成するため、半導体製造業界ではAIの力を借りています。AI技術が半導体製造に与える影響は計り知れず、品質向上やコスト削減、プロセスの最適化まで、応用範囲は広いです。

東芝は2020年6月、少量多品種の半導体製造工程で発生する不良を早期に発見できるAI技術を開発しました。

実際の製造ラインで評価した結果、不良解析に要する時間を従来の約8分の1に短縮できたことを発表しました。実験では、品質データの分類精度が全製品で75.3%から83.3%に、少量製品では50.0%から87.5%にそれぞれ向上しました。

また、東芝デバイス&ストレージ傘下の半導体工場での検証では、不良解析時間を1人当たり1日約4.2時間から30分に短縮できたと報告しています。

HACARUSと東京エレクトロン共同開発の労災防止AI技術

HACARUSは2024年1月、東京エレクトロンと共同開発中の半導体製造工場向け労災防止AIを発表しました。

これは、現場の危険を検知したり、作業中の行動を監視したりするために使用されるAI技術です。小型カメラで撮影した画像をAIがリアルタイムで解析し、危険の兆候を見つけた場合、作業員と責任者にアラートを送り、アラート前後の状況を自動録画します。これにより、問題の確認や振り返り、再発防止策の検討が可能となります。

24時間のリアルタイム監視により、より安全な職場環境の実現に貢献します。

第4章

ディスクリート半導体の代表「トランジスタ」

トランジスタとは、信号の増幅やスイッチングを行う半導体です。バイポーラ型、電界効果型、絶縁ゲートバイポーラ型などのトランジスタの種類について、それぞれ動作原理を解説します。さらに、光を電気信号に変換するフォトトランジスタや、一方向の高電流を制御するサイリスタについても触れます。

Chapter4 01

信号の増幅やスイッチングの役割を担う

トランジスタの働き

トランジスタは「電流を制御するための蛇口」のような存在です。エミッタ、ベース、コレクタから構成され、電流の流れを制御します。スイッチング性能と信号増幅機能を活用し、現代のデジタル社会を支えています。

たとえると「水道（電気）の蛇口」

トランジスタは、電流を制御するための半導体デバイスであり、エレクトロニクスの心臓部ともいえます。コンピューター、ラジオ、テレビなどの電子機器において、スイッチングや信号の増幅などの重要な役割を果たします。

トランジスタをわかりやすくたとえるなら、「水道の蛇口」のようなものです。蛇口をひねることで水の流れを制御できるように、トランジスタは電流の流れを制御します。蛇口をひねる方向によって、水が流れたり止まったりする様子は、トランジスタのスイッチング機能に相当します。トランジスタが「ON」にするか「OFF」にするかは、供給される電圧によって決まります。

また、蛇口のひねり方によっては、水流の量の調整が可能です。これは、トランジスタの増幅機能に相当します。微弱な入力信号を大きな出力信号へ変換する働きは、蛇口をひねって水流の量を調節することに似ているためです。

スイッチング
電流の流れをONにしたりOFFにしたりすること。

増幅
オーディオアンプの場合、音源からの小さな電流信号がトランジスタに入り、スピーカーで音を出すために、信号が大きく増幅される。

トランジスタの構成

トランジスタは主に3つの部分から構成されています。「エミッタ」、「ベース」、「コレクタ」と呼ばれる部分（FETの場合「ソース」、「ゲート」、「ドレイン」）は、電流の流れを制御する役割を果たします。エミッタから電流が流れ、ベースでその流れを制御し、最終的にコレクタへと流れる、という流れが基本的な動作原理です。

このような特性を持つトランジスタは、その卓越したスイッチング性能と信号増幅機能により、私たちのデジタル社会を支えているといっても過言ではありません。

トランジスタは水道の蛇口に似ている

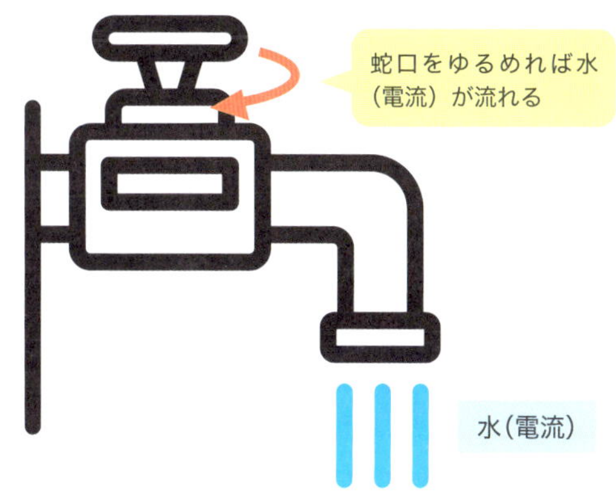

トランジスタの基本構造（NPNバイポーラトランジスタの場合）

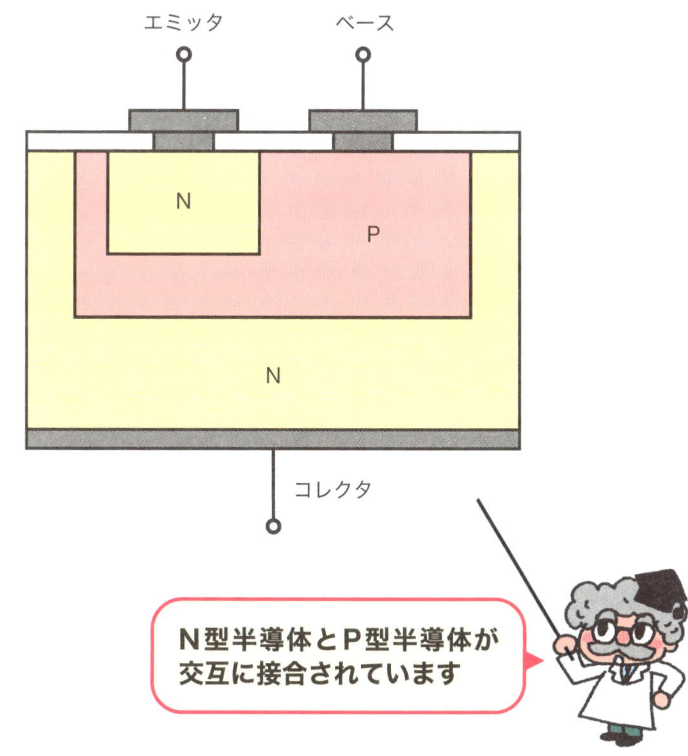

Chapter4
02

制御と電流の流れを担う端子

エミッタ／コレクタ／ベース

トランジスタは、エミッタ、コレクタ、ベースから構成されています。エミッタはキャリアを放出し、コレクタはキャリアを集めます。ベースはこの2つの端子を制御し、エミッタからコレクタへの電流を調整します。

トランジスタを構成する3つの端子

トランジスタは3つの端子であるエミッタ、コレクタ、ベースから成り立っています。

ベースはトランジスタの制御端子として機能し、ベース電流を流すことで、エミッタからコレクタへ流れる電流の制御が可能です。

エミッタは電子を「放出」する部分であり、トランジスタにおける電流の入口といえます。エミッタはベースに隣接しており、ベースを経由してコレクタへ電子を送り込む役割を担っています。

コレクタはその名の通り、電子を「集める」役割を持ち、エミッタから放出された電子を受け取ります。コレクタからは、これらの電子が外部の回路へと流れ出ていきます。

トランジスタの動作原理について

NPNトランジスタの場合、ベース－エミッタ間に非常に小さな電圧を印加することから始まります。電圧が印加されることで、エミッタからベースへ電子が流れます。これがベース電流と呼ばれるものです。ベース層は非常に薄い構造をしていることから、流れ込んだ電子の大部分はベースを通過してコレクタへ移動します。

さらに、ベース－コレクタ間には、ベースよりも大きな電圧を印加します。これにより、ベースを通過した電子がコレクタに引き寄せられ、コレクタ電流となり、ベース電流と比較して大きな電流となります。これが、トランジスタの電流増幅効果です。

ベース、エミッタ、コレクタの役割

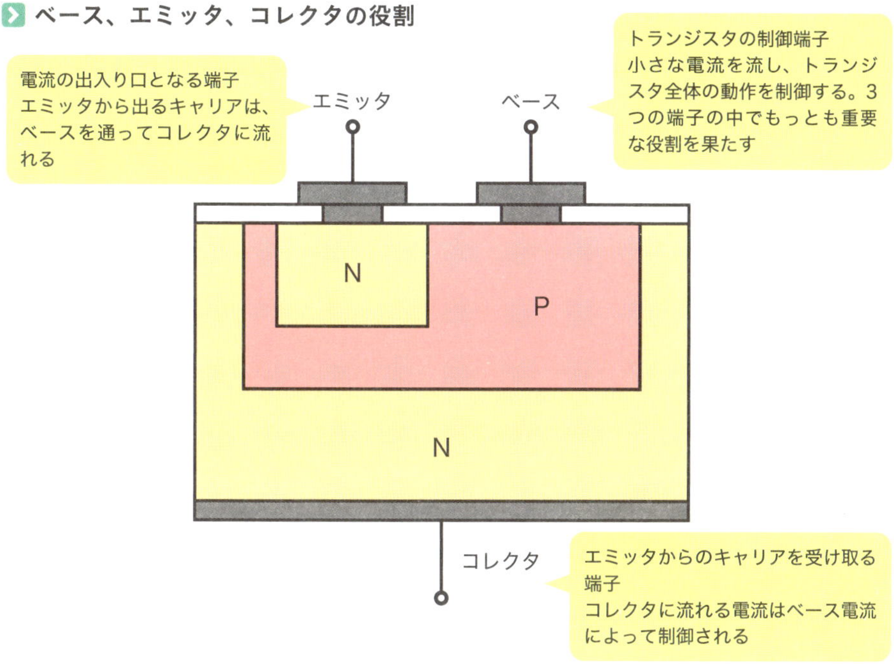

電流の出入り口となる端子
エミッタから出るキャリアは、ベースを通ってコレクタに流れる

エミッタ

ベース

トランジスタの制御端子
小さな電流を流し、トランジスタ全体の動作を制御する。3つの端子の中でもっとも重要な役割を果たす

N

P

N

コレクタ

エミッタからのキャリアを受け取る端子
コレクタに流れる電流はベース電流によって制御される

NPNトランジスタの動作原理

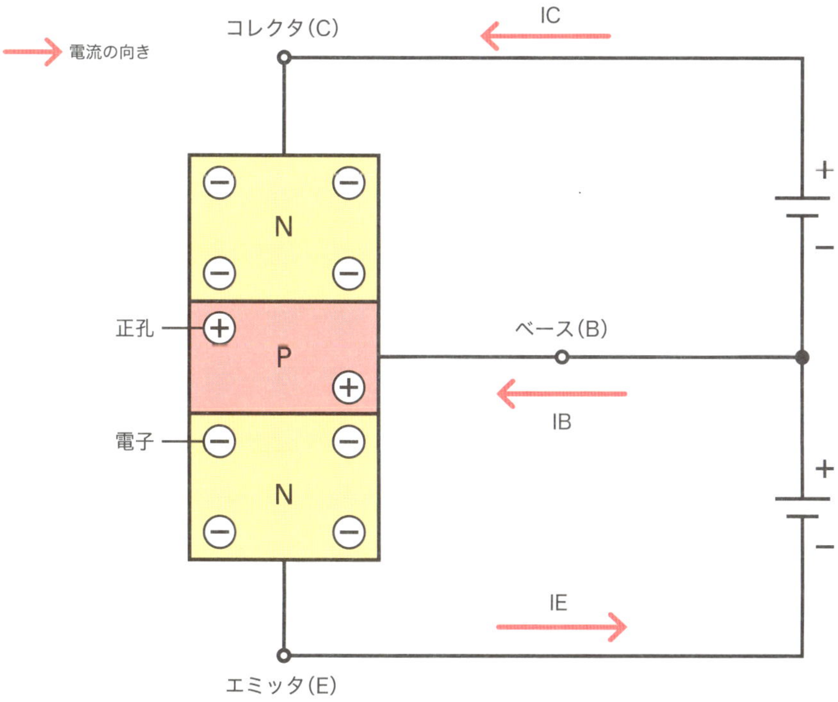

電流の向き

コレクタ(C)

IC

N

正孔

P

ベース(B)

IB

電子

N

IE

エミッタ(E)

Chapter4 03

バイポーラ型、電界効果型、絶縁ゲートバイポーラ型

トランジスタの種類

バイポーラ型、電界効果型、絶縁ゲートバイポーラ型といった異なる種類のトランジスタは、電流制御の方法に独自の特性を持っています。これらの特性を理解することで、電気回路の理解の一歩へとつながります。

バイポーラトランジスタ（BJT）

バイポーラトランジスタはエミッタとベース、コレクタの3つの層からなる半導体素子です。電流を運ぶキャリアが正孔と電子の2種類（バイ）であることが、名前の由来です。

バイポーラ型の特徴として、中間層であるベースが非常に薄く、少量のベース電流で大きなコレクタ電流を流せる特性を持ちます。ただし、発熱が大きく、低電力のデバイスにはあまり適していません。

電界効果トランジスタ（FET）

電界効果トランジスタは、電界（電圧）によって電流の流れを制御するMOSFET（モスFET、Metal-Oxide-Semiconductor Field-Effect Transistor）がもっとも一般的です。ゲート—ソース間に電圧をかけることで、ドレイン—ソース間の電流を制御します。この特性によって、電流のスイッチングが非常に高速で行うことができます。

また、発熱が少なく低電力で動作するため、現代の電子機器やデジタル回路に広く使用されています。

発熱
半導体デバイスが大量に熱を発すると、性能や寿命に大きな影響を及ぼす可能性がある。デバイスが高温状態にあると、劣化が加速し、故障のリスクが高まる。

絶縁ゲートバイポーラトランジスタ（IGBT）

絶縁ゲートバイポーラトランジスタは、バイポーラトランジスタとFETの特性を組み合わせたデバイスで、高電圧／大電流の扱いが可能です。FETのようにゲート電圧で電流を制御しながら、バイポーラ型のように大電流を流すことができます。

電力変換やモーター駆動などのアプリケーションに広く利用されています。

種類ごとのトランジスタの特性

製品名	バイポーラトランジスタ（BJT）	電界効果トランジスタ（FET）	絶縁ゲートバイポーラトランジスタ（IGBT）
製品外観	ROHM	ROHM	ROHM
回路記号	NPN型：コレクタ(C)、ベース(B)、エミッタ(E) PNP型：コレクタ(C)、ベース(B)、エミッタ(E)	Nチャネル型：ドレイン(D)、ゲート(G)、ソース(S) Pチャネル型：ドレイン(D)、ゲート(G)、ソース(S)	Nチャネル型：コレクタ(C)、ゲート(G)、エミッタ(E)
駆動方法	電流駆動	電圧駆動	電圧駆動
駆動電力	やや大きい	小さい	小さい
スイッチングの速度	遅い	高速	遅い
オン抵抗※	普通	低い	高い
温度の安定性	普通	高い	高い

※トランジスタをONさせたときの抵抗値をオン抵抗と呼ぶ。半導体デバイスの効率や発熱を左右する重要なパラメータでもある。オン抵抗が大きいほど、デバイスを通過する電流によって電流損失が大きくなり、多くの熱を発生する

提供：ローム株式会社

これらのトランジスタはすべてスイッチングや信号増幅といった用途で使用されます。それぞれ異なる特性とメリットがあるので、次から解説します

Chapter4
04

小さなベース電流で大きなコレクタ電流を制御

バイポーラトランジスタの動作原理

バイポーラトランジスタにはNPN型とPNP型のものが存在します。電流が流れる方向によって使い分けるのが一般的です。本節では2つのバイポーラトランジスタの構造、動作原理、特性について解説します。

NPNトランジスタの動作原理

NPNトランジスタは、両端がN型半導体（電子が主なキャリア）で、中央部がP型半導体（正孔が主なキャリア）の3層構造です。

動作原理は右ページの通りです。エミッタ（E）からコレクタ（C）へ電流が流れるかどうかは、ベース―エミッタ間の電圧によって左右されます。

NPNトランジスタの場合、ベース―エミッタ間に正の電圧（順バイアスの電圧）を加えることで、エミッタ（E）からベース（B）へ電子が移動します。このとき、一部の電子がベース（B）の正孔と結合し、ベース電流となります。

ただし、ベース領域は薄く、多くの電子はベースに留まらずに、コレクタ側へ移動します。その結果、大きなコレクタ電流が流れるようになります。

PNPトランジスタの動作原理

PNPトランジスタは、両端がP型半導体（正孔が主なキャリア）で、中央部がN型半導体（電子が主なキャリア）の3層構造です。PNP型もNPN型と同様に、微小なベース電流が流れたあと、大きなコレクタ電流が流れます。

基本的な動作原理はNPN型と同様ですが、PNP型では、ベース―エミッタ間に負の電圧（逆バイアスの電圧）を印加するため、その点は注意が必要です。

微小なベース電流
トランジスタは一定の電流範囲で設計されている。設計値を超えるベース電流が流れると、トランジスタが発熱し、損傷する可能性がある。

以上のことから、バイポーラトランジスタの最大の特徴は「小さなベース電流で、大きなコレクタ電流を制御できる点」にあります。

NPNトランジスタの動作原理

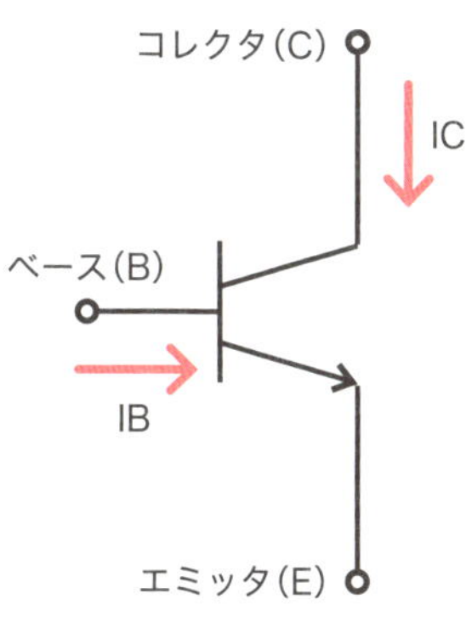

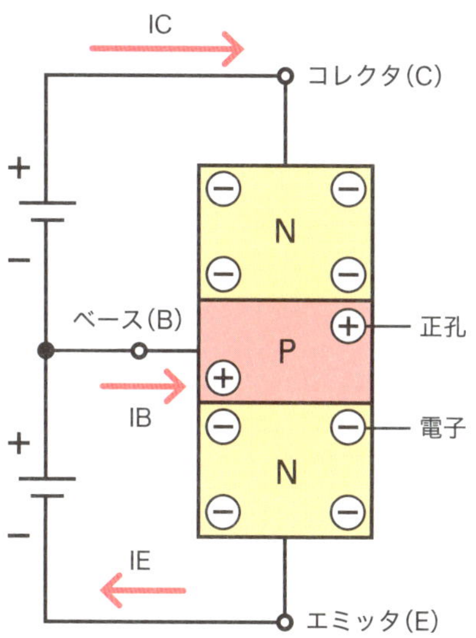

PNPトランジスタの動作原理

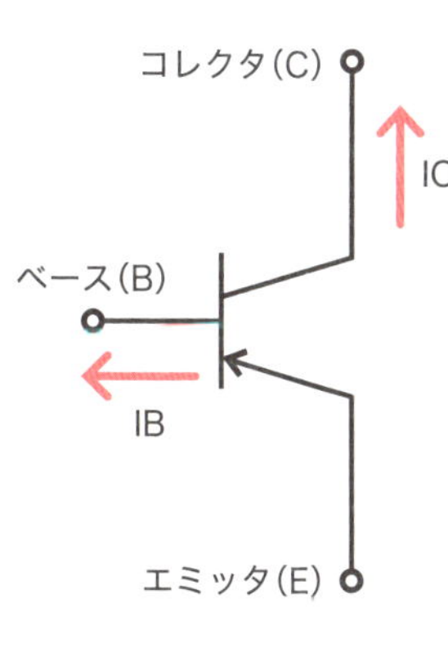

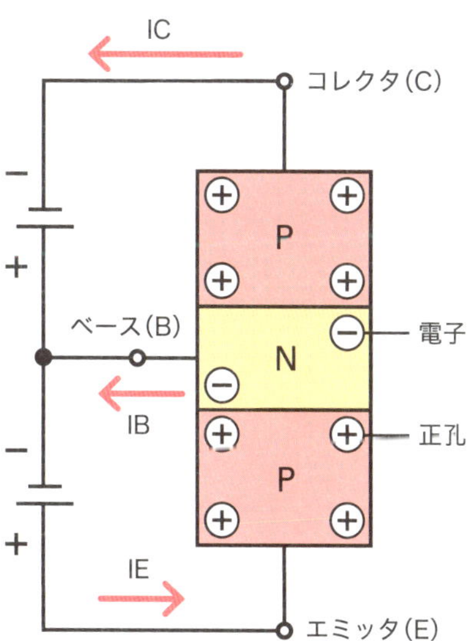

回路記号にて、ベース－エミッタ間に矢印が記載されています。これは電流の向きを示しています

ゲート電極の電圧でソースとドレイン間の電流を制御

Chapter4
05

MOSFETの動作原理

FETでもっとも使用されるのがMOSFETです。Nチャネル型とPチャネル型の2種類があり、電流制御のしくみはそれぞれ異なります。それぞれの違いについて、しっかり理解を深めましょう。

Nチャネル型の動作原理

MOSFET（金属酸化膜半導体電界効果トランジスタ）は電界効果トランジスタ（FET）の一種で、ゲート電圧の変化によって、ソース—ドレイン間の電流を制御します。MOSFETにはNチャネル型とPチャネル型の2種類があります。

Nチャネル型の場合、ソースとドレインはN型半導体で構成され、基板はP型半導体です。ゲートは酸化絶縁層を介して形成されています。ゲート—ソース間に電圧が印加されていない状態では、ソースからドレインへ電流は流れません。しかし、ゲート—ソース間に正の電圧を印加すると、P型半導体内の正孔が押し出され電子が蓄積して、ソースとドレイン間にN型の**チャネル**が形成されます。その後、ソースからドレインへ電流が流れます。

また、MOSFETの入力**インピーダンス**が高い理由として、ゲートとチャネル領域の間に酸化絶縁層があるためです。ゲートに電圧を印加しても、ゲートからチャネルへ直接電流は流れず、ゲート（入力）はほぼ無負荷の状態となり、非常に高い入力インピーダンスとなるのです。

チャネル
ソースとドレインの間に形成される電気の通り道。ゲート電圧の大きさによってチャネルの「幅」が変わり、ドレインからソースへの電流の流れを制御する。

インピーダンス
電気が流れるときの「妨げ」となる度合いを表したもの。電気がどれだけスムーズに流れるか示す指標といえる。

Pチャネル型の動作原理

Pチャネル型では、ソースとドレインがP型半導体、基板はN型半導体で構成され、ゲートは酸化絶縁層を介して形成されています。Nチャネル型と同様、ゲート—ソース間電圧がゼロだとチャネルは形成されず、ドレインへ電流は流れません。ゲートに負の電圧が印加されると、N型半導体の近くにあるP型半導体内の正孔が引き寄せられソースとドレイン間にP型のチャネルが形成されます。結果、ソースからドレインへ電流が流れます。

Nチャネル型MOSFETの動作原理

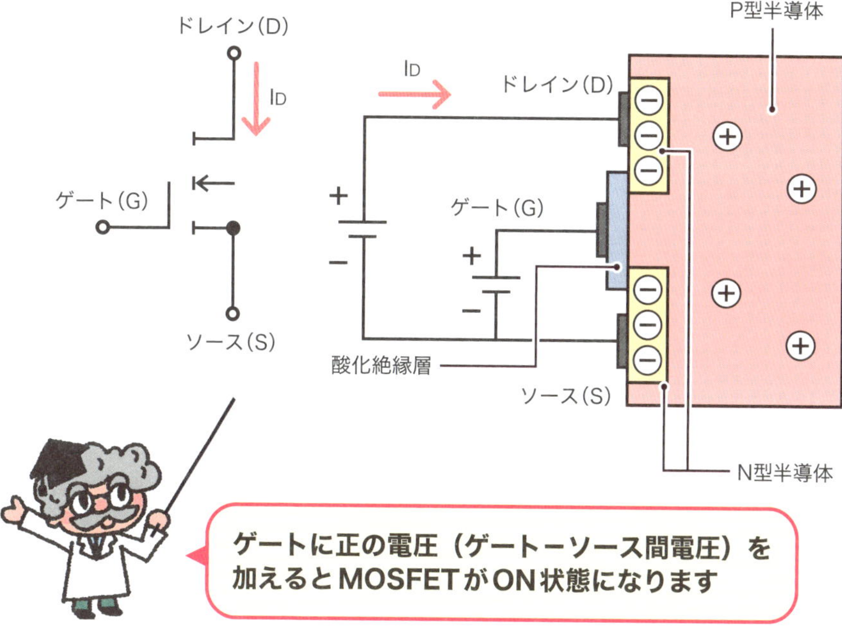

Pチャネル型MOSFETの動作原理

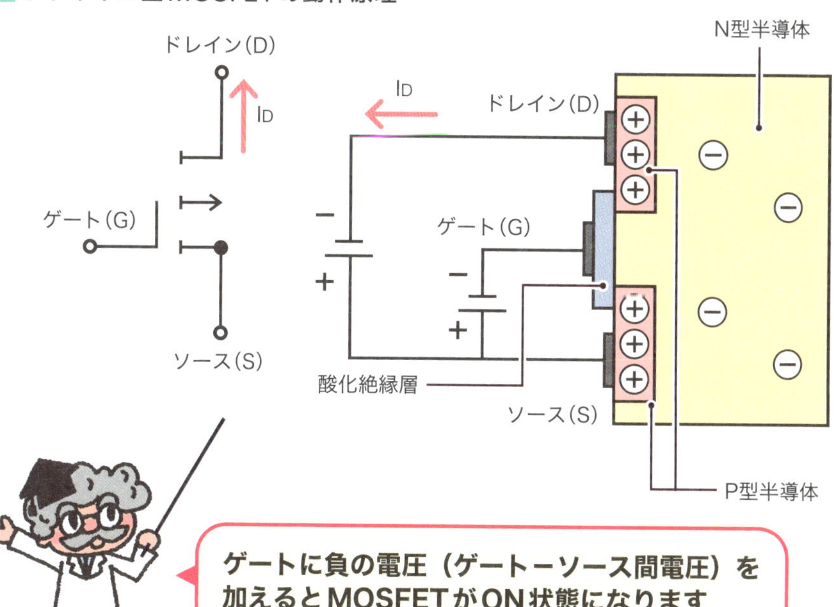

Chapter4
06

入力部分がMOSFET構造、出力部分はバイポーラ構造

IGBT（絶縁ゲートバイポーラトランジスタ）の動作原理

IGBTは、MOSFETとバイポーラトランジスタの特性を組み合わせた半導体デバイスです。高速スイッチングと高電圧耐性を兼ね備えており、電力変換装置やモーター制御などの分野で広く利用されています。

IGBTはどのような動きをするのか

IGBT（絶縁ゲートバイポーラトランジスタ）は、MOSFET（電界効果トランジスタ）のゲート駆動特性と、バイポーラトランジスタの高電流／高電圧耐性を組み合わせた特性を持つ半導体デバイスです。

高速なスイッチング特性と高電圧耐性を兼ね備えていることから、大電力を扱う回路において高い効率と信頼性を発揮します。そのため、電力変換装置やモーター制御などの分野で多く利用されています。

効率
スイッチング速度が速いほど、電力変換の過程でエネルギー損失が少なくなり、効率が高くなる。

IGBTは基本的にNチャネル型のものが使用されます。構造としては、IGBTはNチャネル型のMOSFETとPNP型のバイポーラトランジスタの構造を組み合わせたものです。

ゲート端子に電圧が印加されると、MOSFET部分にN型のチャネルが形成され、バイポーラトランジスタのベースに電流が流れます。このとき、バイポーラトランジスタがONとなり、コレクタからエミッタへと大電流が流れるようになります。この働きによって、IGBTは高電圧や高電流を効率的に扱えるようになります。

IGBTのON／OFF制御とその応用

IGBTのON／OFFは、ゲート端子に加えられる電圧で切り替わります。具体的には、ゲートにプラスの電圧が印加されると、バイポーラトランジスタのベース電流が増加し、IGBT全体がONとなります。反対に、ゲート電圧がゼロまたはマイナスの電圧になると、チャネルが消失し、IGBTはOFF状態になります。これにより、エミッタとコレクタ間の電流が遮断されます。

Nチャネル型IGBTの内部構造

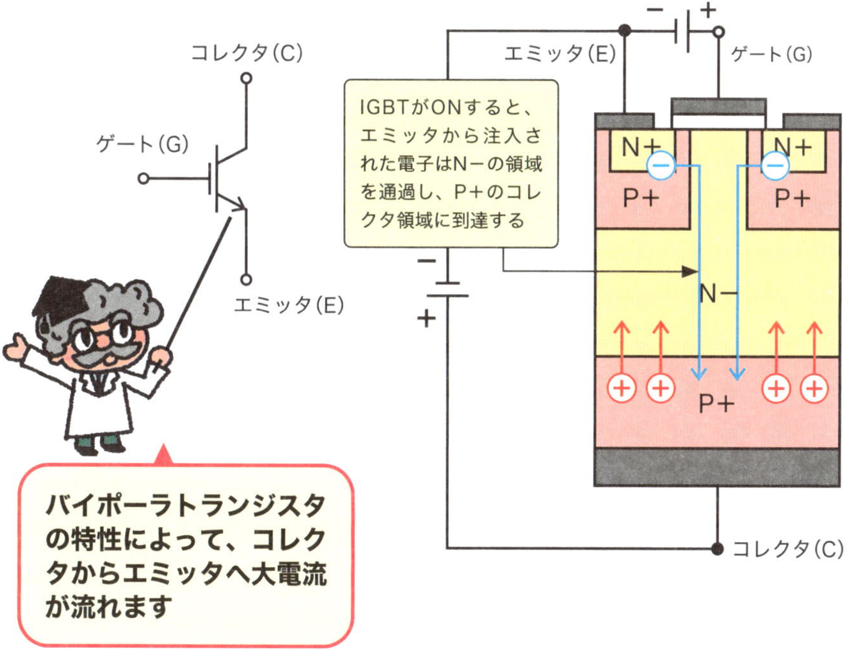

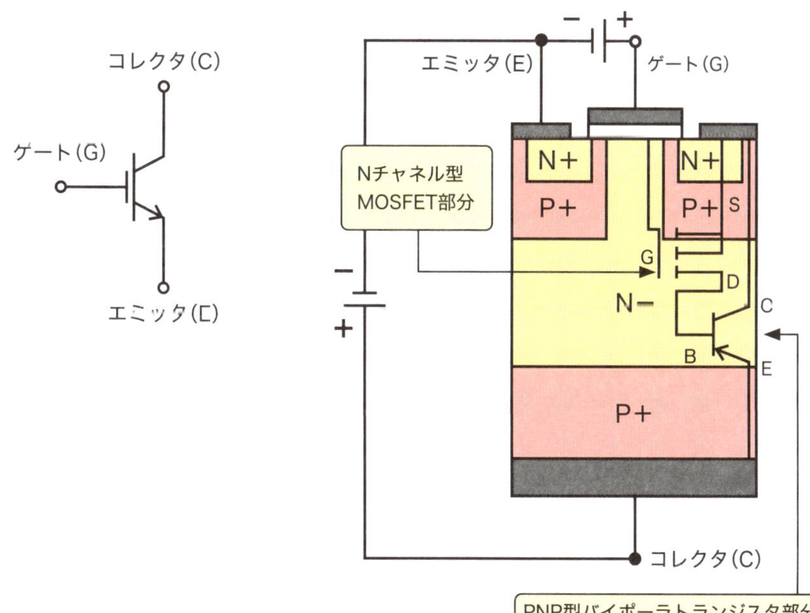

第4章 ディスクリート半導体の代表「トランジスタ」

Chapter4
07

光を電気信号に変換する特殊なトランジスタ

フォトトランジスタの動作原理

フォトトランジスタは、光エネルギーを感知して、電気信号へ変換する半導体デバイスです。光の強さに応じて流れる電流の大きさが変化し、自動照明システムといった分野で利用されています。

光に反応する半導体、フォトトランジスタの役割

フォトトランジスタは、光エネルギーを電気信号に変換する機能を持っており、光に対して高感度な半導体デバイスです。フォトダイオードとトランジスタを組み合わせたような構造を持っており、光に反応して動作します。

フォトトランジスタは一般的なトランジスタと同様に、エミッタ（E）、ベース（B）、コレクタ（C）の3つの電極を持っています。ただし、光が当たると電流が流れるように設計されているのが特徴です。

光の強さを電流でとらえる

フォトトランジスタの動作原理は、光電効果にもとづいています。光（主に可視光や近赤外線）がベース部分に当たると、光エネルギーが半導体の電子に吸収され、エネルギーを受け取った電子は**励起**します。

これによりベース電流が生成され、このベース電流がコレクタ電流を制御し、光の強さに応じてコレクターエミッタ間に流れる電流が変化します。

この働きによって、フォトトランジスタは光の強さを電流の大きさとして検出できるのです。

フォトトランジスタはその高い感度と迅速な応答性により、多くの応用分野で利用されています。たとえば、自動照明システムとして、周囲の明るさを感知して照明を自動でON／OFFするために使用されています。

励起
電子が低いエネルギーの状態から、高いエネルギーの状態へ移行すること。

フォトトランジスタの構造

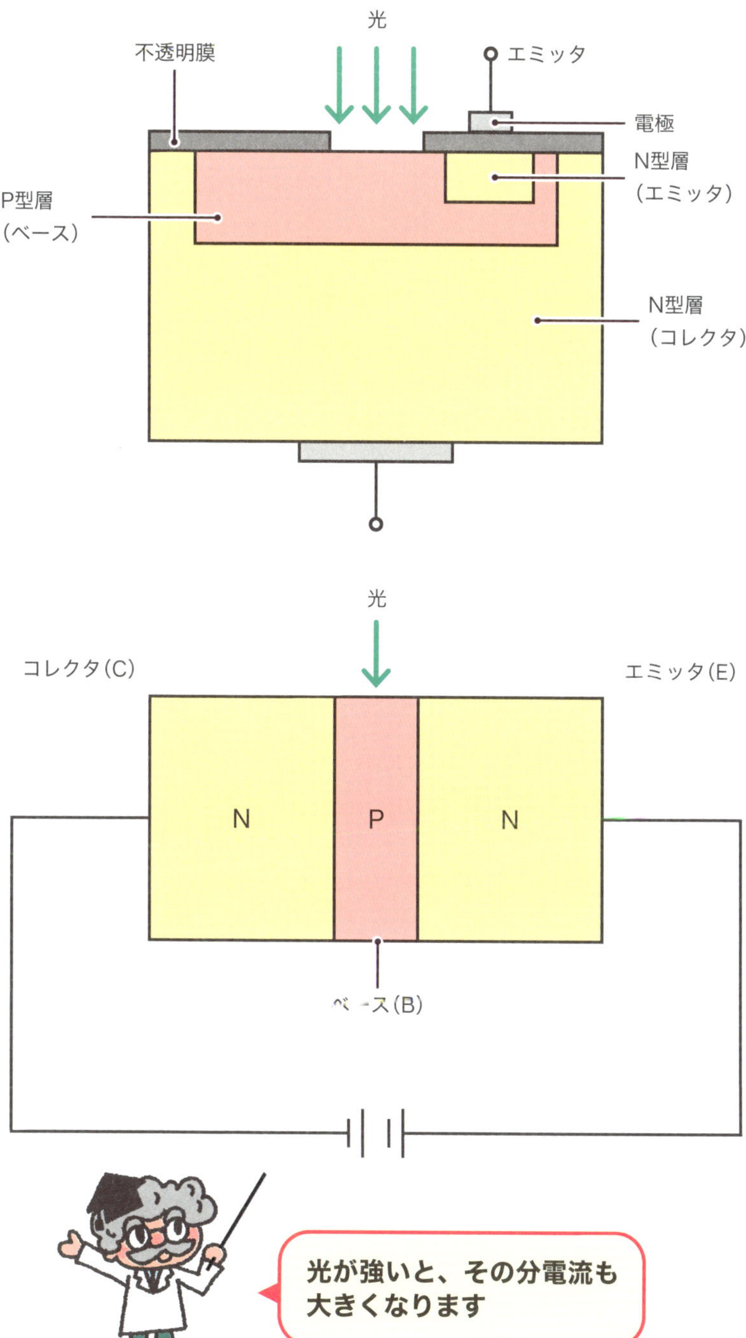

一方向の高電流を制御する

サイリスタの動作原理

サイリスタは、ダイオードの整流作用とトランジスタのスイッチング機能を組み合わせたような半導体デバイスです。電流を一定方向にしか流さない働きがあり、電力制御や整流に幅広く利用されています。

サイリスタの機能

サイリスタとは、電気の流れを制御するための半導体デバイスであり、主に大きな電流を一定方向にしか流さないようにするために使用します。ダイオードも、電流を一定方向にしか流さない整流作用がありますが、サイリスタはより複雑な機能を持っています。

整流作用
交流（AC）から直流（DC）へ変換する機能。電子機器の多くは直流電源で動作するため、交流から直流へ変換する必要がある。

サイリスタは、アノード（正の電極）、カソード（負の電極）、ゲート（制御信号を入力する端子）の3つの端子から構成され、内部はシリコンを基材とした4層のPNPN構造になっている点が特徴です。

サイリスタは、トランジスタのようなスイッチング機能も兼ね備えています。ゲートに正の電圧を印加することで、アノードからカソードへ電流が流れ、ON状態になります。

このとき、途中でゲートへの電圧印加を中止しても、アノードからカソードへ一定の電流が流れ続ける限り、ON状態を保持します。アノードからカソードへの電流を止めるか、電流が一定の値以下になるとOFF状態となり、電気を通さなくなります。

サイリスタは電力制御と整流などに利用される

これらの特性によって、サイリスタは電力制御、過電流保護といった分野で利用されています。

また、サイリスタの持つ整流作用によって、AC（交流）をDC（直流）へ変換するときにも利用され、電力伝送や電子機器の電源部において広く使用されています。

サイリスタの内部構造としくみについて

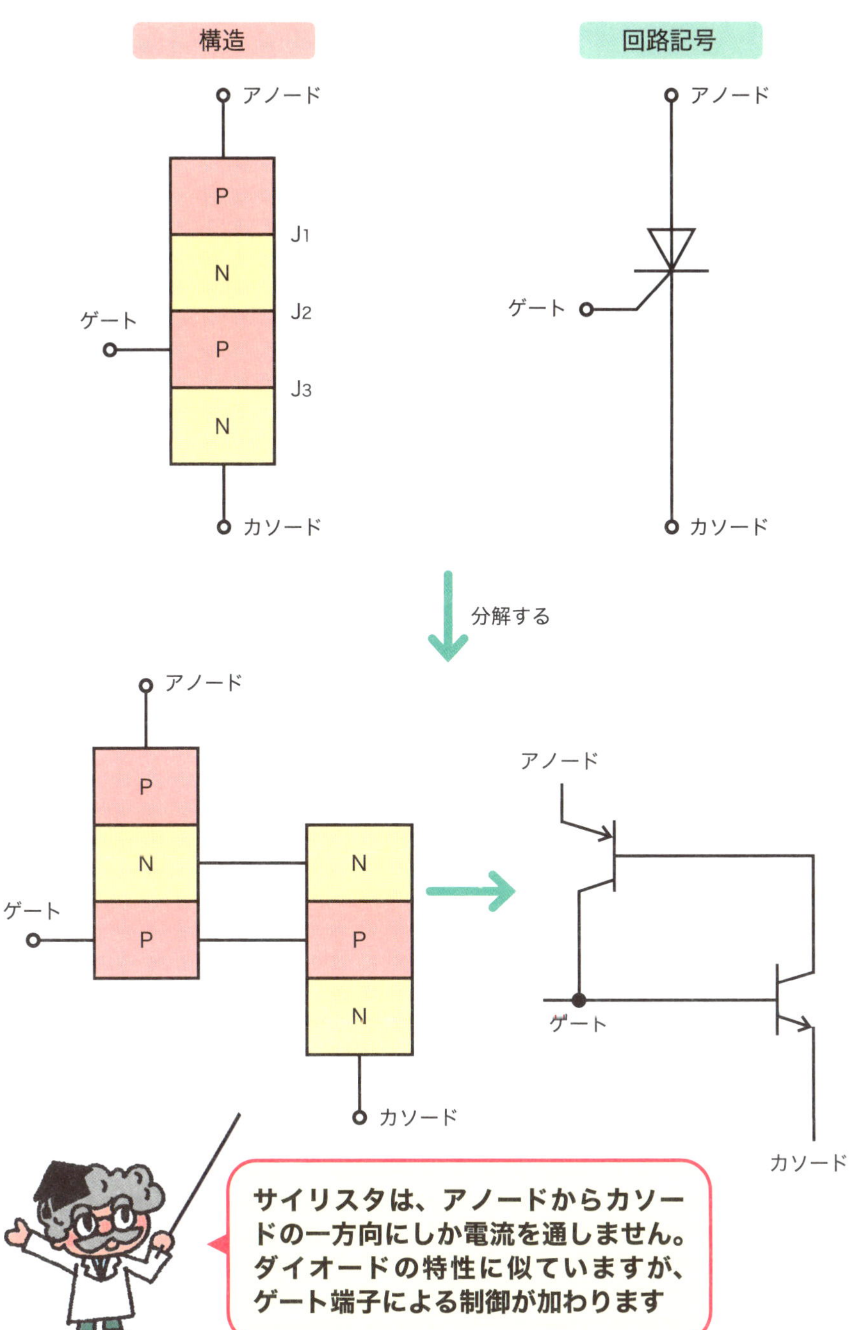

トランジスタのベースを接地

ベース接地回路

ベース接地回路とは、高周波数信号の効率的な増幅に特化した回路です。トランジスタのベースを接地することで安定した動作を実現し、エミッタからの微小な電流をコレクタで増幅します。

ベース接地回路の基本構成

ベース接地回路とは、バイポーラトランジスタ（BJT）を利用した基本回路の１つで、ベースが接地され、エミッタに入力信号を与え、コレクタから出力信号を得る構成です。

エミッタからベースへ流れる微小な電流がトランジスタの動作を制御し、結果としてコレクタ側で増幅された出力が得られます。

接地
電気回路や電子機器の一部をアース（大地）に接続すること。

ベース接地回路の動作原理

ベース接地回路では、トランジスタのベースが接地されており、トランジスタの動作を安定させる働きがあります。

エミッタからベースへわずかな電流を流すことによって、トランジスタのON／OFF制御が可能です。このエミッタからベースへ流れる小さな電流は、コレクタから出力される電流に影響を与え、信号が増幅されます。

この特性によって、ベース接地回路はシンプルな回路構成でありながら、信号を効率的に増幅することが可能です。

ベース接地回路の最大の特徴は、高周波数での優れた性能です。この回路は、信号の伝達時間が非常に短く、高速で信号を増幅することが可能です。

また、入力と出力の信号が干渉しにくい設計になっているため、非常に安定した動作が得られます。

高周波数の信号を増幅したり、入力信号を変化させずに次の回路へ伝達するバッファとして使用されることが多いです。

ベース接地回路における電流の流れ

NPN型

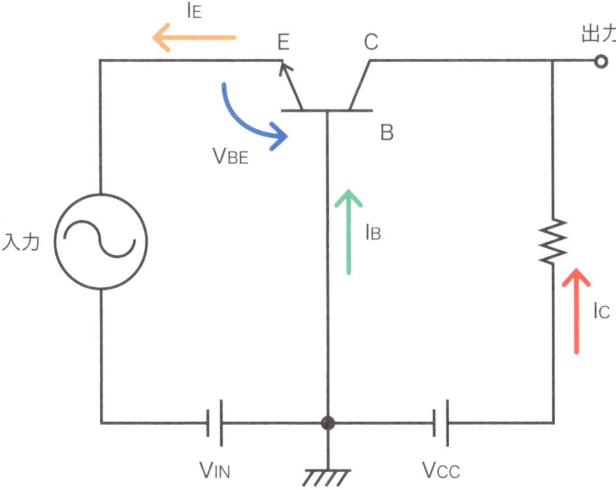

ベース－エミッタ間電圧(VBE)が約0.6V以上になるとトランジスタがONになり、ベース電流(IB)が流れる

ベース電流が流れると、エミッタ電流(IE)とコレクタ電流(IC)が流れる

出力＝VCC－RC×IC
(コレクタ部には抵抗が接続されており、ICがこの抵抗を流れるときに電圧降下が発生するため)

PNP型

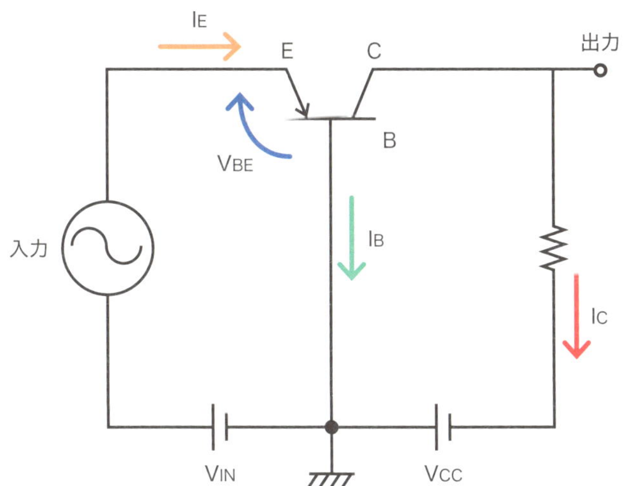

PNP型では、エミッタ側が正の電源に接続され、コレクタ側が接地されます

IB…ベース電流　IE…エミッタ電流　IC…コレクタ電流
VBE…ベース―エミッタ間飽和電圧(トランジスタがONしているときにベース―エミッタ間にかかる電圧)

トランジスタのコレクタを接地

Chapter4 10

コレクタ接地回路

コレクタ接地回路は、高い入力インピーダンスと低い出力インピーダンスの特性を持った回路です。電圧利得はほぼ1にもかかわらず、安定した電流供給と広範な周波数応答を持っています。

コレクタ接地回路の構造と基本特性

コレクタ接地回路（別名：エミッタフォロワ）として知られるこの回路は、トランジスタのコレクタ端子が電源に接続されています。この回路では、エミッタが出力端子、ベースが入力端子となってエミッタとベース間の電流が制御されます。

コレクタ接地回路のメリットとして、高い入力インピーダンスと低い出力インピーダンスが挙げられます。高い入力インピーダンスによって、信号発信元からの信号を効率的に回路へ取り込むことが可能です。

一方、信号の出力側で低いインピーダンスを持っているため、次のステップの回路へスムーズに信号を伝えられます。

コレクタ接地回路の用途

また、コレクタ接地回路は、高い入力インピーダンスと低い出力インピーダンスによって、ノイズの影響を受けにくくなります。

さらに、信号の歪みを最小限に抑えながらも、安定した電流供給を行うためのレギュレータとしても有用です。

電圧利得
電子回路やアンプにおいて、入力信号の電圧に対する出力信号の電圧の比率。

コレクタ接地回路は電圧利得がほぼ1であるため、電圧増幅としてはあまり利用されません。ただし、電圧増幅は少ないものの、信号の歪みを最小限に抑えつつ、安定した電流供給ができることから、多様な分野で利用されています。たとえば、オーディオ信号の最終的な増幅段として、コレクタ接地回路が採用されることがあります。

そのほか、安定した電流供給のためのレギュレータや、バッファとしても利用されています。

コレクタ接地回路における電流の流れ

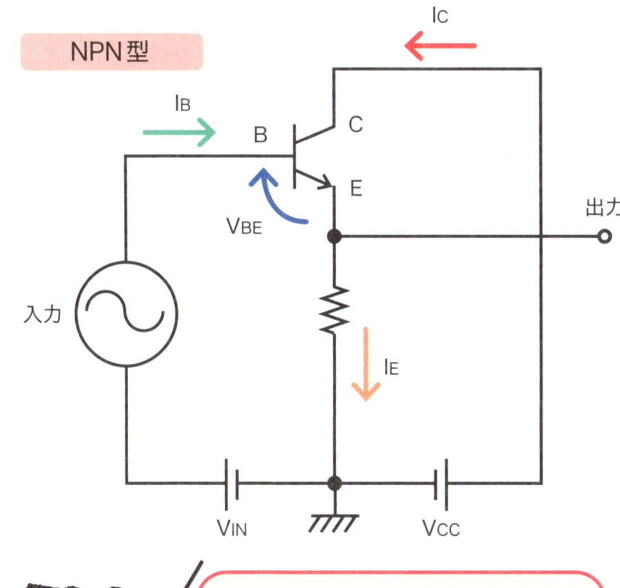

ベース－エミッタ間電圧(V_{BE})が約0.6V以上になるとトランジスタがONになり、ベース電流(I_B)が流れる

ベース電流が流れると、エミッタ電流(I_E)とコレクタ電流(I_C)が流れる

エミッタ電流(I_E)がエミッタ抵抗を流れると電圧が発生する

出力信号は入力信号にほぼ等しく(厳密にはベース―エミッタ間電圧分だけ低い)、位相も反転することはありません

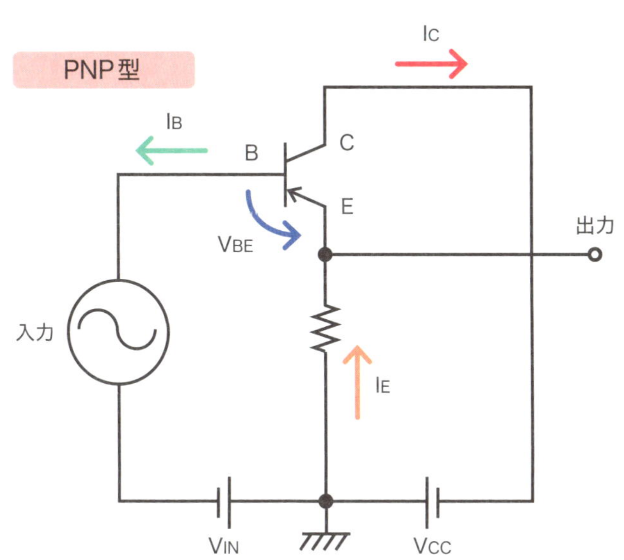

Chapter4
11

トランジスタのエミッタを接地

エミッタ接地回路

エミッタ接地回路は、オーディオアンプや無線通信に不可欠なトランジスタ増幅器です。高い電圧利得と位相反転性が特徴で、適切なバイアス設定とエミッタ抵抗により、信号の歪みを抑え、安定性を保ちます。

エミッタ接地回路の基本と応用

エミッタ接地回路は、トランジスタ回路の1つで、増幅器として広く利用されています。

エミッタ接地回路では、高い電圧利得を持つことから、オーディオアンプ、無線通信、信号処理など多岐にわたる分野で活用されています。

エミッタ接地回路では、トランジスタのベースに入力信号が供給されるとコレクタ電流が変化し、増幅された出力信号がコレクタ側から得られます。この性質によって、小さな入力信号が大きな出力信号として変換されるのです。

エミッタ接地回路の電圧利得と位相反転性

この回路の最大の特徴は、入力信号に対して出力信号の位相が180度反転する点です。

これは、ベース電圧が印加されるとコレクタ電流が増加し、結果としてコレクタ電圧が下がるためです。

エミッタ接地回路の設計では、適切にバイアスを設定することが重要です。バイアスとは、トランジスタが適切な動作領域（アクティブ領域）で動作できるように、静的な直流電圧をベースに加えることを指します。これにより、回路は入力信号に対して線形に応答し、信号の歪みを最小限に抑えることが可能です。

さらに、エミッタ抵抗を設けることで、回路の安定性を向上させます。エミッタ抵抗は、トランジスタの温度上昇による電流の自己増加を抑制し、回路を安定化させます。

位相
波や振動などが一定の周期で繰り返されるとき、その波の形がどの位置にあるかを示す物理量。

抵抗
電気が流れにくくする役割を持つ。流す電流を制限したり、電圧を分けたりするときに使用する。単位はオーム（Ω）。

エミッタ接地回路における電流の流れ

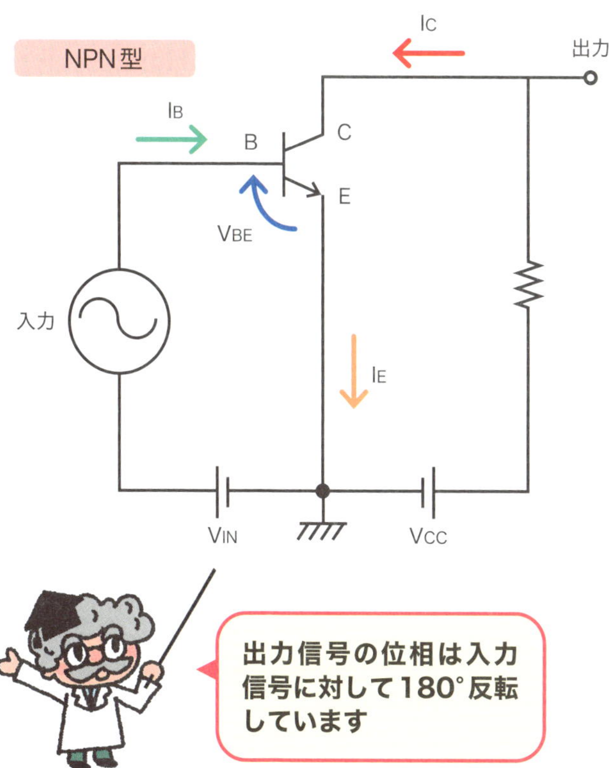

ベース－エミッタ間電圧（V_{BE}）が約0.6V以上になるとトランジスタがONになり、ベース電流（I_B）が流れる

ベース電流が流れると、エミッタ電流（I_E）とコレクタ電流（I_C）が流れる

増幅されたコレクタ電流は、コレクタとV_{CC}に接続された抵抗を通過し、電圧降下が発生

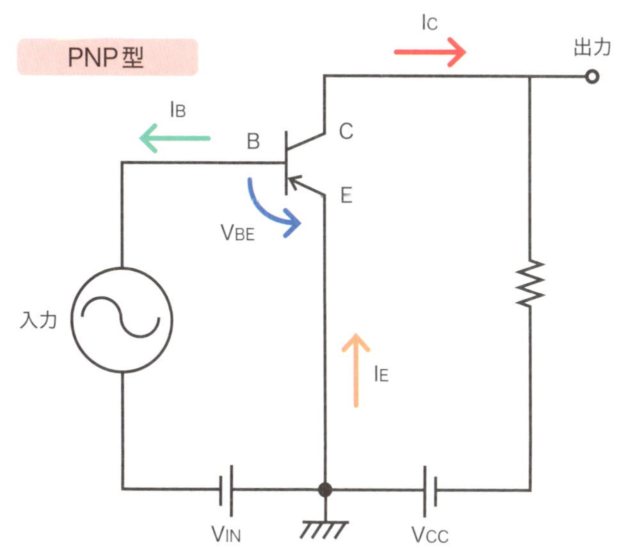

Chapter4
12

2つのバイポーラトランジスタを組み合わせたもの

ダーリントントランジスタ

ダーリントントランジスタは、2つのバイポーラトランジスタを組み合わせることで、高い電流増幅率を実現します。微小な電力を大きな電力へ変換できるため、電力増幅が求められる電子回路で有用です。

ダーリントントランジスタの基本構造と動作原理

ダーリントントランジスタは、2つのバイポーラトランジスタを接続して構成された半導体デバイスです。

1つ目のトランジスタが小さな入力電流を増幅し、この増幅された電流が2つ目のトランジスタを駆動することで、さらに大きな電流を増幅します。そのため、非常に小さな入力電流であっても、大きな電流を流すことができます。

この性質から、とくに電力増幅が必要なアプリケーションに非常に有用です。

高い増幅率を誇るダーリントントランジスタ

ダーリントントランジスタの最大の特徴は、その高い電流増幅能力にあります。2つのトランジスタの増幅率がかけ合わされ、非常に高い増幅率が実現できるためです。この働きによって、小さなベース電流で大きなコレクタ電流の制御が可能となります。

この性質は、リレーやモーターなどの駆動回路、オーディオアンプなどのアプリケーションでとくに活用されます。

ただし、ダーリントントランジスタは高い増幅率を持つ一方で、飽和に達するために必要なベース―エミッタ間電圧が通常のトランジスタよりも高くなります。これは、2つのトランジスタのベース―エミッタ間電圧が合算されるためです。

また、スイッチング速度が単体のトランジスタに比べて遅くなる傾向があるため、この点も考慮する必要があります。

飽和
トランジスタが完全にONになっている状態。

ダーリントントランジスタの基本構造

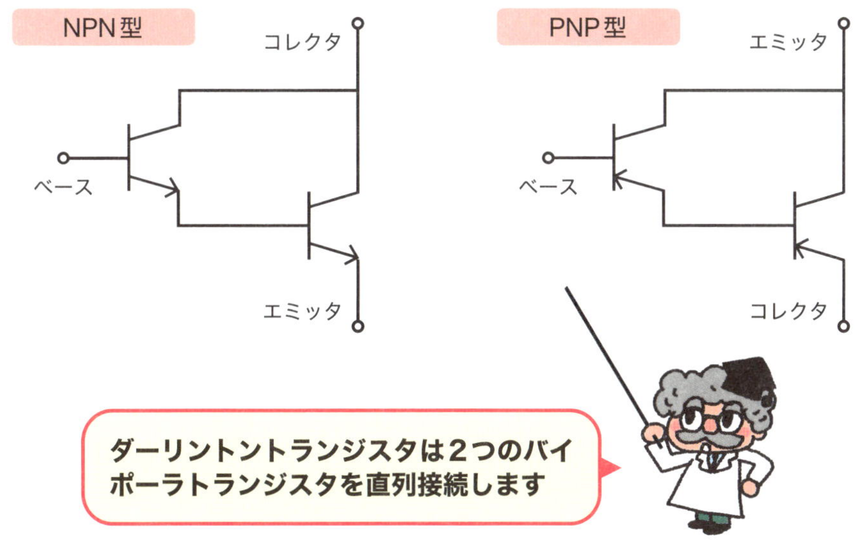

ダーリントントランジスタの原理について（NPN型）

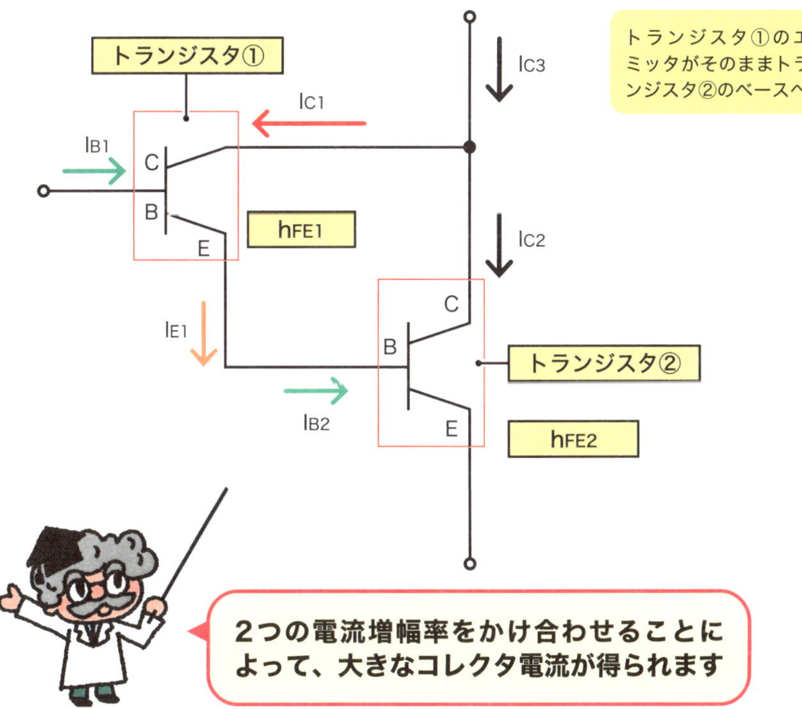

COLUMN 4

トランジスタの開発者たち

トランジスタの誕生とチームワークの裂け目

トランジスタの発明により、ウィリアム・ショックレー、ジョン・バーディーン、ウォルター・ブラッテンの3人は「トランジスタの父」として歴史に名を刻みました。この革命的な発明によって、のちに彼らはノーベル物理学賞を受賞することになります。

ところが、この発明の裏には彼らの間での複雑な人間関係がありました。

ショックレーは、トランジスタの概念（点接触型トランジスタ）を提案していましたが、点接触型トランジスタの実際の発明者はバーディーンとブラッテンでした。

ショックレーはこれに対して、接合型トランジスタを独自に開発したのです。この一件はチーム内に緊張を生み、とくにショックレーとほかの2人との関係が悪化する原因となりました。

ノーベル賞とその後の道

その後、ショックレーは自身の研究所を設立しますが、彼の管理スタイルと難しい性格が原因で、才能ある研究者たちは離れてしまいました。一方で、バーディーンとブラッテンは互いに協力し合い、研究を進めていました。彼らは実験室での失敗を乗り越え、最終的に歴史を変える発明を成し遂げたのです。

ノーベル賞受賞時、ショックレーは自分の貢献を強調するスピーチを行い、バーディーンとブラッテンの功績を十分に認めませんでした。これは彼らの間の微妙な関係を示すエピソードとして有名です。彼らの複雑な関係性は、トランジスタという発明の背後にある人間ドラマを浮き彫りにしているのです。

第5章

半導体で構成される
デジタル回路のしくみ

デジタル回路の世界では、データを2進数で表現し、論理素子を用いて計算や処理を行います。データの処理や計算、記憶などの機能を実現し、コンピュータや電子機器において重要な役割を果たしています。0と1の2つの状態を用いるため、誤差が少なく正確な処理が可能です。

Chapter5
01

2進数によるデータの表現

デジタルの世界ではデータを2進数で表す

2進数は「0」と「1」の2つの数字によって情報を表現し、これをビットといいます。ビットによる表現は文字や画像、音声といったあらゆる情報を効率的に扱うことを可能にします。

2進数は「0」と「1」の2つの数字で表現される

私たちの周りにある電子機器は10進数ではなく、すべて「0」と「1」、つまり2進数によって動いています。

0と1、この2つの数字を使ったデジタルシステムの最小単位を「ビット」と呼びます。このビットを使うことにより、「ONまたはOFF」「真または偽」「1または0」を表現することが可能です。

ビットは「Binary（2つ）」と「digit（数）」を組み合わせた言葉で、まさしく0と1の2つの数だけで情報を表現します。

2進数で表現するメリット

たとえば、ASCIIコードでは、128種類の文字や記号を7ビットで表現します。拡張ASCIIコードなど用いると、8ビット（1バイト）で256種類の文字や記号が表現できます。

画像に関しても、1個1個の点（ピクセル）の色をビットの組み合わせで表現します。音声も同じで、音の高さや強さをビットで表現します。

このように、0と1だけで情報をやり取りする2進数は非常に便利です。デジタル信号はアナログ信号よりノイズに強い点もメリットです。

さらに、2進数によるデータの表現は、信頼性と効率性に優れています。

一度データが2進数に変換されてしまえば記録、処理、送信が容易となり、加えてデータの劣化を抑えられます。また、取り扱う数字が0と1だけなので、複雑な計算も必要とせず、高速に計算することが可能となります。

ASCII（アスキー）
コンピューターで文字や記号を表現するための標準的な文字コード。

ピクセル
デジタル画像の最小単位。ピクセルが多いほど、画像は高解像度となる。

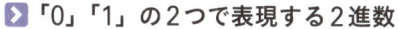

「0」「1」の2つで表現する2進数

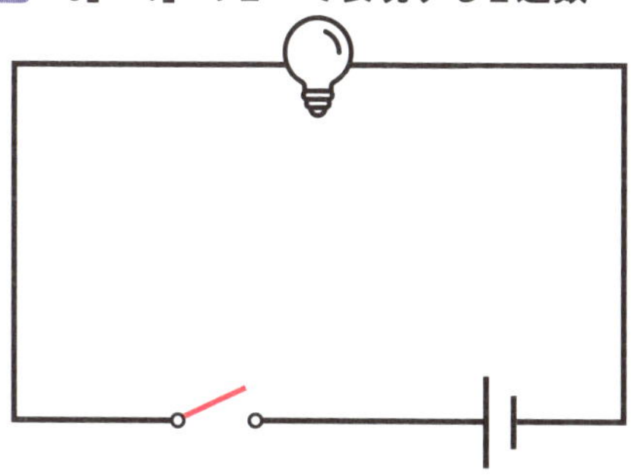

スイッチがOFFなら豆電球に電流は流れない。つまり「0」の状態

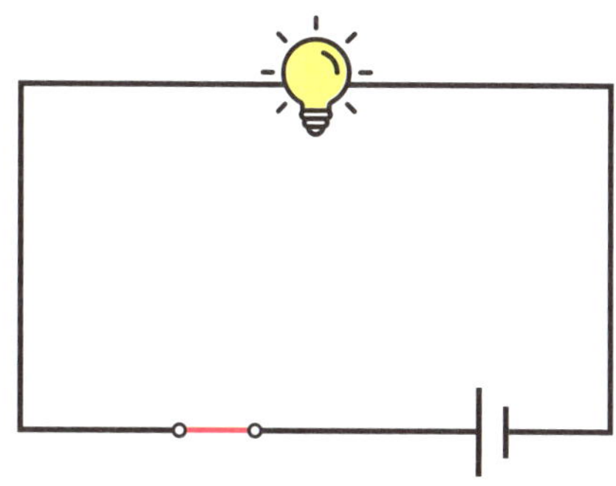

スイッチがONなら豆電球に電流は流れ点灯する。つまり「1」の状態

私たちが普段扱っている10進数よりも2進数の方がコンピューターにとっては扱いやすいのです

1バイトは256通りのデータを持つ

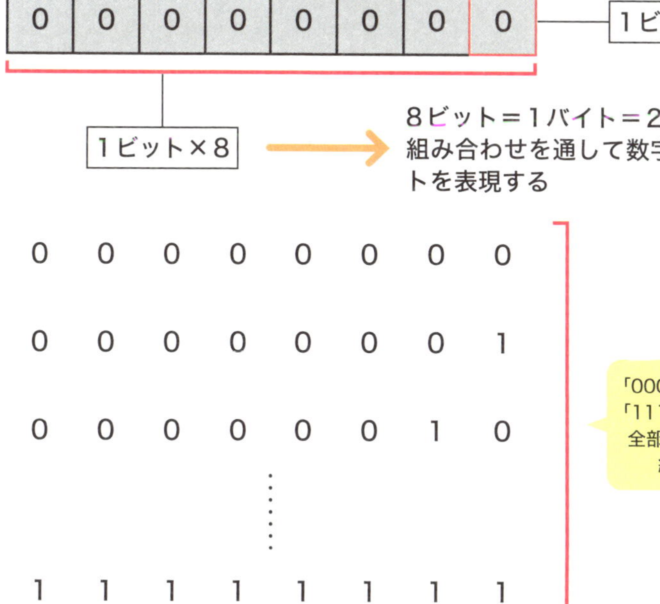

Chapter5
02

論理積の論理ゲート

論理素子の基本①
ANDゲート

論理素子はデジタル電子機器の中心的な要素であり、基本的な論理演算を行います。その中でも、ANDゲートは「すべてが真であれば真」という単純なルールにもとづいて演算が行われます。

入力がすべて1の場合、出力が1になるANDゲート

論理素子は、デジタル電子回路の基本的な構成要素で、基本的な論理演算（AND、OR、NOTなど）を行います。

これらは、デジタル情報の操作や処理する上で、基本的な操作です。中でも「ANDゲート」はとくに基本的な役割を持つ論理素子です。

ANDゲートは2進数の論理演算を行う電子回路で、2つ以上の入力信号がすべて「1」（真）の場合のみ、出力信号が「1」になる特性を持ちます。そのほかの状況では、出力は「0」（偽）になります。

たとえば2つのスイッチ「A」と「B」があり、どちらのスイッチも「ON」にしないとライトが点灯しないとしましょう。これはANDゲートの働きそのもので、スイッチAだけが「ON」でBが「OFF」の場合、またはその逆、あるいは両方とも「OFF」であれば、ライトは点灯しません。

つまり、ANDゲートは「両方が真であるときだけ、結果も真になる」という機能を持っています。これによりコンピューターは情報を認識し、適切な結果を出力します。

論理演算
真（True）と偽（False）の2つの値を使って行う演算のこと。

ゲート
デジタル回路において、基本的な部品の1つ。特定の論理演算を行う役割を持つ。

ANDゲートと逆の動作をするNANDゲート

NANDゲートはANDゲートとは逆の働きをする論理ゲートです。

具体的には、すべての入力信号が「1」のときだけ「0」を出力し、それ以外の場合では、出力信号はすべて「1」になります。この性質から「NOT AND」の略称でNANDゲートと呼ばれています。

ANDゲートの図記号と真理値表

記号

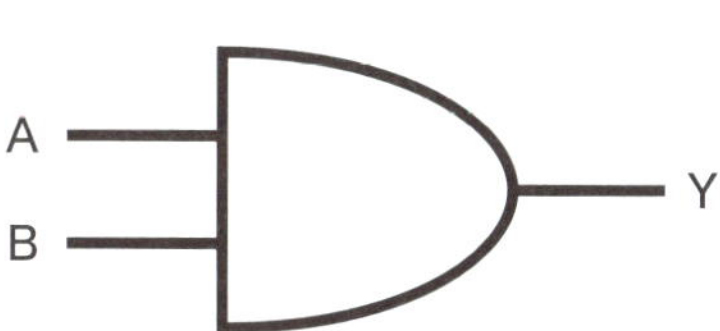

真理値表

入力A	入力B	Y（出力）
0	0	0
0	1	0
1	0	0
1	1	1

2つの入力信号が両方とも「1」のときだけ、出力信号が「1」となります。それ以外はすべて出力信号は「0」となります

真理値表は論理演算の結果の表。入力の組み合わせをすべて列挙し、それぞれの組み合わせに対する出力を示す

NANDゲートの図記号と真理値表

記号

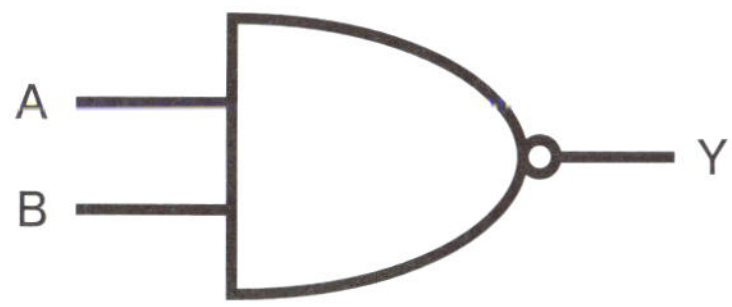

真理値表

入力A	入力B	Y（出力）
0	0	1
0	1	1
1	0	1
1	1	0

2つの入力信号が両方とも「1」のときだけ、出力信号が「0」になります。それ以外はすべて出力信号は「1」になります

Chapter5
03

論理和の論理ゲート

論理素子の基本②ORゲート

ORゲートは論理素子の1つです。「どちらか一方、もしくは両方とも真であれば結果も真となる」といった働きを行う素子です。NORゲートでは、ORゲートとまったく逆の働きが行われます。

出力が1になるORゲート

ORゲートは基本的な論理素子のうちの1つです。単体で使用するよりも、ほかの論理素子と組み合わせて使用することがほとんどです。

ORゲートは、論理和を表現する論理素子であり、少なくとも1つの入力信号が「1」（真）である場合に、出力信号が「1」になる特性を持ちます。逆に、すべての入力信号が「0」（偽）の場合のみ、出力信号は「0」になります。

ORゲートは「どちらか一方、もしくは両方が真であれば、結果も真」といった働きをするため、複雑な判断を行うコンピューターにとって非常に重要な素子です。

たとえば、2つのスイッチAとBがあり、「どちらか一方、もしくは両方がONすればライトが点灯する」というシステムを考えてみましょう。スイッチAまたはB、あるいはその両方がONになれば、ライトは点灯します。

一方で、両方のスイッチがOFFの場合のみ、ライトは消灯します。これがORゲートの基本的な動作です。

真
条件や命題が成立している状態。簡単にいうと、物事が「正しい」ことを表す。

偽
条件や命題が成立していない状態。簡単にいうと、物事が「間違っている」ことを表す。

ORゲートと逆の動作をするNORゲート

NORゲートはORゲートとは逆の動作をする論理素子です。すべての入力信号が「0」（偽）であるときのみ出力信号が「1」（真）となり、1つでも入力信号に「1」（真）が含まれている場合は、出力信号が「0」（偽）になります。

たとえば、スイッチAとBのどちらか一方がONであればライトが消え、両方ともOFFであればライトが点灯します。これがNORゲートの基本的な動作原理です。

ORゲートの図記号と真理値表

記号

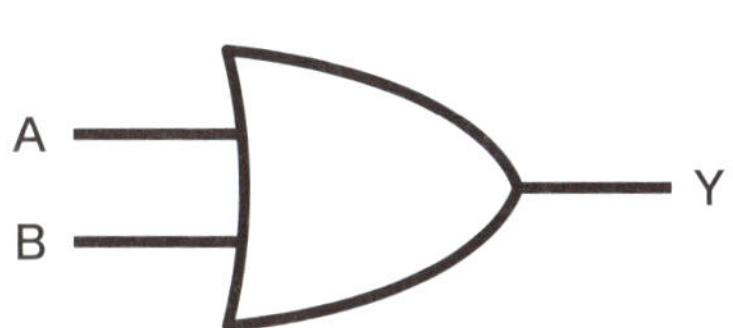

真理値表

入力A	入力B	Y（出力）
0	0	0
0	1	1
1	0	1
1	1	1

すべての入力信号が「0」の場合のみ、出力信号が「0」となり、少なくとも1つの入力信号が「1」のとき出力信号が「1」となる論理ゲートです

NORゲートの図記号と真理値表

記号

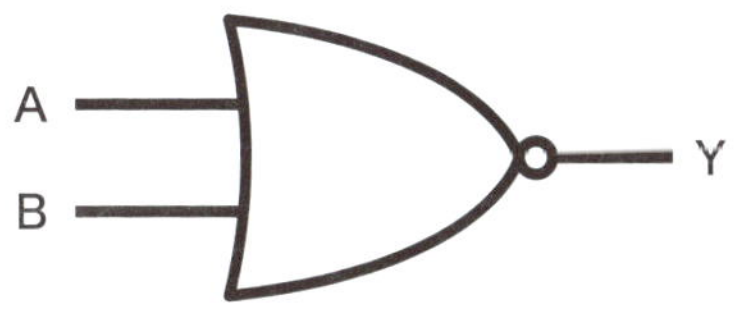

真理値表

入力A	入力B	Y（出力）
0	0	1
0	1	0
1	0	0
1	1	0

すべての入力信号が「0」の場合のみ、出力信号が「1」となる論理ゲートです

論理否定の論理ゲートと3ステートバッファ

Chapter5 04

論理素子の基本③ NOTゲートと3ステートバッファ

NOTゲートは、入力信号を反転するシンプルな論理素子です。単体ではなく、ほかの論理素子と組み合わせて使用します。また、3ステートバッファはNOTゲートと見た目が似ていますが、機能は大きく異なります。

入力信号を反転するNOTゲート

NOTゲートは、入力信号を反転するシンプルな論理素子で、ほかの論理素子と組み合わせて使用することが多いです。NOTゲートでは、入力信号が「1」(真)の場合に出力信号が「0」(偽)になり、入力信号が「0」(偽)の場合に出力信号が「1」(真)となります。

たとえば、スイッチがONのときライトが消え、スイッチがOFFのときライトが点灯するシステムを考えてみてください。これがNOTゲートの働きです。

必要時にだけ信号を出力する3ステートバッファ

3ステートバッファは、通常の「0」と「1」に加えて「ハイインピーダンス(Z)」と呼ばれる特別な状態を持つ**バッファ**です。このハイインピーダンス状態では、バッファが回路に影響を与えないように出力を切り離します。つまり、バッファが存在しないかのように振る舞う状態となるのです。

3ステートバッファは「0」、「1」、「Z」の3つの状態を持ち、とくに**データバス**のような共有の信号線を扱うときに重要な役割を果たします。すべてのデバイスが同時にデータをバスに送ろうとすると、データが混ざり、正しい情報の伝送ができなくなる恐れがあるためです。

もっとわかりやすい例を挙げると、家庭内で複数の電気製品が同じコンセントを使用している状況を想像してください。同時に複数の電気製品を使うと、ブレーカーが落ちる可能性がありますが、使用しない電気製品のコンセントを抜いておくことで、負荷を軽減できます。これが「ハイインピーダンス」に相当します。

バッファ
入力をそのまま出力するシステムを指す。信号の形や情報を変えずに、信号を伝達する働きがある。

データバス
コンピューターの内部にて、データをそれぞれの部分間で転送するための伝送路のこと。

NOTゲートの図記号と真理値表

記号

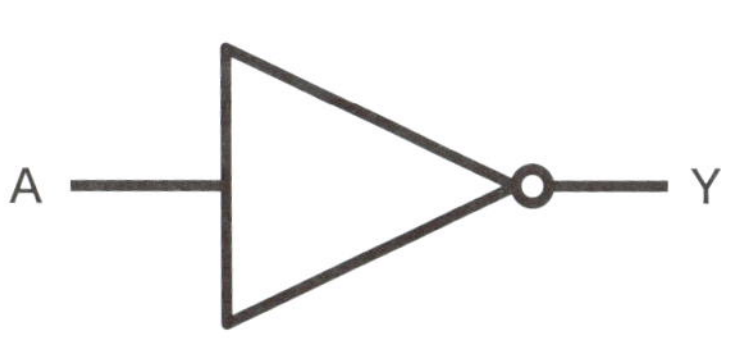

真理値表

入力A	Y（出力）
0	1
1	0

3ステートバッファの動作原理と真理値表

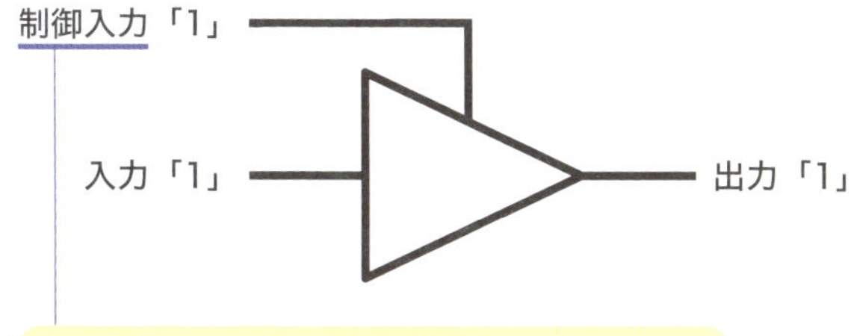

制御入力が「1」の場合、入力が「0」ならば、出力も「0」になり、入力が「1」ならば、出力も「1」となる

制御入力とはバッファが入力信号を出力するか、ハイインピーダンス状態するか、制御するためのもの

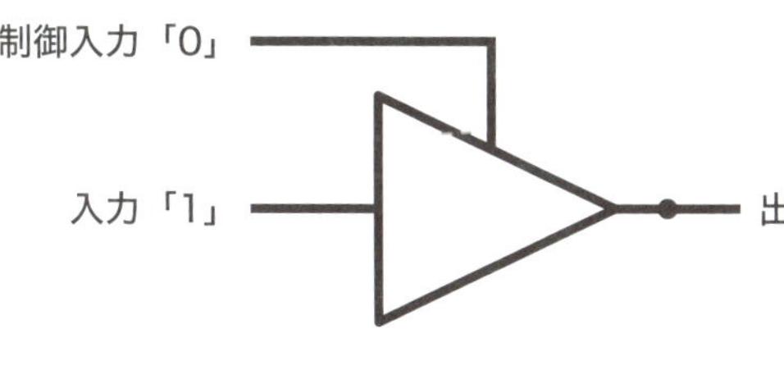

制御入力が「0」の場合、いかなる入力でも出力はZ（ハイインピーダンス）となる

真理値表

制御入力	入力	出力
0	—※	Z（非接続）
1	0	0
1	1	1

※入力が0か1

Chapter5
05

足し算の機能を持った演算器

組み合わせ回路①
加算器

加算器は、デジタル電子回路の中核となる回路です。基本的な半加算器、より複雑な全加算器が存在します。それぞれのしくみと機能を理解すれば、2進数の加算方法が理解できます。

半加算器の役割としくみ

デジタル電子回路では、論理素子を組み合わせて特定の機能を実現する「組み合わせ回路」があります。その中でも、基本的かつ重要な役割を果たすのが「加算器」と呼ばれる回路です。

加算器は2進数を足し算する機能を持つ回路で、もっとも単純な形式の加算器が半加算器です。半加算器は2つの入力ビットを取り、それらの「和」と「繰り上がり」を出力します。

具体的には、2つの入力ビットが「0」と「1」の場合、和が「1」、繰り上がりは「0」となります。2つの入力ビットが共に「1」の場合、和は「0」になり、繰り上がりが「1」になります。

10進数では「1＋1＝2」ですが、2進数の計算では、「2」ではなく1桁目が繰り上がり、「10」と表現されます。

全加算器の役割としくみ

全加算器は2つの半加算器と1つのORゲートを組み合わせて構成されます。

全加算器では、「2つのビット」と「前の桁からの繰り上がり」を加算できます。

つまり、半加算器が「1＋1＝10」までしか処理できないのに対して、全加算器は「1＋1＋1＝11」までの計算が可能です。

任意のビット長の2進数を加算したい場合には、複数の全加算器を連鎖させることで実現できます。

この働きによって、コンピューターは高速かつ大量のデータの処理が可能となるのです。

半加算器回路と真理値表

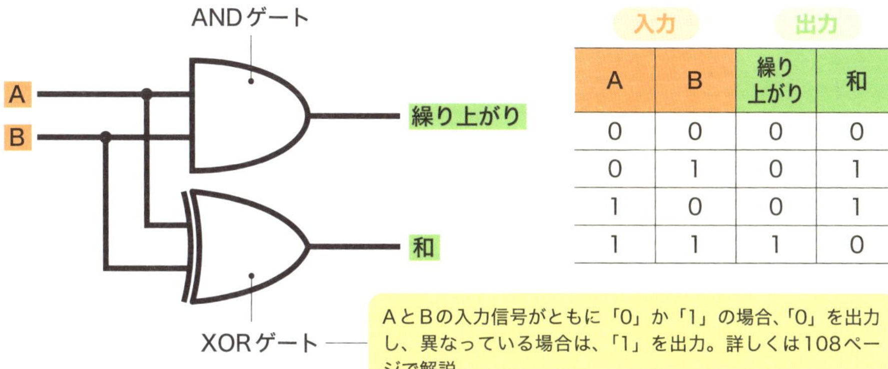

A	B	繰り上がり	和
0	0	0	0
0	1	0	1
1	0	0	1
1	1	1	0

AとBの入力信号がともに「0」か「1」の場合、「0」を出力し、異なっている場合は、「1」を出力。詳しくは108ページで解説

全加算器回路と真理値表

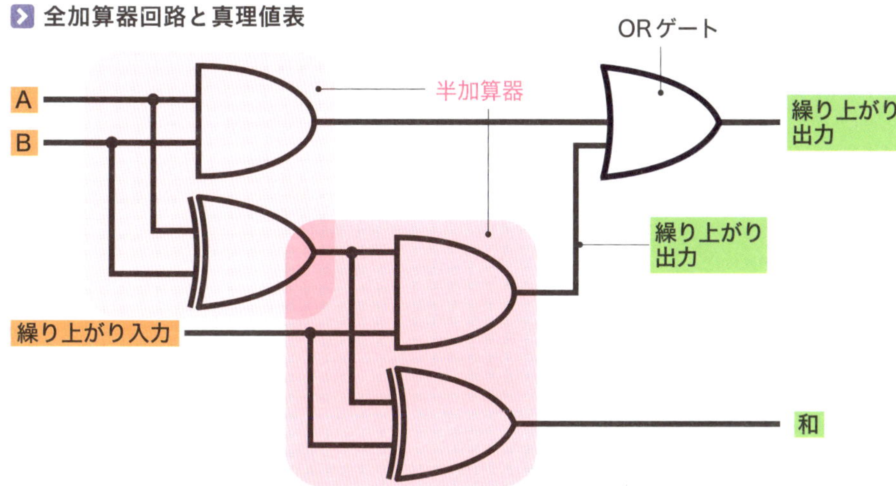

A	B	繰り上がり入力	繰り上がり出力	和
0	0	0	0	0
0	0	1	0	1
0	1	0	0	1
0	1	1	1	0
1	0	0	0	1
1	0	1	1	0
1	1	0	1	0
1	1	1	1	1

引き算の機能を持った演算器

Chapter5 06

組み合わせ回路②減算器

減算器は2進数間の差を計算するだけでなく、「2の補数」と呼ばれる考え方を利用して、かつ加算器を組み合わせて減算の効率化を実現しています。本節ではこのメカニズムについて理解を深めましょう。

半減算器と全減算器の役割としくみ

減算器とは、2つの2進数を受け取り、その差を出力する回路です。半減算器では、2つの1ビット入力を受け取り、その差と借り（繰り下げ）を出力します。

たとえば「1－0」の場合は差が「1」、借りが「0」となります。「1－1」は差が「0」、借りも「0」になります。一方、「0－1」の場合は差が「1」となりますが、これは借り（繰り上げ）が必要であるため、借りとして「1」が出力されます。

また、全減算器は半減算器を拡張したもので、前の桁からの借りを考慮した3つの1ビット入力を受け取り、その差と借りを出力します。

「2の補数」という考え方

減算器の実装には加算器を使用し、2つ目の入力を「2の補数」に変換する方法が一般的です。**2の補数**を作るために、初めにすべてのビットを反転させます（1の補数）。その後、最下位ビットに1を加えることで2の補数が得られます。

2の補数
2進数の世界における負の数の表現方法で、その数を加えることでゼロとなる数のことを指す。

たとえば、4ビットの2進数1001（10進数で9）から0110（10進数で6）を引き算する場合を考えましょう。まず、0110の1の補数を計算すると1001になります。次に、1001に1を加えると2の補数が得られ、1010となります。

この2の補数を元の数（1001）に加えると、結果は10011です。これは5ビットになりますが、元の数が4ビットなので、最上位ビット（借りがある場合は1）を無視して、下位4ビットを結果とします。したがって、「1001－0110＝0011」（10進数で3）となります。

2進数における減算の考え方

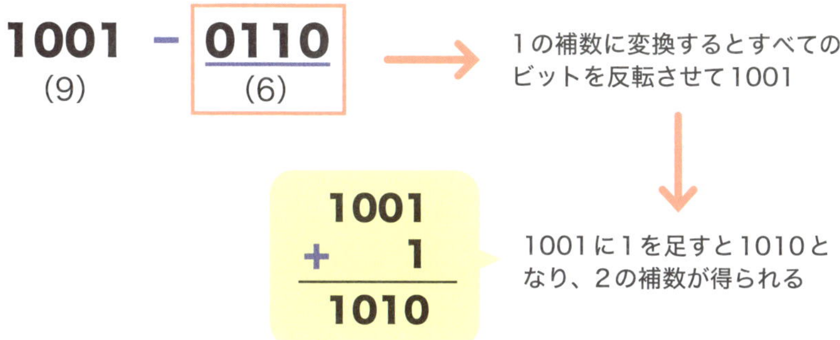

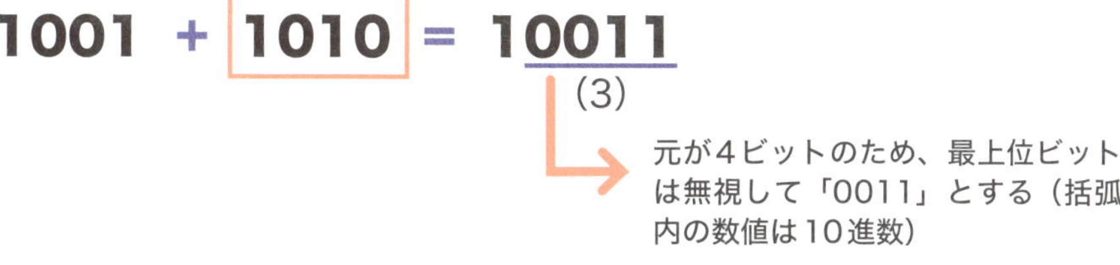

1001 + 1010 = 10011
(3)
元が4ビットのため、最上位ビットは無視して「0011」とする（括弧内の数値は10進数）

半減算器回路と真理値表

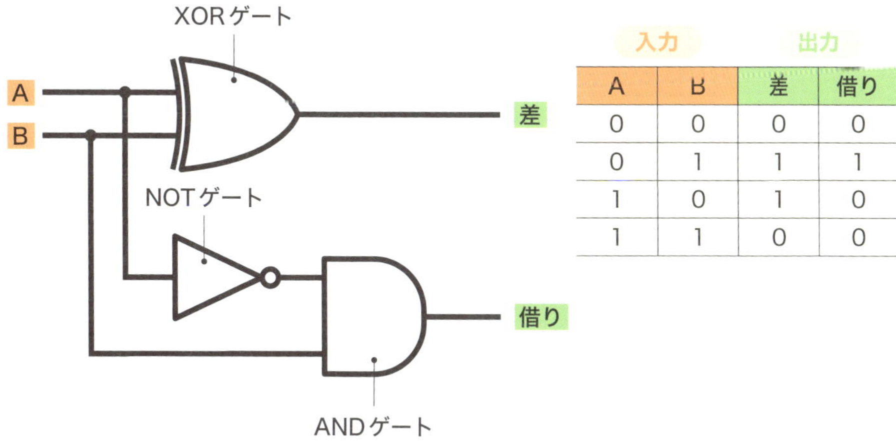

入力		出力	
A	B	差	借り
0	0	0	0
0	1	1	1
1	0	1	0
1	1	0	0

Chapter5 07

2つの入力の値を比較する演算器

組み合わせ回路③ 比較器

比較器はデジタル信号間の関係性を判定する回路です。一致回路では入力が同じ場合に「1」を出力、不一致回路では入力が異なるときに「1」を示します。

一致回路と不一致回路

バイナリ
0と1だけを用いて情報を表現する方式(2進数)。コンピューターやデジタルデバイスはバイナリ形式を使用してデータを処理する。

比較器はその名の通り、2つのバイナリ信号を比較し、その結果を示す回路です。

たとえば、AとBの2つのデジタル信号を比較して、「AがBよりも大きい」「小さい」「等しい」といった関係性を判断します。この比較器は、コンピューターのアルゴリズムやデジタルロジックの基本操作にて、中心的な役割を果たします。

比較器の代表例として一致回路、不一致回路が挙げられます。

一致回路では入力Aと入力Bが同じ場合に出力は「1」、入力Aと入力Bが異なる場合には出力は「0」となります。

この機能を実現するために使用されるのが、XNORゲートです。XNORゲートは、2つの入力が同じ場合に「1」を、異なる場合には「0」を出力する性質を持ちます。

一方、不一致回路ではXORゲートを用いて、2つの入力値が異なるかどうかを判断します。たとえば入力Aが「0」、入力Bが「1」の場合、出力が「1」となります。

大小の比較回路

この比較器は、2つの入力の大小関係を判断することも可能です。

たとえば入力Aが「0」、入力Bが「1」の場合、この比較器の出力がA＜Bの場合に「1」、A＝Bの場合には「0」、A＞Bの場合には「0」が出力されます。

これらの比較器は、2つの数値や信号の大小比較を行うデバイスや回路にて、電子技術やコンピューターアーキテクチャなど多くの用途で使用されています。

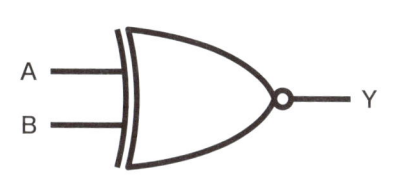

一致回路（XNORゲート）の図記号と真理値表

記号

真理値表

入力A	入力B	Y（出力）
0	0	1
0	1	0
1	0	0
1	1	1

不一致回路（XORゲート）の図記号と真理値表

記号

真理値表

入力A	入力B	Y（出力）
0	0	0
0	1	1
1	0	1
1	1	0

大小の比較回路と真理値表

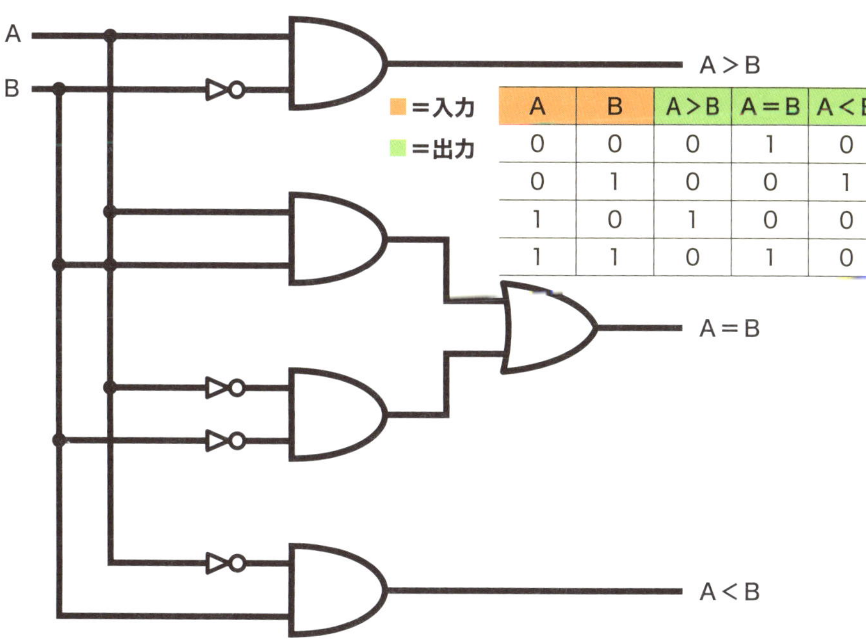

A	B	A＞B	A＝B	A＜B
0	0	0	1	0
0	1	0	0	1
1	0	1	0	0
1	1	0	1	0

ビットを一定方向へ順番に動かすことができる

Chapter5 08

シフトレジスタ

ビット列を一定方向に移動させてデータを一時保存し、順序処理をするデジタル回路の1つです。フリップフロップを連結した構造となっており、データ処理、通信、ディスプレイ制御など、幅広い用途に活用されています。

シフトレジスタの役割と機能

シフトレジスタは、ビット列（0と1の情報）を一定の方向へシフトさせるデジタル回路の1つです。電子機器内部でデータを一時的に保存し、順序よくデータを移動させるための回路として多く利用されています。

具体的には、コンピューターのデータ処理、デジタル通信、ディスプレイのピクセル制御など、多岐にわたるアプリケーションが挙げられます。

シフトレジスタは、フリップフロップと呼ばれるデジタル回路を複数連結した構造をしており、各フリップフロップでは1ビットのデータを保持します。シフトレジスタでは、**クロック信号**のタイミングに応じて、各フリップフロップが隣接するフリップフロップからビットを受け取り、次のフリップフロップへビットを渡します。この一連の流れによって、ビット列がレジスタ内をシフトして移動するしくみです。

クロック信号
データの読み書きや計算を正確に行うため、さまざまな部品が同じタイミングで動作するように合図を送る。

用途に応じてシフトレジスタの種類を選択する

シフトレジスタの主な種類には、シリアルイン・シリアルアウト（SISO）、シリアルイン・パラレルアウト（SIPO）、パラレルイン・シリアルアウト（PISO）、パラレルイン・パラレルアウト（PIPO）の4つの種類があります。

これらは、データの入力と出力の形式によって分類され、用途に応じて使い分けられます。

シフトレジスタは、そのシンプルさから高い信頼性を持ち、製造コストの低さから、多くの電子機器で基本的なデータ処理として利用されています。

Dフリップフロップを利用したシフトレジスタとタイムチャート

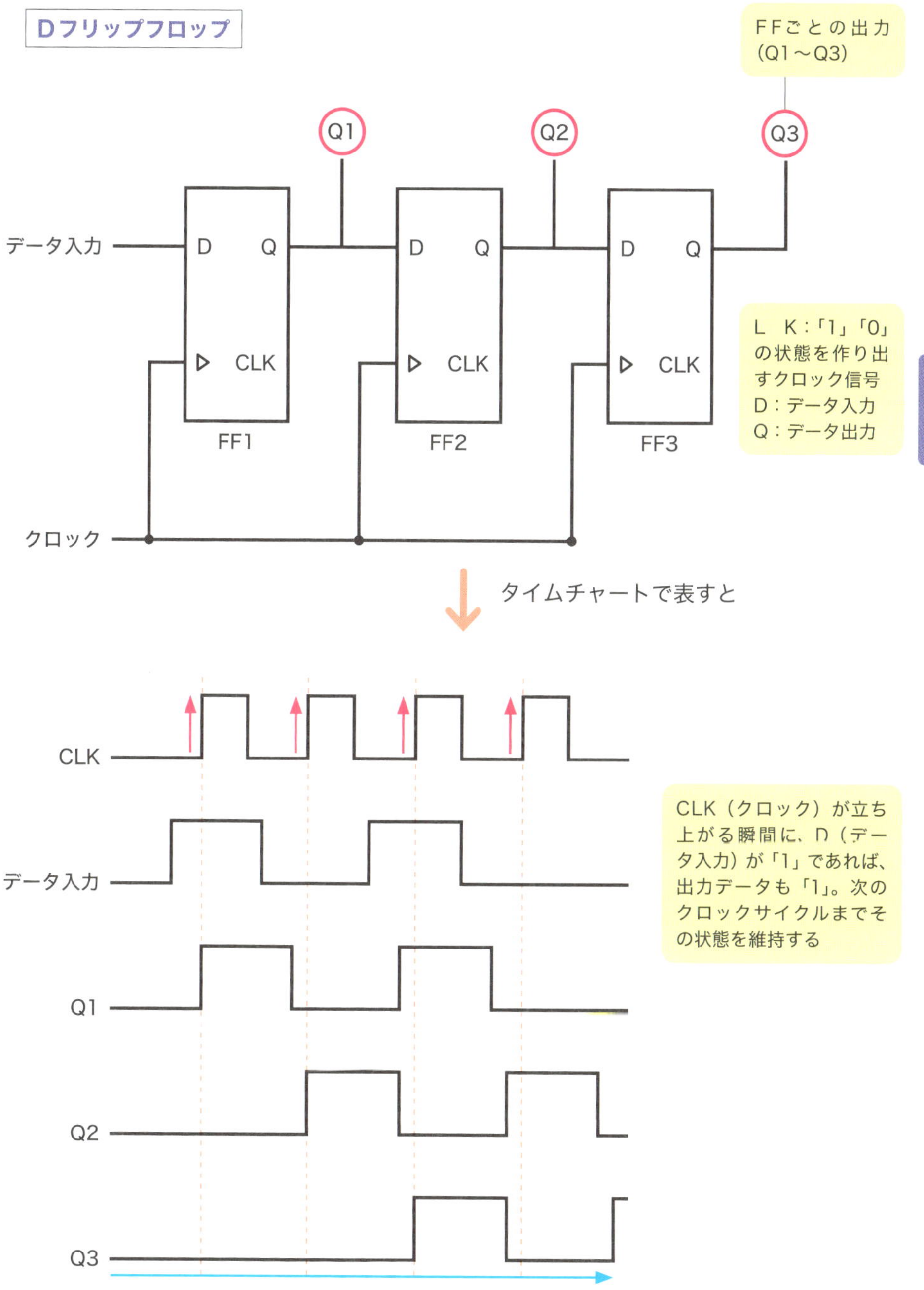

第5章 半導体で構成されるデジタル回路のしくみ

Chapter5
09

1ビットの情報を保持するデジタル回路

フリップフロップ

フリップフロップは、デジタルデータの記憶と制御に不可欠な回路です。セット動作、リセット動作、保持動作、トグル動作によって、1ビットの情報を管理します。

フリップフロップの基本機能と動作原理

フリップフロップは、1ビットのデジタルデータを保持するための回路です。特定の入力信号に応じて、その状態（保持しているビット）を変化させる機能があります。フリップフロップの基本動作は「セット」「リセット」「保持」の3つです。

セット入力がアクティブになると、フリップフロップは「1」の状態を保持します。

その一方でリセット入力がアクティブになると、フリップフロップは「0」の状態を保持します。

セットまたはリセットの入力がアクティブでない場合、フリップフロップは最後にセットまたはリセットされた状態を保持します。また、一部のフリップフロップではトグル動作が行われ、**クロック入力**が与えられるたびに出力状態が「1」から「0」、もしくは「0」から「1」へと交互に切り替わります。

クロック入力
フリップフロップの動作を同期するための信号。1と0の状態を繰り返す。

この動作によって、フリップフロップはデータの一時的な保存、状態の保持、クロック信号によるタイミング制御など、デジタルシステムで幅広く利用されています。

フリップフロップの種類

フリップフロップはその動作特性に応じて、いくつかの種類に分類できます。

たとえば、リセット－セット（RS）フリップフロップ、データ（D）フリップフロップ、トグル（T）フリップフロップ、およびJKフリップフロップが挙げられます。これらは入力信号の組み合わせやクロック信号によって、出力状態が変化するのが特徴です。

フリップフロップの動作について

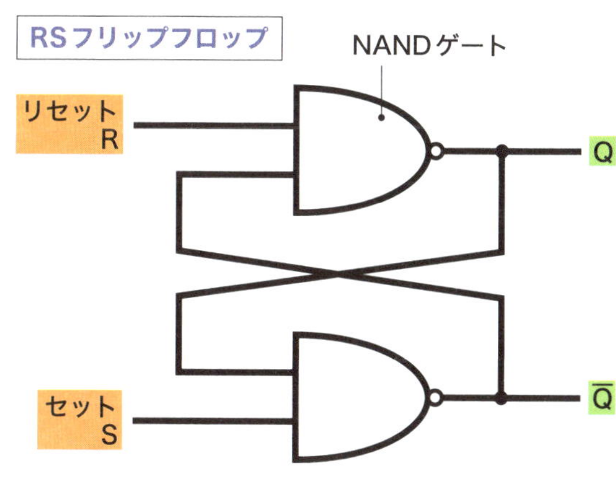

S：セット入力。Sが「1」のとき、Qは「1」にセット
R：リセット入力。Rが「1」のとき、Qは「0」にセット
Q：出力
$\overline{Q}$：Qの逆の状態を示す出力

真理値表

S	R	Q	$\overline{Q}$
0	0	保持	
0	1	0	1
1	0	1	0
1	1	禁止	

保持：S、Rが「0」のときに前の状態を保持する
禁止：S、Rが「1」のときにフリップフロップの出力状態が不安定になる

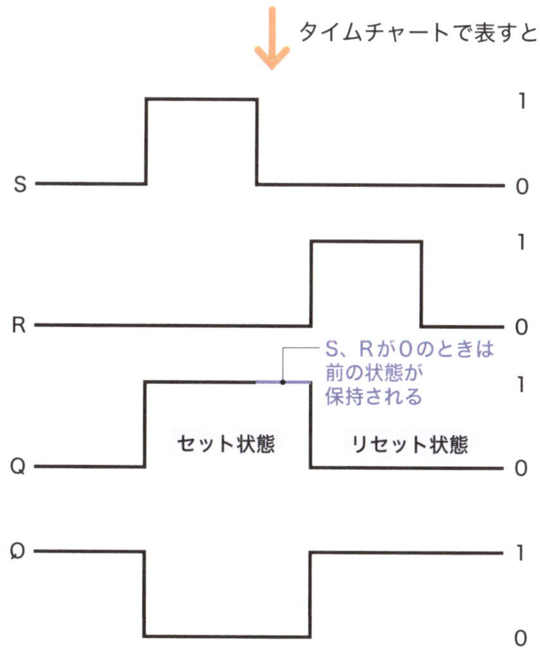

データを一時的に保持するのがフリップフロップの役割です

半導体素子の集合体

Chapter5
10

複数の半導体を集積化したLSI

LSIは1970年代初頭に登場し、多数の半導体を1つのチップにまとめる技術革命をもたらしました。この技術は、コンピューターの小型化や高速化、さらにはスマートフォンやAI技術に大きく寄与しています。

多数の半導体を1つのチップにまとめたLSI

LSI（Large Scale Integration）は大規模集積回路を意味します。1970年代初頭以前では、1つのチップ上に数十から数百のトランジスタしか搭載できませんでした。しかし、より複雑な機能を実現するためには、さらに多くのトランジスタを搭載する必要がありました。

この問題を解決するために、集積度の高度化が進められ、その結果としてLSI技術が登場しました。

LSIにより数千から数万のトランジスタを1つのチップに集積できるようになり、コンピューターの小型化と高速化が進展しました。

現在のデジタル社会を支えるLSIとその技術

LSI技術の採用により、製造コストの削減や電力消費の低減、そして動作速度の向上といったメリットが得られました。

小型化されたLSIチップによって、スマートフォンやパソコンなど、現代の電子デバイスはコンパクトかつ高性能となりました。

現代のLSI技術は、さらなる微細化が進んでおり、チップ1つあたりのトランジスタ数は増加し続けています。

さらに、LSIよりも集積度を増した**VLSI**（Very Large Scale Integration）や**ULSI**（Ultra Large Scale Integration）などが開発されています。

数十億のトランジスタを1つのチップ上に集積可能になった結果、AI（人工知能）や高度な画像処理技術を実現するプロセッサも登場しています。

VLSI
非常に多くのトランジスタが1つのシリコンチップ上に実装された集積回路。具体的なトランジスタの数は定義にもよるが、数千から数百万のトランジスタが統合されている。

ULSI
VLSIよりもさらに集積度の高い回路。数百万から数十億のトランジスタが1つのチップ上に集積されている。

LSIの概略

LSIとは数千から数万のトランジスタを1つのシリコンチップ上に統合した集積回路のこと。この集積技術によって、電子機器が小型化と高性能化された

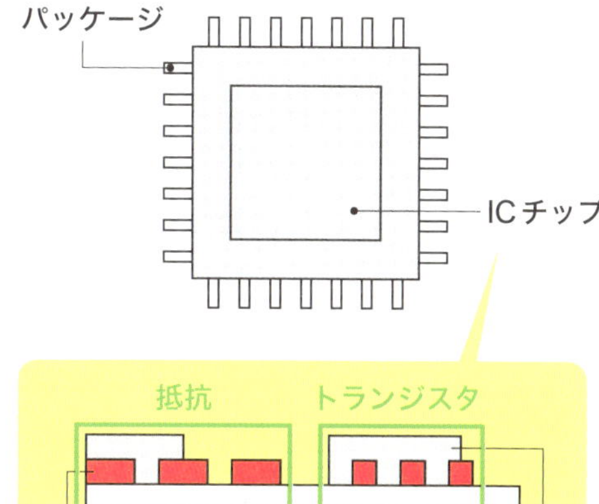

またLSIにはトランジスタのみならず、抵抗やダイオード、コンデンサなども搭載されています

集積回路（IC）の分類

略号	意味	素子数※	主な年代
SSI (Small Scale IC)	小規模IC	100素子以下	1958～1960年代
MSI (Medium Scale IC)	中規模IC	100～1000素子レベル	～1960年代後半
LSI (Large Scale IC)	大規模IC	1000素子以上	1970年代～
VLSI (Very Large Scale IC)	超大規模IC	100万素子以上	1980年代後半～
ULSI (Ultra Large Scale IC)	超々大規模IC	1000万素子以上	1990年代～

※素子数は概略としてのめやすで、厳密な定義はない

出所：一般社団法人電子情報技術産業協会 半導体部会

COLUMN 5

デジタル回路が音楽業界に与えた影響

デジタル回路の進化による シンセサイザーの登場

デジタル回路の登場と進化によって、音楽制作、演奏、そして聴き方に革命がもたらされました。デジタル技術が音楽産業に与えた影響は計り知れません。

デジタル回路が音楽に与えた最初の大きな影響の1つが、シンセサイザーの登場です。

1960年代後半から1970年代にかけて、モーグやローランドといったブランドから発売された初期のシンセサイザーは、アナログ回路を使用していました。その後、デジタル技術の導入によって、より多彩な音色生成が可能となり、音楽表現の幅が広がりました。

音楽配信のデジタル化で ビジネスモデルが変化

デジタル回路技術は、音楽の配信方法にも変化をもたらしました。

CDの普及にはじまり、MP3フォーマットの登場、そしてストリーミング配信への移行によって、音楽は物理的なメディアから解放され、インターネットを通して世界中へ配信されるようになりました。

この変化は、音楽の消費方法だけでなく、音楽産業のビジネスモデルにも大きな影響を与えました。

MIDI技術の導入で 制作プロセスが変化

1983年に導入されたMIDI（Musical Instrument Digital Interface）は、デジタル音楽制作に大きな影響を与えました。MIDIによって異なる電子楽器やコンピュータを接続し、データ交換が可能になったのです。

これにより、アーティストは1つのデバイスから複数の楽器を扱えるようになり、作曲や録音のプロセスが変化し、音楽制作がより効率的かつ創造的になりました。

第6章

考える機能を担う「ロジックIC」のしくみ

この章では、ロジックICの役割と動作原理について解説します。ロジックICは、電子機器が情報を処理し、計算し、決定を行うために必要な要素です。AND、OR、NOTゲートなどの基本的な論理素子から、より高度な組み合わせ回路、そしてFPGAやASICといった特定用途向けのロジックICまで、幅広くカバーします。

デジタルICの種類であるロジックIC

Chapter6 01

考える機能を担うロジックIC

デジタルICはデジタル信号を処理する集積回路です。中でも、ロジックICは「脳」に該当する部分といえます。私たちの身の回りにあるデジタル機器は、ロジックICの高度な論理処理能力に支えられています。

デジタルICの1つであるロジックIC

デジタルICとは、バイナリ信号を処理する集積回路のことを指します。1つのシリコンチップ上に多数のトランジスタ、ダイオード、抵抗器などの電子部品が統合されているのが特徴です。

デジタルICには、メモリICやインターフェースIC、ロジックICなど、さまざまな種類のICがあり、それぞれがデジタル機器の動作を支える役割を持っています。

とくにロジックICは、デジタルICの中でも「考える」機能を持つ部分で、データの論理的な処理や計算を行います。具体的には、AND、OR、NOTといった基本的な論理ゲートを組み合わせてさまざまな計算や判断を行うことで、機器全体の動作を制御します。

メモリIC
データを一時的または恒久的に保存するための集積回路。コンピューターにて、情報の読み書き／保存を行う。

インターフェースIC
異なるシステム間でデータを適切に伝送／受信するための集積回路。信号の変換や調整、中継が行われる。

ロジックICの役割とその進化

ロジックICは、ユーザーからの入力をもとに計算や論理的な判断を行って適切な出力を制御します。電子機器全体のパフォーマンスに大きな影響を及ぼすため、ロジックICの性能や処理速度は非常に重要です。

また、時代の流れとともにロジックICの集積度が高まり、1つのチップ上に実装する論理ゲートの数も増えてきています。その結果、より高度な処理や迅速な動作が可能となり、電子機器の性能向上に寄与しています。

また、現代のロジックICはより高速に動作しながらも、エネルギーの損失が少ないため、バッテリー駆動のデバイスの寿命を延ばしたり、全体の消費電力を抑えたりすることができるようになっています。

ロジックIC（論理ゲート）と基本的な機能一覧

回路素子名称	回路記号	機能
NOT（インバータ）	A → Y	信号の反転
バッファ	A → Y	信号を通過／強化
AND	A, B → Y	すべてが「1」のときのみ出力「1」
NAND	A, B → Y	すべてが「1」のときのみ出力「0」
OR	A, B → Y	1つでも「1」があれば出力「0」
NOR	A, B → Y	すべてが「0」のときのみ出力「1」
XOR	A, B → Y	入力が異なるとき出力「1」
XNOR	A, B → Y	入力が同じとき出力「1」

それぞれの論理ゲートは単純な論理的な処理を行います。組み合わせて使うことで、複雑な論理計算を処理できます

Chapter6
02

ロジックICが普及する初期の製品

汎用ロジックIC① TTLとECL

TTLとECLは、かつてデジタルロジックICの代表例でした。TTLは低コストでノイズ耐性があり、ECLは高速動作を実現しました。現在はCMOSへと移行し、低消費電力と高集積化に貢献しています。

バイポーラトランジスタを用いたTTL

TTL（Transistor Transistor Logic）とは、バイポーラトランジスタを主要な素子として使用したデジタルロジックファミリの1つで、1960年代に開発されました。とくに、1970年代にテキサス・インスツルメンツ社が開発した汎用ロジックIC「74シリーズ」が世界中に広く普及し、デジタル回路の標準となりました。

74シリーズ
基本的なTTLから低消費電力のLS-TTL、高速なAS-TTLなど、ラインナップは多岐にわたる。74シリーズはTTLのほかに、CMOSとBiCMOSも存在。

TTLは動作が安定しており、外来ノイズからの影響を受けにくいという特徴があります。また、供給電圧が5Vという標準電圧で動作し、広い動作電圧を持つことから、さまざまな用途で使われました。

ただし、バイポーラトランジスタを利用しているため消費電力が高く、さらに高集積化には不向きであるデメリットもあります。

TTLよりもさらに高速動作可能なECL

ECL（Emitter Coupled Logic）は、TTLと比較して高速動作が可能なデジタルロジックファミリです。トランジスタのエミッタを接続して回路を構成することからこの名が付けられました。TTLよりもトランジスタのスイッチング遅延が短く、高速動作が可能ですが、その代わりに消費電力が大きくなります。

TTLとECLは20世紀の中頃から後半に広く使用されていましたが、現在ではCMOS（Complementary Metal Oxide Semiconductor）を用いて、低い消費電力と高い集積度を実現しています。

TTL（Transistor Transistor Logic）の代表例、SN7400Nと回路図

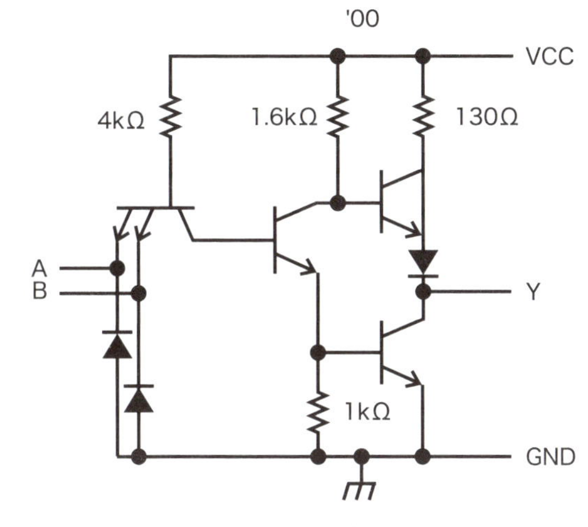

TTLはバイポーラトランジスタ、抵抗器、ダイオードから構成されています。ノイズ耐性はありますが、消費電力が大きいです

テキサス・インスツルメンツ社製
SN7400N

出所：テキサス・インスツルメンツホームページ

ECL（Emitter Coupled Logic）の回路図

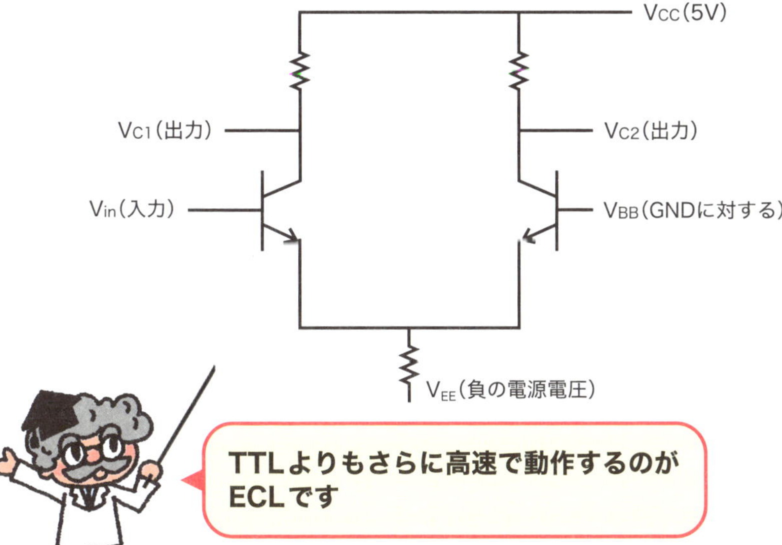

TTLよりもさらに高速で動作するのがECLです

Chapter6 03

P型とN型のトランジスタを組み合わせたデバイス

汎用ロジックIC② CMOS

CMOS技術は、1970年代からデジタル回路の中心として活躍しています。低消費電力と高い集積度を兼ね備えており、バッテリー駆動デバイスの寿命向上や高性能デバイスの実現に不可欠です。

CMOSの役割と特徴

CMOS（シーモス、Complementary Metal Oxide Semiconductor）は、現代のエレクトロニクス技術におけるデジタルロジックの主役となっている技術の1つです。1970年代初頭からデジタル回路の主要な技術となったCMOSは、その低消費電力と高集積度の特性から、スマートフォンやコンピューターなど、多くの電子デバイスに採用されています。

CMOSは、Nチャネル型MOSFETとPチャネル型MOSFETから構成されています。この補完的な動作のおかげで、片方のトランジスタがONのとき、もう片方はOFFとなり、両方のトランジスタが同時にONになることはありません。この働きにより、トランジスタがOFFの状態ではほとんど電力を消費せず、電力消費を大幅に削減するという重要な特性を持っています。CMOSの低消費電力は、とくにバッテリー駆動のポータブルデバイスで長いバッテリー寿命を実現するために大きな役割を果たします。

低消費電力
電子デバイスが動作するために必要な電力が少ないこと。低消費電力により、バッテリー寿命を持たせることが可能。

バッテリー
電気エネルギーを化学エネルギーとして蓄え、必要に応じて電気エネルギーとして放出するもの。電子機器へ電力を供給するのに必要。

CMOS技術の進歩と電子デバイスの高性能化

さらに、CMOSは非常に高い集積度を持つICであり、同じ面積により多くのトランジスタを実装できるため、小型で高機能なチップを製造可能です。そのため、複雑で高性能なデバイスの実現に寄与しています。CMOS技術は以前のTTLやECLといった技術と比較して、低消費電力と高集積度の両方を実現しており、省エネルギーを要求される電子デバイスの開発に適しています。CMOS技術はマイコン（MCU）からイメージセンサーまで、広範囲のアプリケーションで使用されています。

CMOSの構成

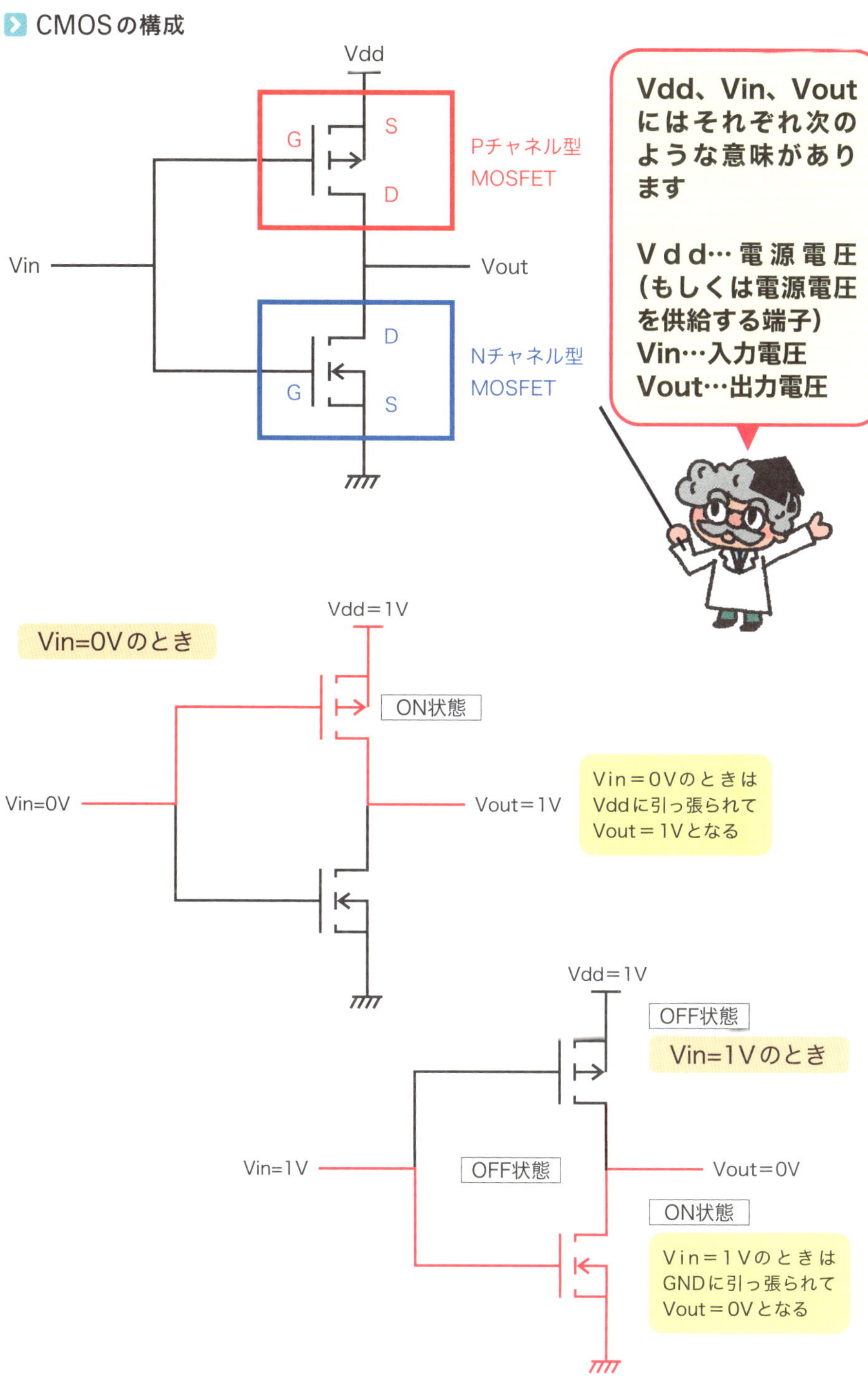
Vdd
G
S
D
Pチャネル型
MOSFET
Vin
Vout
D
G
S
Nチャネル型
MOSFET
Vdd、Vin、Vout
にはそれぞれ次の
ような意味があり
ます
Vdd…電源電圧
(もしくは電源電圧
を供給する端子)
Vin…入力電圧
Vout…出力電圧
Vin=0Vのとき
Vdd＝1V
ON状態
Vin=0V
Vout＝1V
Vin＝0Vのときは
Vddに引っ張られて
Vout＝1Vとなる
Vdd＝1V
OFF状態
Vin=1Vのとき
Vin=1V
OFF状態
Vout＝0V
ON状態
Vin＝1Vのときは
GNDに引っ張られて
Vout＝0Vとなる

Chapter6
04

バイポーラトランジスタとCMOSを組み合わせたデバイス

汎用ロジックIC③ BiCMOS

BiCMOSは、バイポーラトランジスタの高速性とCMOSの低消費電力を組み合わせたロジックICです。製造コストは高い傾向にありますが、デジタル技術の進展を支えるためのデバイスともいえます。

バイポーラトランジスタの高速性と低消費電力

BiCMOS（バイシーモス、Bipolar Complementary Metal-Oxide-Semiconductor）とは、バイポーラトランジスタの高速性とCMOSの低消費電力という、それぞれの特長を生かした技術です。

バイポーラトランジスタは高速でのスイッチングが可能ですが、消費電力が高いという欠点があります。一方、CMOSは消費電力が低く、多くのトランジスタを集積することが可能ですが、バイポーラトランジスタほど高速ではありません。

BiCMOSは、この両者の特長を組み合わせることで、高速かつ低消費電力のデバイスを実現しているのです。

BiCMOSの特長と課題

スイッチング
電流の流れをオンしたりオフしたりすること。

バイポーラトランジスタは高速でスイッチングを行う特性があり、データ伝送など高速動作が要求される用途に適しています。また、大電流を効率的に駆動する働きを持っており、パワーエレクトロニクスの分野で利用されています。

そこにCMOSの低消費電力特性を利用することで、省エネルギー化が実現し、バッテリー駆動デバイスの寿命が延びます。CMOS技術を基盤としているため、多くのトランジスタを1つのチップ上に集積することが可能です。この構造によって、複雑な回路も1つのチップとして集約できます。

ただし、BiCMOSは製造プロセスが複雑で、製品コストが高くなる傾向にあります。これは、異なる種類のトランジスタを1つのチップ上に統合しなければならないためです。

BiCMOSの構造

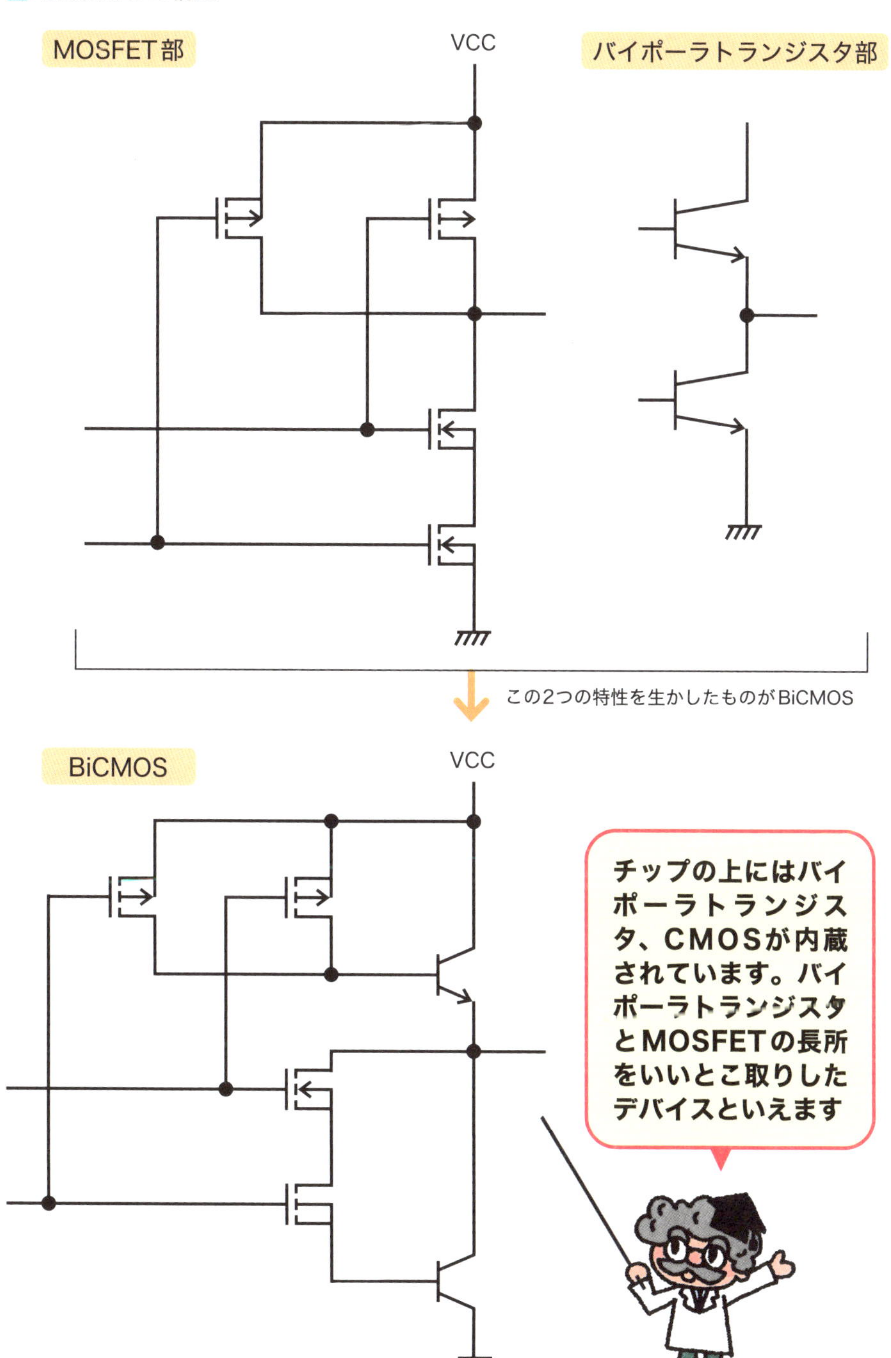
MOSFET部
VCC
バイポーラトランジスタ部
この2つの特性を生かしたものがBiCMOS
BiCMOS
VCC
チップの上にはバイポーラトランジスタ、CMOSが内蔵されています。バイポーラトランジスタとMOSFETの長所をいいとこ取りしたデバイスといえます

Chapter6
05

再プログラム可能な半導体デバイス

汎用ロジックIC④ FPGA

FPGAは、現場でのプログラム変更が可能なロジックICです。ASICやマイクロプロセッサと異なり、その柔軟性と高速なリアルタイム処理能力により、電子工学からAIに至るまで幅広く利用されています。

ユーザーが自由にプログラム変更が可能なFPGA

FPGA（Field-Programmable Gate Array）とは、その名の通り「ユーザーが現場で自由にプログラムを変更できる」ロジックICです。多数のロジックブロックとプログラム可能な配線から構成されており、液晶パネルやオーディオなどの消費者向け製品から産業機器まで幅広く使用されています。

FPGAは、ASIC（エーシック、Application Specific Integrated Circuit）やマイクロプロセッサと比較されることが多いです。ASICは特定の用途に対して設計するため、効率が高い一方で、柔軟性に欠ける点があります。マイクロプロセッサは汎用性が高いものの、FPGAと比較して処理速度が遅い場合があります。

ASIC（エーシック、Application Specific Integrated Circuit）
「特定の用途専用の集積回路」の訳。特定の機能やタスクを実行するために特別に設計されたチップ。

マイクロプロセッサ
コンピューターの中心的な計算機能を担うチップ。プログラムの命令を読み取って実行する。

リアルタイム処理に最適なロジックIC

FPGAは多数のロジックブロックから構成されており、それぞれのブロックに対して個別に計算処理をプログラムできる点が特徴です。さらに、ブロック間の接続もプログラムによって変更できるため、さまざまなデジタル回路を設計できます。

その柔軟性により、FPGAはさまざまな用途にカスタマイズして使用することができ、電子工学やデジタルシステム設計において広く利用されています。ハードウェアの構成をソフトウェアによって変更できるため、製品の設計変更や機能のアップデートも容易に行えます。

また、高い処理速度と低遅延を実現できるため、リアルタイム処理が求められるアプリケーションにも最適です。とくに、機械学習やAIの分野では、FPGAは重要な役割を果たします。

FPGA、マイクロプロセッサ、ASICの比較表

	特徴	メリット
FPGA	自由にプログラムが可能 ユーザーがカスタマイズ可能な配線とロジック リアルタイムでの構成変更が可能	柔軟性が高く、プログラムにより機能変更が可能 製品のプロトタイピングや小規模生産向け 高速なデータ処理が可能
マイクロプロセッサ	一般的なコンピューティングタスク用プロセッサ ソフトウェアによりさまざまな命令を実行 組み込みシステムやPCで広く利用	汎用性が高く、幅広い用途で使用可能 大量生産による低コスト ソフトウェアのアップデートで機能拡張を用意
ASIC	特定の用途や機能に特化したカスタムチップ 一度設計されると変更ができない 高い性能と効率性を提供	特定のタスクにおいて最適化されている 大量生産による低コスト 消費電力が低い

FPGAの内部構造

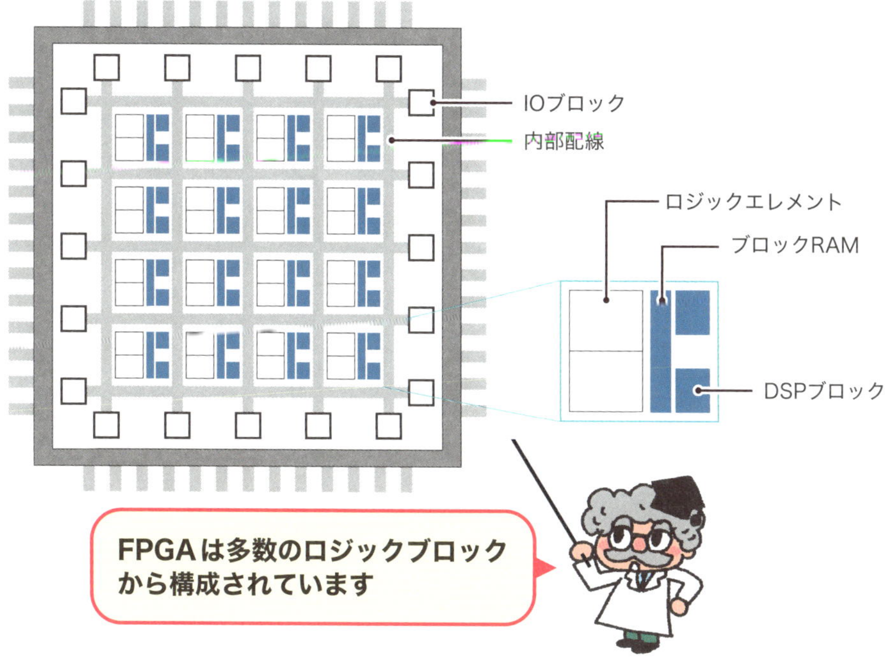

Chapter6
06

デジタル信号処理に特化したマイクロプロセッサ

汎用ロジックIC⑤ DSP

DSPは、音声や画像などのデジタルデータをリアルタイムで処理することに特化した半導体デバイスです。高速な乗算―加算演算と特別なメモリ構造により、通信からAIに至るまで多岐にわたって利用されています。

デジタル信号プロセッサ（DSP）の基本と重要性

DSP（Digital Signal Processor）とは、デジタル信号処理に特化した半導体デバイスです。このプロセッサは、音声、画像、映像などのデジタルデータを効率的に処理するために設計されており、とくに複雑な計算をリアルタイムで行う能力に優れている点が特徴です。

通信からAIまで幅広い分野で使用されている

DSPの主な機能は、デジタル信号（たとえば数値データに変換された音声や画像）を高速で処理することです。この技術によってノイズの除去、エコーのキャンセル、音声や画像の品質向上などが行われます。

DSPはこれらの処理をリアルタイムで行うため、遅延を最小限に抑えながら信号の処理が可能です。

乗算―加算（MAC）演算
Multiply-Accumulateの略で積和演算ともいう。乗算をした結果に、ほかの数値を加算する計算のことを指す。

データストリーム
音声や映像の連続するデータのこと。

DSPは、一般的なマイクロプロセッサとは異なり、高速な乗算―加算（MAC）演算に特化しています。音声や画像などの連続したデータに対して、複雑な処理を高速で行えるのはこの演算によるものです。また、DSPはデータストリームを効率的に扱うために特別なメモリ構造を持ち、複数の処理を同時に実行することが可能です。

DSPは、通信機器での音声やデータの圧縮、オーディオ機器での音質改善など、多岐にわたる分野で活用されています。最近では、AIや機械学習分野でのデータ処理にも使用されるようになっています。

DSPの信号処理に関するフロー図

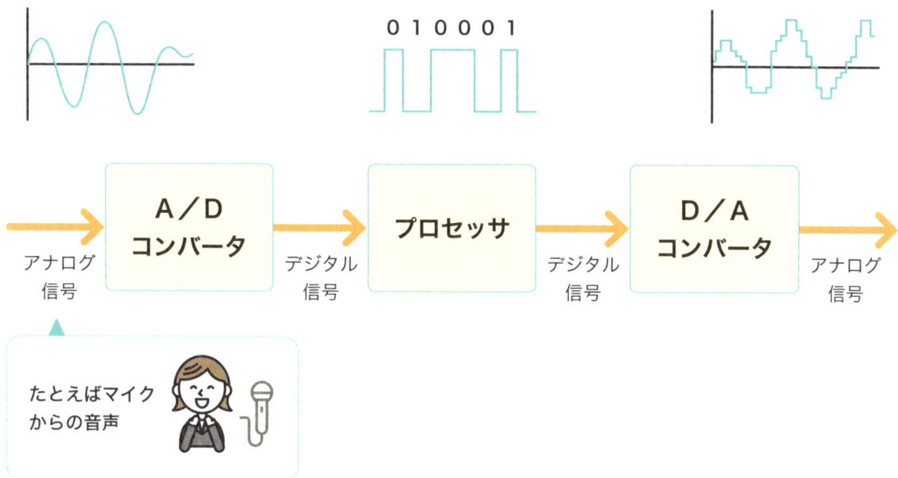

DSPの内部構造について

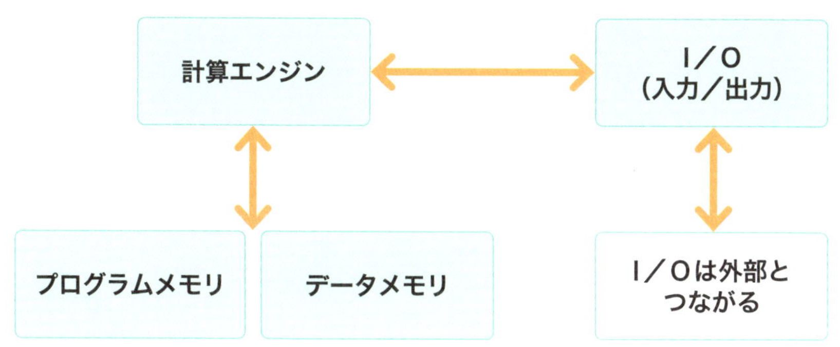

それぞれの役割

プログラムメモリ……DSPの動作を制御するためのプログラムを格納

データメモリ…………処理するデータを一時的に格納

計算エンジン…………プログラムメモリのプログラム、データメモリのデータをもとに、数値演算処理を行う

I／O……………………DSPが外部と通信するためのインターフェース

Chapter6 07

特定の用途に向けて機能が搭載されているIC

特定用途のロジックIC ASSPとASIC

特定のアプリケーションに最適化した集積回路がASSPとASICです。ASSPは多くの顧客に共通の要求を満たす量産型、ASICは特定のニーズにフルに対応するオーダーメイド品です。

ASSPとは何か

組み込みシステムやエレクトロニクス製品の設計において、特定のアプリケーションに特化した集積回路が要求されることが増えてきました。この要求に応えるための集積回路がASSPやASICと呼ばれるものです。

アプリケーション
特定の機能や用途を実現するための技術やシステム。

ASSP（Application Specific Standard Product）は、特定のアプリケーションに最適化された機能を持ちながらも、広く市場全体のニーズを満たすように設計された標準的な製品です。音声処理や画像処理といった用途が例として挙げられます。

これらの用途は多くの顧客にとって共通の要求を持つため、大量生産に向いており、コスト効率が高い特徴があります。

ASICとは何か

一方、ASIC（Application-Specific Integrated Circuit）は、特定のアプリケーションや顧客の要求に完全に合わせて設計された集積回路です。

顧客の要求に合わせて既存の設計をベースにカスタマイズする「セミカスタムIC」と、ゼロから設計を行う「フルカスタムIC」の2つのタイプがあります。フルカスタムICのほうが設計自由度が高い反面、設計や製造に高い初期コストがかかるため、大量生産が見込まれる場合に選ばれます。

このように、ASSPは共通の問題を解決するために広く利用されるのに対し、ASICは特別な要件や特定のニーズに対応したい場合に使われます。

Meta Platformsの「MTIA」

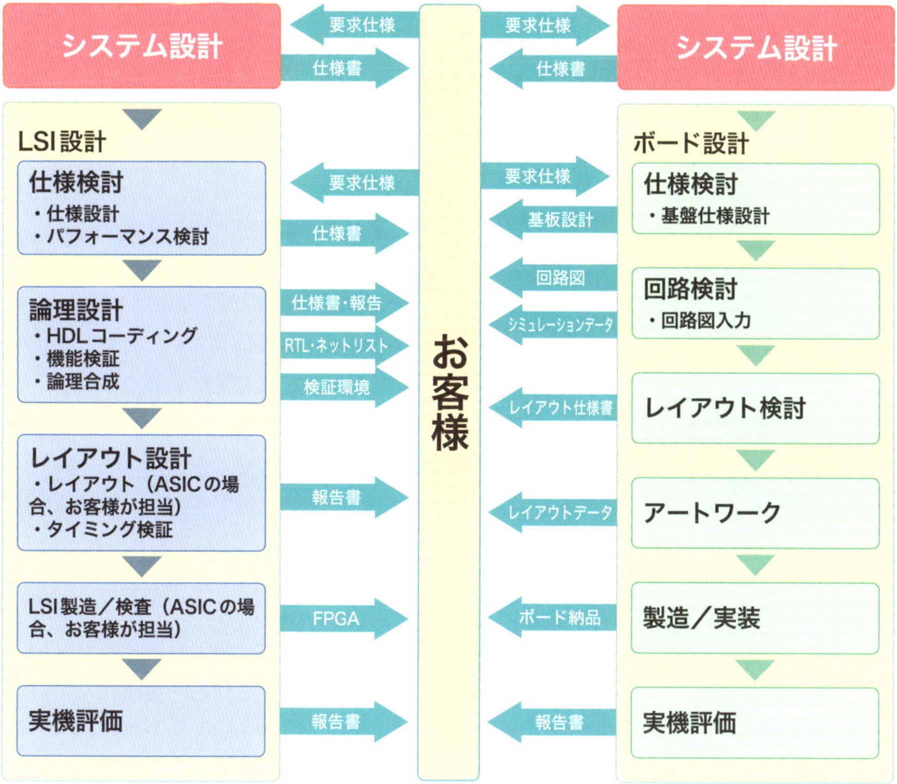

システム設計	← 要求仕様 / 仕様書 →	お客様	要求仕様 → / ← 仕様書	システム設計
LSI設計				**ボード設計**
仕様検討 ・仕様設計 ・パフォーマンス検討	← 要求仕様 / 仕様書 →		要求仕様 → / ← 基板設計	**仕様検討** ・基盤仕様設計
論理設計 ・HDLコーディング ・機能検証 ・論理合成	仕様書・報告 → RTL・ネットリスト → 検証環境 →		← 回路図 ← シミュレーションデータ	**回路検討** ・回路図入力
			← レイアウト仕様書	**レイアウト検討**
レイアウト設計 ・レイアウト（ASICの場合、お客様が担当） ・タイミング検証	報告書 →		← レイアウトデータ	**アートワーク**
LSI製造／検査（ASICの場合、お客様が担当）	FPGA →		← ボード納品	**製造／実装**
実機評価	報告書 →		← 報告書	**実機評価**

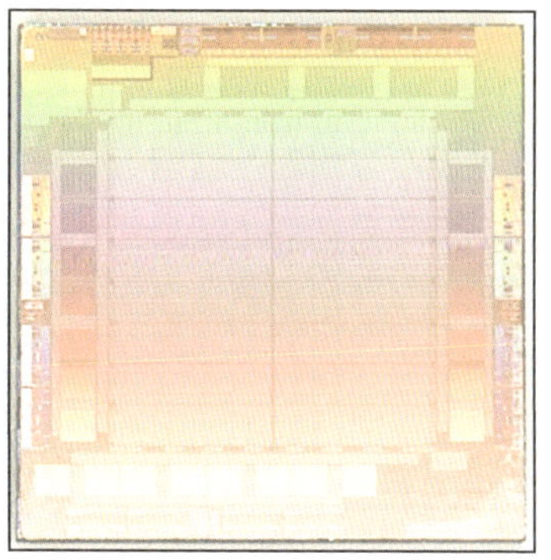

Meta Platformsの「MTIA」（Meta Training and Inference Accelerator）

出所：Meta Platformsホームページ

ASICの一例としてMeta Platformsの「MTIA」が挙げられます。これはディープラーニングを用いたレコメンデーションモデル※を念頭に置いて作られているASICです

※人々がオンライン上で何に興味を持っているか予測するもの。さらに関心のある内容をソーシャルメディア上で表示することができる

COLUMN 6

ロジックICを選ぶためのデータシート

データシートを読み解く

ロジックICのデータシートを理解することは、正しいICを選択するための鍵となります。データシートには、ICの性能や使用条件、ピン配置といった設計者が知っておくべき情報が記載されているためです。

まず、ICの一般的な仕様やパッケージ形状を確認しましょう。

データシートには、ICのパッケージのタイプ（DIP、SOPなど）や動作範囲、使用温度範囲が記載されています。そのほかにも、ICの動作速度や消費電力、出力電流、入力電圧の範囲なども重要な項目です。

ロジックICを選定する際は、ピン配置と、それぞれのピンが果たす役割（とくに電源とグランドへの接続方法）を理解することが重要です。また、ICが正常に動作するための絶対最大定格を超えないように注意し、ICの性能を決定付ける電気的特性にも目を向けるようにしましょう。

このように、データシートの読み方を習得することで、設計者は適切なロジックICを選択できるようになります。これは、信頼性の高いデジタルデバイスを設計する上で欠かせないスキルです。

ロジックICの理解を深めるアプリケーションノート

ICの実践的な使用方法が知りたい場合は、データシートとは別にアプリケーションノートの参照をおすすめします。ここには、具体的な回路例やアプリケーションでの推奨設定が示されており、これによりICをどのように扱えばよいのか理解を深めることができます。

第7章

記憶する機能を担う半導体メモリのしくみ

半導体メモリとは、デジタルデータを保存し、必要に応じて読み出すことができるデバイスです。主に揮発性メモリと不揮発性メモリの２種類に分けられ、揮発性メモリは電源が供給されている間のみデータを保持します。一方、不揮発性メモリは電源が切れてもデータを保持します。

Chapter7
01

半導体メモリの概要

半導体メモリは、データの高速な読み書きと保持するためのデバイスです。プロセッサの計算速度を最大限に生かす働きを行います。メモリには揮発性と不揮発性の2種類があり、それぞれ特定の用途に適しています。

半導体メモリの基本的な働き

半導体メモリは、データを電子的に保存／保持するためのデバイスであり、コンピューターやスマートフォンをはじめとする多くのアプリケーションで用いられています。

計算や処理、データ保存に用いられるほか、一時的なデータ保持から長期間のデータ保存まで多様な用途で活用されています。

半導体メモリは「揮発性」と「不揮発性」に分類されます。揮発性メモリは電源を切るとデータが消失する一方で、不揮発性メモリは電源が切れてもデータを保持できるタイプのメモリです。

高速アクセスと大容量

半導体メモリは、磁気メモリや光ディスクなどと比較して、データの読み書きが非常に速い点が特徴です。この高速アクセスにより、プロセッサとメモリが効率的に連携し、計算処理をスムーズに進められます。プロセッサがメモリからデータを素早く読み出せるため、待ち時間が減り全体の処理速度が向上します。

また、技術の進化にともない、データ容量も年々増加しており、一般的な消費者製品でも**ギガバイト（GB）**から**テラバイト（TB）**規模のストレージが手軽に入手できるようになっています。

ギガバイト（GB）
1ギガバイトは1024メガバイト。ハードディスクやSSD（ソリッドステートドライブ）の容量、ファイルサイズなどを表すときによく使用される単位。

テラバイト（TB）
1テラバイトは1024ギガバイト。大容量のストレージデバイスやデータセンターでのデータ量を表す際に多く使用される単位。

信頼性と効率性

半導体メモリは非常に高い信頼性を持ち、データの読み書きが高速で行えるだけでなく、振動や衝撃に対しても強いため、重要なシステムで広く採用されています。

さらに、低消費電力で動作するタイプの半導体メモリも存在し、省エネルギーシステムの構築が可能です。

半導体メモリの種類

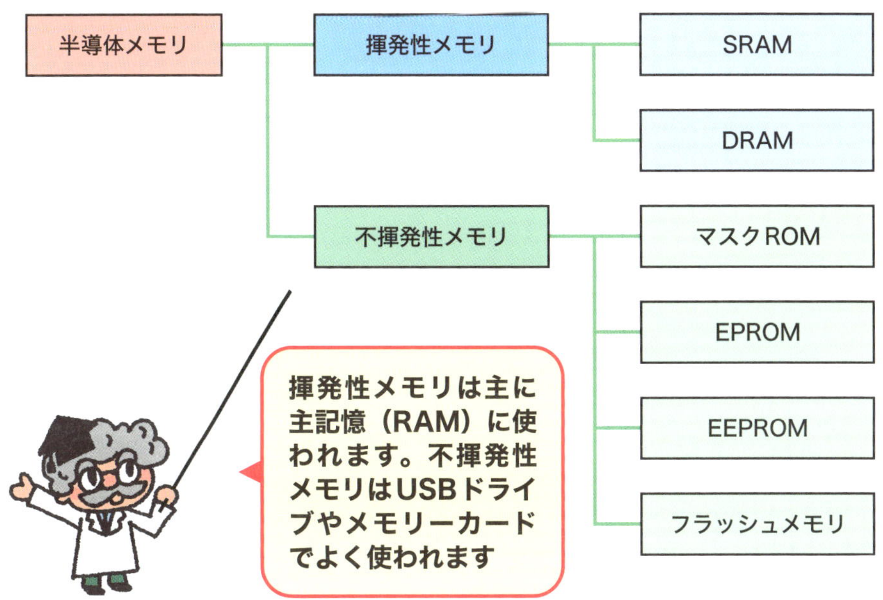

半導体メモリの使用箇所の例（ピンク色の部分）

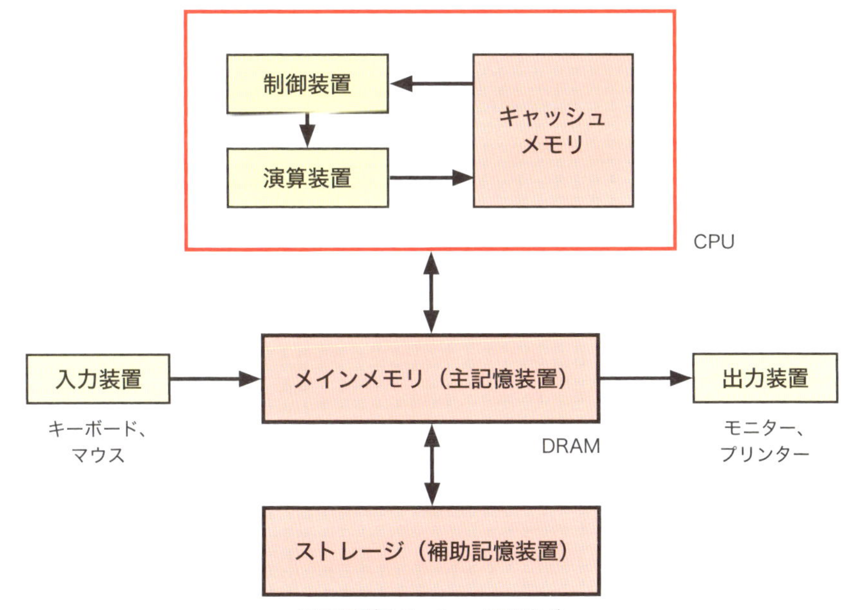

データを読み書きするRAM、データの読み出しをするROM

Chapter7 02

RAMとROMの違い

RAMはデータの読み書きが高速で行われますが、電源をOFFするとデータが消失します。一方、ROMは読み取り専用でデータを恒久的に保持できます。RAMとROMは互いの欠点を補完する関係にあります。

RAM（Random Access Memory）

RAMとROMは、コンピューターやほかのデジタルデバイスにおけるもっとも基本的なストレージの種類です。

RAM（ラム、Random Access Memory）とは、データの一時保存や読み書きを行うタイプのメモリであり、コンピューターやそのほかのデジタルデバイスにおいて、プロセッサが即座にアクセスできるように設計されています。

RAMは揮発性メモリに分類され、電源がOFFになると保存されていたデータが消去されます。そのため、コンピューターを起動するたびにOSやアプリケーションなどがRAMにロードされ、スムーズな動作が可能になります。

ストレージ
コンピューターやスマートフォンといったデジタルデバイスにおいて、データを保存するための「収納場所」のようなもの。

プロセッサ
指示を受け取り、計算やデータの処理を行った結果を出力する部分。

ROM（Read Only Memory）

一方、ROM（ロム、Read Only Memory）は読み取り操作のみが可能なデータストレージです。

ROMは不揮発性メモリに分類され、電源がOFFになってもデータが保持されます。これにより、コンピューターのBIOS（基本入出力システム）やスマートフォンのファームウェアなど、特定の基本的な指示を保持し続けることができます。

ただし、ROMはその名前の通り「読み取り専用」なので、一度データが書き込まれると、通常はあとから変更することはできません（ただし、一部の特殊なROMは書き換え可能）。しかし、ROMのデータ永続性はシステムの安定性や信頼性を確保するうえで重要な要素です。

このように、ROMとRAMはそれぞれ異なる役割を持ち、デバイスが正確かつ効率的に動作するために補完し合っています。

ファームウェア
電子機器やデバイスが正常に動作するためのソフトウェアのこと。ハードウェアを制御するためのプログラムが書かれている。

RAMとROMの違い

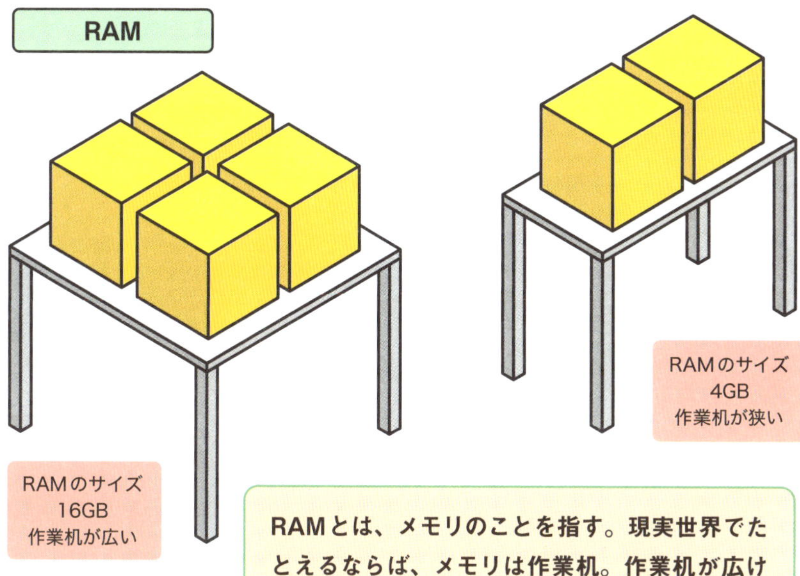

RAMとは、メモリのことを指す。現実世界でたとえるならば、メモリは作業机。作業机が広ければ、その分たくさんのモノを置ける上に、作業効率も上がる

ROM

ROMとストレージの違いは、データの書き込みができるか否かで決まる

ROMはたとえるならば、鍵付きの本棚といえる。(データの書き込みができないため) 本棚 (ストレージ) のスペースが広ければ、その分、本 (データ) を多く収納できる

Chapter7
03

電源を切った状態でもデータを保持できる

RAMの種類① SRAM

SRAMは、電源がONになっている間はデータを持続的に保持します。6つのトランジスタから構成されるフリップフロップ回路により、一度セットされたデータの状態をリフレッシュなしで維持できます。

RAMの特性と主な用途

RAMは、コンピューターがデータを一時的に保存するためのメモリです。

中でもSRAM（Static Random Access Memory）は、電源が供給されている間、データを保持し続けるメモリで高速なデータの読み書きが可能です。アクセス時間が非常に短いため、CPUの**キャッシュメモリ**やルーター、リアルタイムシステムなどに利用されています。

低消費電力のSRAMは、モバイルデバイスのようなバッテリー駆動機器でも利用されています。

SRAMは6つのトランジスタから構成される

SRAMは6つのトランジスタ（すべてMOSFET）から構成されています。この6つのMOSFETからなる**フリップフロップ回路**は、その特性上、一度セットされたデータを自動的に保持します。

これは、クロスカップルになっているCMOSインバータが相互に状態を強制し続けるためです。4つのトランジスタがクロスカップルされたインバータとして機能し、残りの2つが相互にリセットもしくはセットすることで、データ状態を保持し続けられます。

この相互作用の働きによって、リフレッシュがなくても、SRAMは自らの状態を維持できるのです。SRAMのフリップフロップ構造は、キャパシタの電荷の放出に頼らないため、**リフレッシュ**が不要です。

キャッシュメモリ
CPU（中央処理装置）が高速にデータを読み書きするために必要な小型かつ高速なメモリのこと。CPUが頻繁にアクセスするデータや命令を一時的に保存する。

フリップフロップ回路
1ビットのデータ（0または1）を一時的に保存する役割を果たす回路。複数のトランジスタから構成されている。

リフレッシュ
キャパシタは時間経過と共に電荷を失う性質がある。情報を保持するためには、定期的にキャパシタに電荷を再注入する必要がある。この電荷の再注入のことを「リフレッシュ」と呼ぶ。

SRAMの紹介（一部）

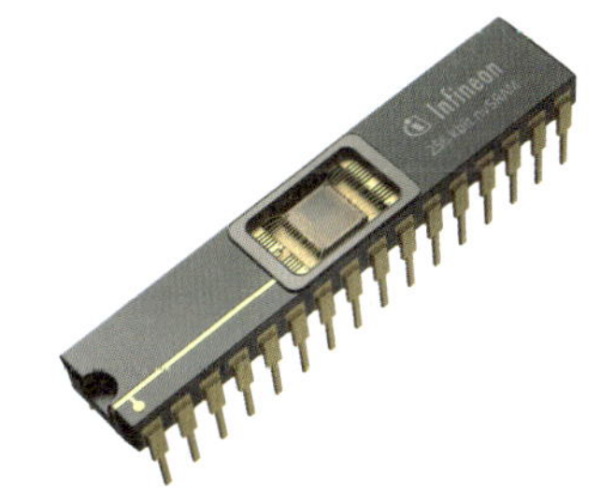

Infineon

インフィニオンテクノロジーズ社製
軍用信頼性「QML-Q」準拠の不揮発性
SRAM

出所：インフィニオンテクノロジーズホームページ

Infineon
16Mb Fast
Async SRAM

インフィニオンテクノロジーズ社製
非同期SRAM

出所：インフィニオンテクノロジーズホームページ

SRAMの内部構造

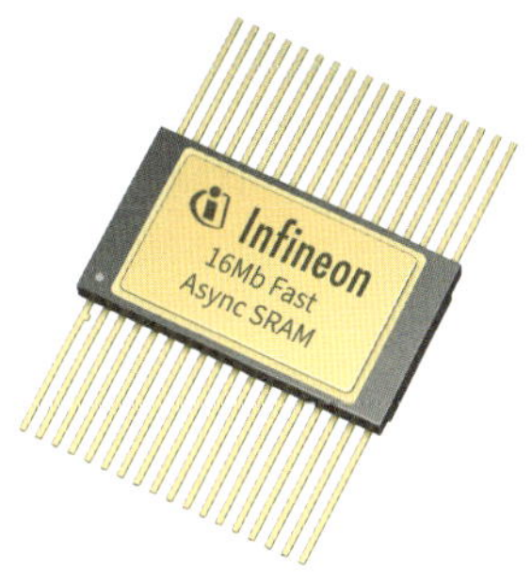

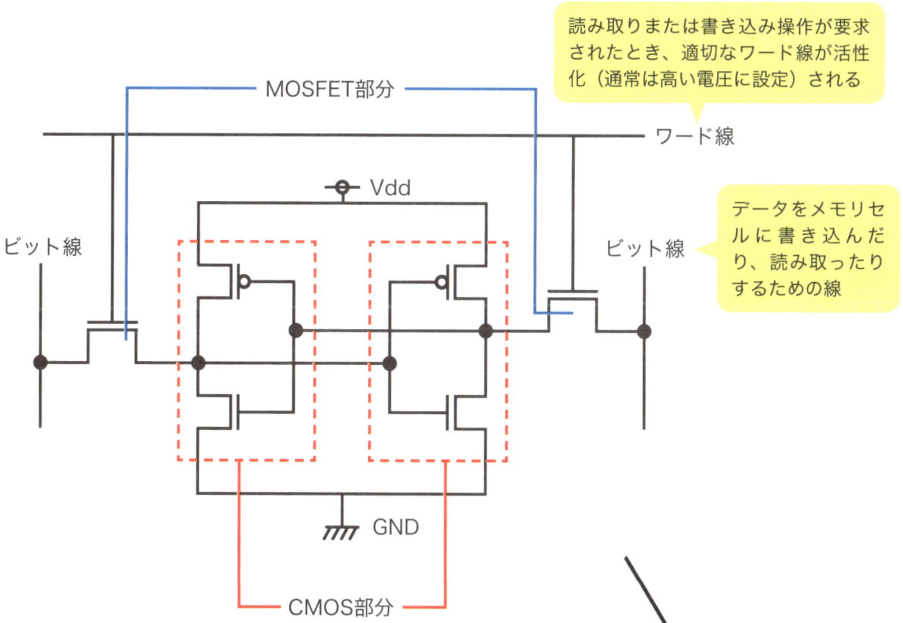

読み取りまたは書き込み操作が要求されたとき、適切なワード線が活性化（通常は高い電圧に設定）される
MOSFET部分
ワード線
Vdd
ビット線
ビット線
データをメモリセルに書き込んだり、読み取ったりするための線
GND
CMOS部分

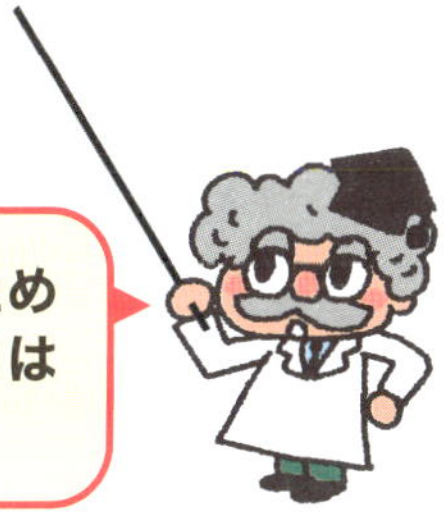

MOSFETはビット線の接続／切断をするためのスイッチの役割があります。一方、CMOSはデータ保持のために必要な部分です

データを一時的に保持する半導体メモリの一種

RAMの種類② DRAM

DRAMはコンピューターやデジタルデバイスのメインメモリとして使われる半導体メモリです。構造はとてもシンプルで、キャパシタとトランジスタから構成されています。

DRAMの特性と主な用途

DRAM（Dynamic Random Access Memory）はコンピューターやほかのデジタルデバイスで使用される主要な半導体メモリです。データを一時的に保存するためにキャパシタを使用しているのが特徴です。

DRAMは、比較的低コストで大量のメモリを提供できるため、PCやスマートフォンなどのメインメモリとして広く使用されています。ただし、SRAMのようなメモリに比べてアクセス速度が遅いため、用途に応じて適切なRAMを選択することが重要です。

近年では、DDR SDRAM（Double Data Rate Synchronous Dynamic Random Access Memory）と呼ばれる新しいタイプのDRAMが開発され、さらなる高速化と大容量化が進められています。

DDR SDRAM
コンピュータの記憶領域の一種。普通のメモリはデータを1回の動作で1回だけ送るのに対して、DDR SDRAMは1回の動作でデータを2回送ることが可能。

DRAMの構造はキャパシタとトランジスタ

DRAMのメモリセルはシンプルな構造で、キャパシタとトランジスタから構成されています。

キャパシタは電荷を保存する役割を持ち、キャパシタに電荷が蓄えられている場合「1」、電荷がない場合は「0」として認識されます。ただし、キャパシタは時間の経過とともに放電してしまうため、定期的にデータのリフレッシュ（再充電）が必要です。

トランジスタは、キャパシタの電荷の蓄積や放電を制御するスイッチとして機能します。スイッチがONになると、キャパシタの電荷の状態を読み取り、必要に応じて電荷を充電します。

DRAMの紹介（一部）

サムスン電子社製
RDIMM
出所：サムスン電子ホームページ

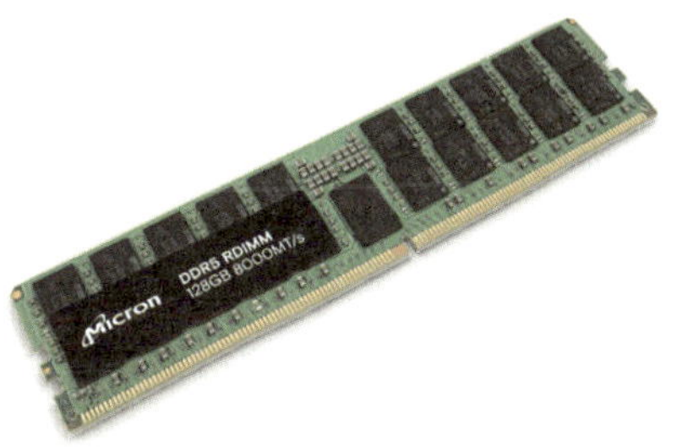

マイクロンテクノロジーズ社製
DDR5 128GB RDIMM
出所：マイクロンテクノロジーズホームページ

DRAMの書き込み動作

キャパシタに電荷が蓄えられていれば「1」、電荷がない場合は「0」の状態となる

①1を書き込むとき

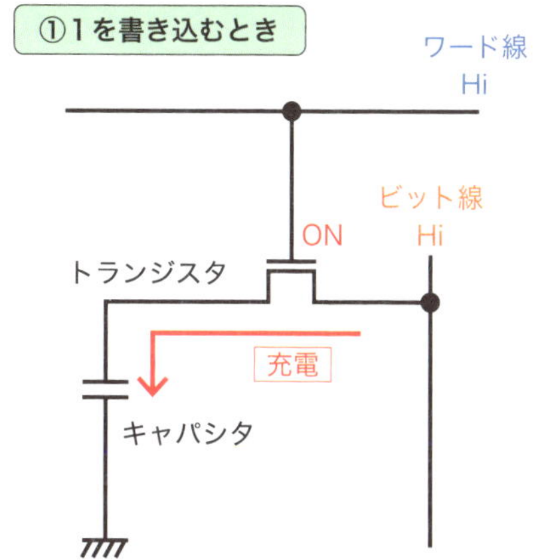

ワード線、ビット線ともにHiの状態。トランジスタがONして、キャパシタに電荷を充電する

②0を書き込むとき

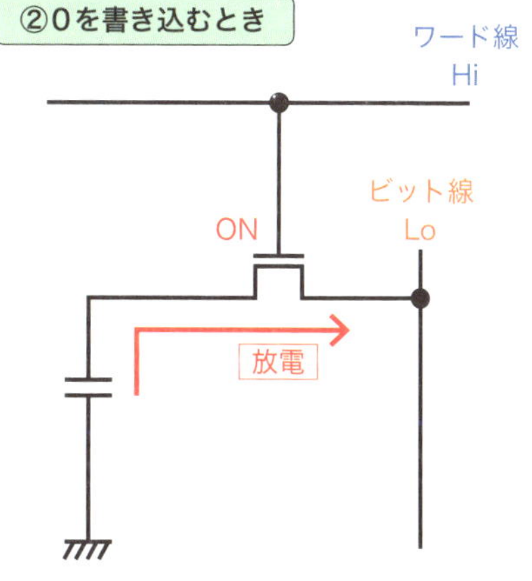

ワード線Hi、ビット線Loの状態。トランジスタがONして、今度はキャパシタが電荷を放電する

キャパシタに充電されることで「1」が書き込まれ、キャパシタから放電されることで「0」が書き込まれます

記録されている内容の書き換えができない

ROMの種類①
マスクROM

マスクROMは、一度だけ書き込み可能な非常に高速な半導体メモリです。ゲーム機や家電製品、自動車のシステムなど、変更の必要がないデータの保存に広く利用されています。

マスクROMは再プログラム不可のメモリ

マスクROM（Mask Read Only Memory）とは、プログラム可能な半導体メモリです。製造時にデータが書き込まれ、その後は読み取りのみが可能となります。一度書き込まれたデータの消去やプログラムの再書き込みができません。

「マスク」という名前は、製造過程で特定のパターンを持つマスクを用いて、データをシリコンウェハーに刻印することから由来しています。

マスクROMのセルは通常、単一のトランジスタから構成されています。データアクセスのための配線がセルに接続され、データが1か0かを示すビットの情報を読み取ります。この方法により、大量生産時には、高速かつコスト効率的にチップを製造できるというメリットがあります。

マスクROMの特性と利用例

マスクROMは、変更予定のないプログラムやデータを、永続的に保存したい場合に使用されます。

たとえば、ゲーム機のカートリッジや家電製品のファームウェア、自動車の制御システムなどです。大量生産される製品において、マスクROMは非常に有効な半導体メモリといえるでしょう。

フラッシュメモリや**EPROM**（Erasable Programmable ROM）などの再プログラム可能なROMも存在しますが、マスクROMはこれらとは異なり、データの書き込みは一度限りで、変更や削除は不可能です。

その代わり、コストが低く、読み取り速度も速いというメリットがあります。

EPROM
紫外線を使ってデータ消去ができるプログラム可能な読み出し専用メモリ。詳細は144ページ参照。

NAND型のマスクROM

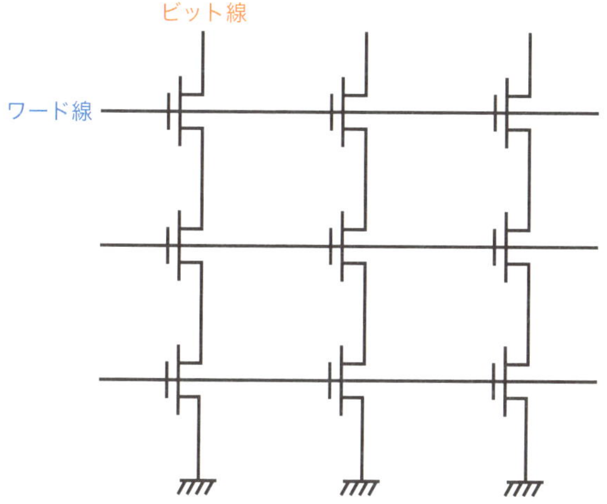

すべてのトランジスタがONにならないと、電流が流れない構造になっている。
NAND型はトランジスタが直列接続

NOR型のマスクROM

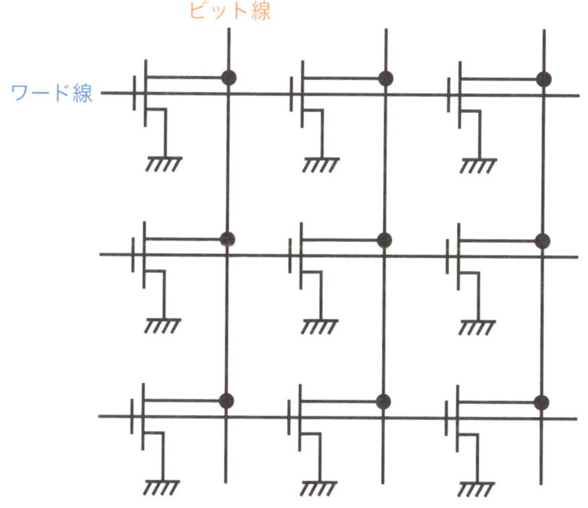

各トランジスタが独立してビットラインに接続されている。
NOR型はトランジスタが並列接続

マスクROMは主に、トランジスタを直列に接続したNAND型と並列に接続したNOR型の2種類に分かれる。NAND型は高集積化に優れているが、読み取り速度の観点ではNOR型の方が優位といえる

Chapter7
06

装置でデータを書き込み紫外線の照射でデータを消去

ROMの種類② EPROM

EPROMは、1970年代から80年代初頭、再書き込み可能なメモリの先駆けとなっていました。浮遊ゲートMOSFETを使用し、紫外線によるデータの消去が特徴的です。

EPROMは再プログラム可能なメモリの起源

EPROM（Erasable Programmable Read Only Memory）は、一度書き込んだデータをあとから消去して再プログラムできる不揮発性の半導体メモリです。

EPROMは、1970年代から1980年代初めにかけて広く使用されていました。現在では、より扱いやすいEEPROMやフラッシュメモリが主流となっていますが、EPROMは再書き込み可能なメモリの基礎となった重要な技術です。

EPROMのしくみと特性

EPROMのセルは、浮遊ゲートMOSFETと呼ばれる特殊なトランジスタを用いてデータを保持します。データを書き込む際は、このトランジスタの浮遊ゲートに高い電圧をかけて電荷を蓄積し、その電荷の有無によって「0」または「1」を表現します。

保存されたデータは電源を切っても保持される不揮発性の特性を持っています。

EPROMの特徴的な点は紫外線を使用してデータを消去できることです。

チップの上部には、紫外線を透過する窓があり、ここに紫外線を当てることで、浮遊ゲートの電荷が放出され、データが消去されます。太陽光に含まれている紫外線でもデータが消去される可能性があるため、使用しないときは光を遮断するカバーで保護する必要があります。

このように、EPROMは何度でも書き換え可能ですが、取り扱いが少々手間というデメリットがあります。

浮遊ゲート
電荷を浮遊ゲートに蓄積することで、MOSFETの閾値電圧を変化させられる。主にEPROMやフラッシュメモリのセルなどで使用されている。

EPROMのデータ消去

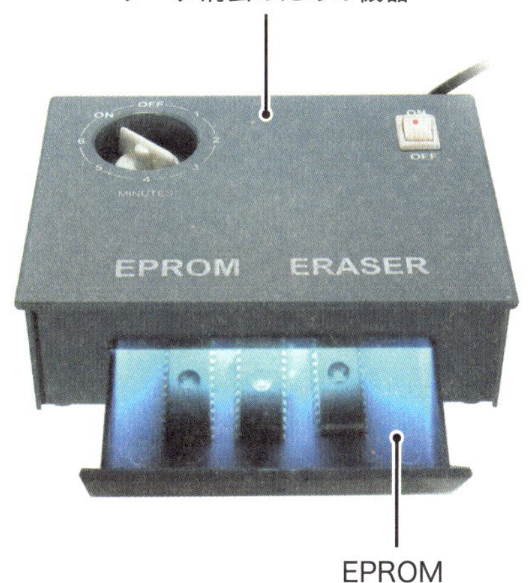

EPROMに書き込まれたデータを消去するには専用の機器が必要。
図のようにEPROM上部には窓が埋め込まれている。窓から紫外線を受けることにより、浮遊データの電荷が中和され、データが消去される

出所：KALEA-INFORMATIQUE

浮遊ゲートMOSFETの内部構造

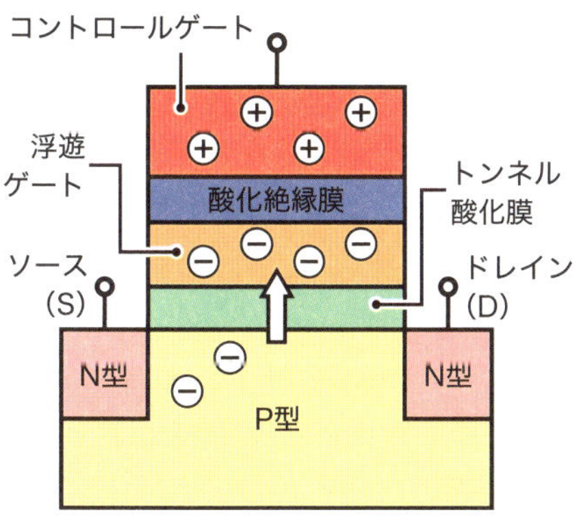

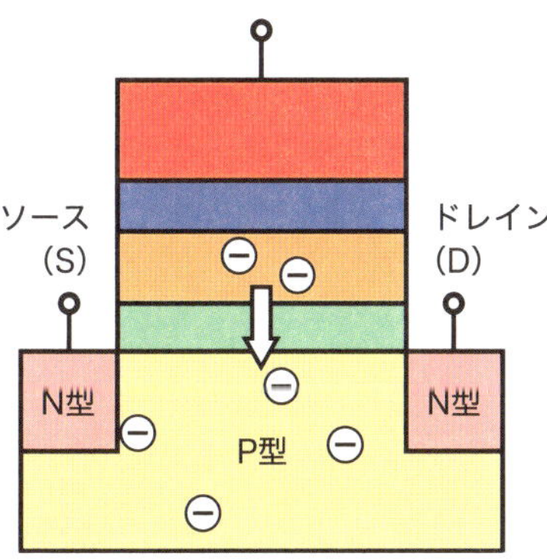

浮遊ゲートは絶縁されており、電源をOFFにしても電子が漏れることはありません。これがデータを保存しておけるしくみです

Chapter7
07

電気的にデータの消去ができるEPROM

ROMの種類③ EEPROM

EEPROMは電気的にデータを消去／再書き込みできる不揮発性の半導体メモリです。EPROMとは異なり、回路上でデータの操作が可能です。ただし、書き込み／消去の回数には制限があるため注意が必要です。

電気的にデータを書き換えるEEPROM

EEPROM（Electrically Erasable Programmable Read Only Memory）は、不揮発性の半導体メモリであり、電気的にデータを消去や再書き込みが可能です。

EPROM（Erasable Programmable Read Only Memory）と同様、再プログラム可能なROMの1つですが、EEPROMは電気的に消去／書き込みができる点がEPROMとの大きな違いです。

EEPROMは、設定値やキャリブレーションデータ、デバイスのID、ログデータなど、定期的に更新が必要な情報を保存するのに適しています。

具体的な利用例としては、家電製品や産業機器、車載システムなどにおけるファームウェアの更新、ユーザー設定の保存などが挙げられます。

ファームウェア
コンピュータや電子機器が正しく動作するためのソフトウェア。電子機器そのものに組み込まれている。

動作原理と特性

EEPROMもEPROMと同様に、浮遊ゲートMOSFETと呼ばれる特殊なトランジスタを用いてデータを保存します。

EPROMの場合、データを消去するには、回路基板からチップを取り外し、専用の機器で紫外線を照射する必要がありました。しかし、EEPROMではチップを取り外すことなく、電気的にデータを消去／書き込みできるため、より扱いやすいメモリとなっています。

プログラムのアップデートや修正が容易なEEPROMですが、消去／書き込みができる回数には限界があり、通常数十万回から数百万回程度とされています。メーカーが推奨する回数を超えるとメモリセルが劣化し、正常に動作しなくなる可能性があります。

データ書き込みの動作原理（0の書き込み）

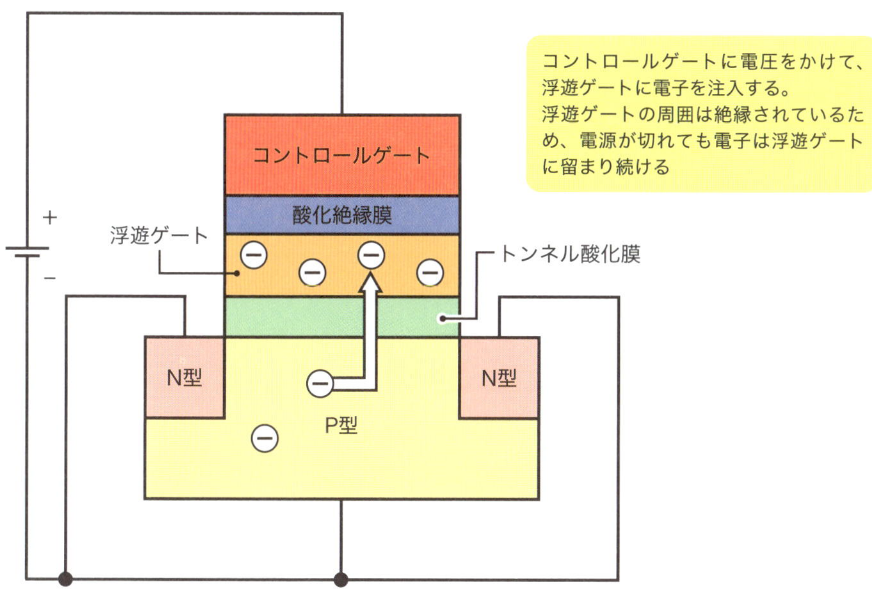

データ読み出しの動作原理（0の読み出し）

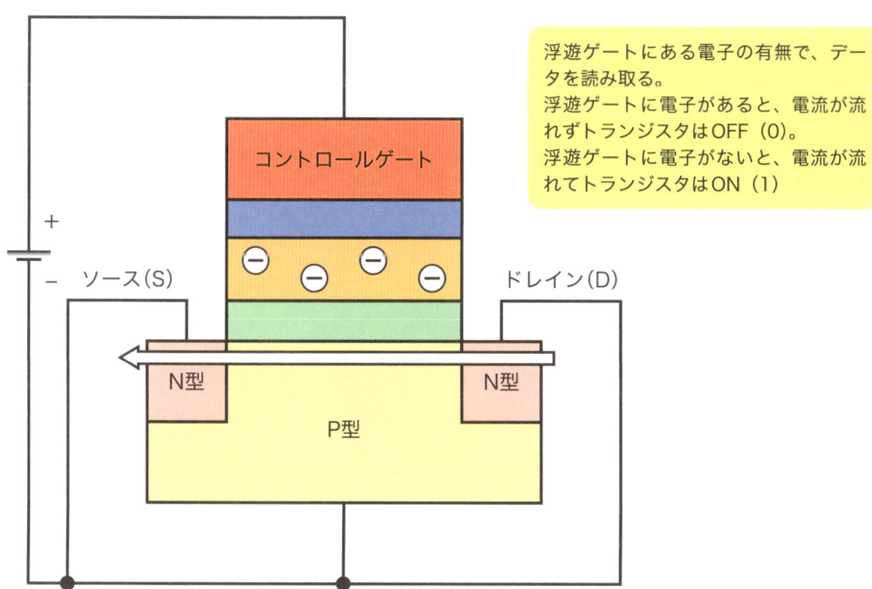

浮遊ゲートにある電子の有無で、データを読み取る。
浮遊ゲートに電子があると、電流が流れずトランジスタはOFF（0）。
浮遊ゲートに電子がないと、電流が流れてトランジスタはON（1）
浮遊ゲートの周囲は絶縁されているため、電源が切れても電子は浮遊ゲートに留まり続ける
コントロールゲート
酸化絶縁膜
+
−
ソース(S)
ドレイン(D)
N型
N型
P型

データの永久保存に使用されるメモリ

ROMの種類④ フラッシュメモリ

フラッシュメモリは、電源がOFFしても情報を保持し、高速なアクセスが可能な不揮発性メモリです。NAND型とNOR型の2種類があり、デジタルデバイスから組み込みシステムまで広く活用されています。

フラッシュメモリの特長と利用例

フラッシュメモリはEEPROMの一種で、電源を切ってもデータを保持する不揮発性タイプの半導体メモリです。

電気的にデータの読み書きや消去が可能で、その動作原理や利用方法には独自の特長があります。フラッシュメモリの最大のメリットは、ブロック単位での操作が可能な点です。これにより一度に大量のデータを効率よく消去し、書き込むことができます。

この特性によって、高速なデータアクセスと大容量データ保存が可能となり、デジタルカメラのメモリーカード、USBメモリ、スマートフォンやPCのストレージとして使われるSSD（Solid State Drive）などに広く利用されています。

SSD（Solid State Drive）
フラッシュメモリを主要な記憶媒体として使用するデータストレージデバイス。HDD（Hard Disk Drive）と比較してデータアクセス速度が高速。

フラッシュメモリのタイプはNAND型とNOR型

フラッシュメモリは、NAND型とNOR型の2つのタイプがあります。NAND型は、データの読み書きが高速で大容量のデータ保存に適しているため、主にストレージ用途に使用されます。

一方、NOR型は、読み取り速度が非常に速く、ファームウェアの保存や組み込みシステムのブートローダとして利用されることが一般的です。

ブートローダー
コンピュータ起動時に最初に実行されるプログラムのこと。

ただし、EEPROMと同様に書き込みと消去のサイクル回数には限りがあります。この限界を超えるとメモリセルが劣化し、データが保存できなくなる可能性があります。また、長期間の保存には向かない場合もあるため、利用シーンや用途に合わせた選択が求められます。

フラッシュメモリの紹介（一部）

インテリジェントメモリ社製
NANDフラッシュメモリ
eMMCファミリー

出所：インテリジェントメモリ社ホームページ

インフィニオン・テクノロジーズ社製
NORフラッシュメモリ

出所：インフィニオン・テクノロジーズ社ホームページ

フラッシュメモリの動作原理（データ書き込み時、消去時）

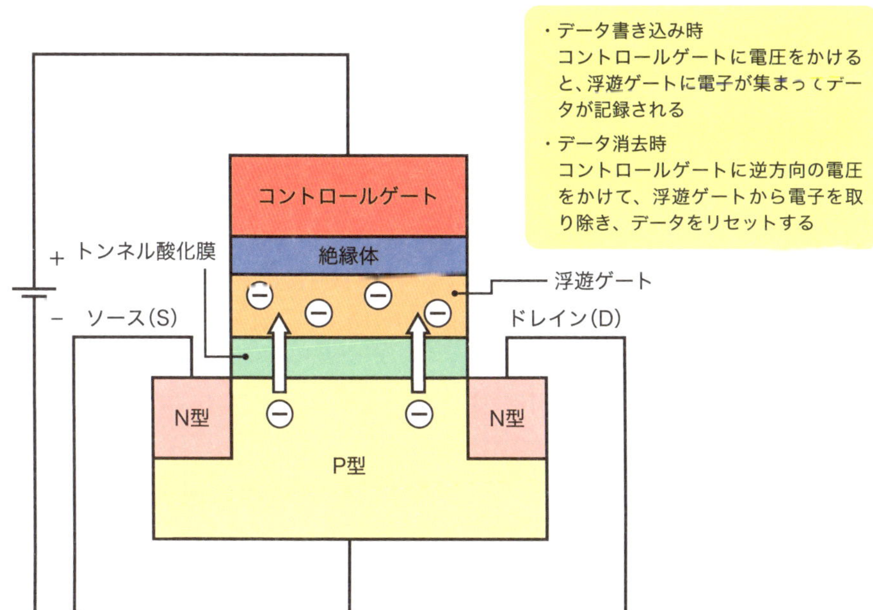

・データ書き込み時
コントロールゲートに電圧をかけると、浮遊ゲートに電子が集まってデータが記録される
・データ消去時
コントロールゲートに逆方向の電圧をかけて、浮遊ゲートから電子を取り除き、データをリセットする
コントロールゲート
絶縁体
トンネル酸化膜
浮遊ゲート
+
−
ソース(S)
ドレイン(D)
N型
N型
P型

RAMの高速アクセスとROMの非揮発性を組み合わせた技術

Chapter7
09

ユニバーサルメモリ

現代のデジタル社会では、データの迅速なアクセスと長期保存が不可欠です。RAMとROMのメリットを統合したユニバーサルメモリが期待されており、新しい物理現象を利用したデータ保存技術が用いられています。

ユニバーサルメモリのメリット

従来のメモリ技術には、揮発性のRAM（Random Access Memory）と不揮発性のROM（Read Only Memory）が存在します。RAMは速度が速く、CPUが直接アクセスするデータやプログラムを一時保存しますが、電源が切れると情報が失われてしまう欠点があります。

一方、ROMは電源を切ってもデータの保持ができるため、不揮発性メモリとして利用されていますが、読み出し専用または書き換えに制限があるのが欠点です。

それらのデメリットを克服し、RAMの速度と柔軟性、ROMのデータ保持能力を兼ね備えたものがユニバーサルメモリです。

高速な読み書き速度と電源OFF時のデータ保持が同時に実現できるため、次世代のコンピューティングデバイスに革新もたらすことが期待されています。

データ保存には物理現象が利用されている

ユニバーサルメモリの開発には、データを保存したり読み出したりするために、新しい物理現象が応用されています。

たとえば、相変化メモリ（PCM）は物質の相変化を利用します。PCMでは、材料を固体と液体の間で相変化させることでデータの書き込みと読み出しを行います。これは水が個体から液体に変わる現象に似たプロセスです。

また、抵抗変化メモリ（RRAM）は、材料の抵抗値を変化させてデータを保存します。電圧を加えて、材料の抵抗が「小さい状態（通りやすい)」と「高い状態（通りにくい）の間を変化させ、それぞれの状態をデータの「0」と「1」として扱います。

相
物質が同じような化学的な性質や物理的な状態を持っているとき、それを「ひとつの相」と呼ぶ。空気なら「気相」、水は「液相」、氷は「固相」となる。

RAM、ROM、ユニバーサルメモリの特徴と違い

RAM（ランダムアクセスメモリ）	
揮発性	電源を切ると保存データは失われる
高速アクセス	速度が非常に速く、CPUがデータを読み書きするために必要
一時的なデータ保存	作業中の文書やプログラムの情報を一時的に保管する

ROM（リードオンリーメモリ）	
不揮発性	電源が切れてもデータは保存される
読み出し専用	製造時にデータを書き込み、その後書き換えはできない（一部、書き換え可能なROMもある）
永続的なデータ保存	PCや電子機器が動き始めるときに必要な変わらない基本情報を保存する

ユニバーサルメモリ	
不揮発性	電源が切れてもデータは保存され、高速アクセスが可能
読み書き可能	データを永続的に保存しつつ、何度も読み書きができる
用途の広がり	高速なデータアクセスが要求されるデバイスに適している

RAMとROMのいいとこ取り

ユニバーサルメモリは次世代のメモリ技術として期待が集まっている。実用化に向けて、各メーカーが開発に取り組んでいる状況

ランカスター大学のManus Hayne教授らが開発した「UltraRAMセル」

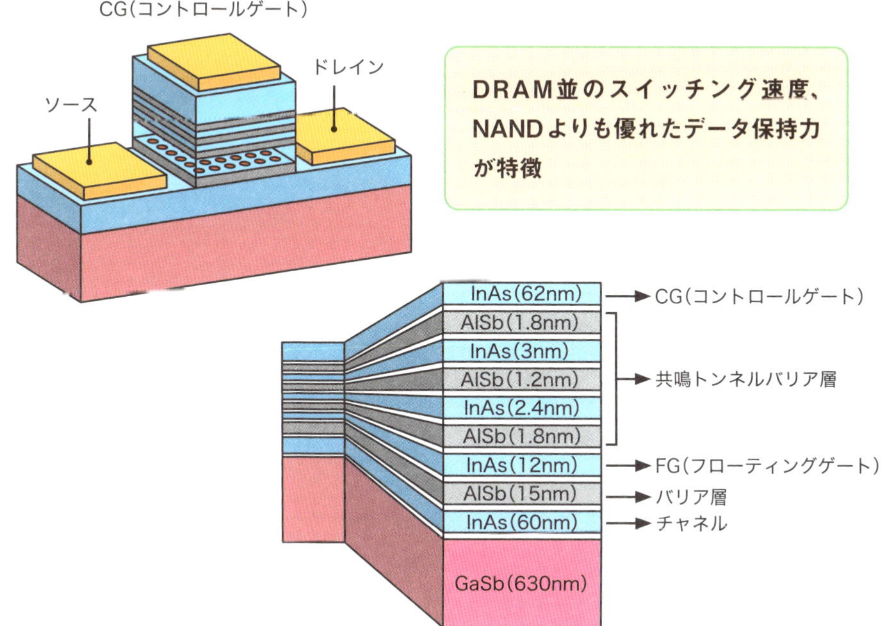

Chapter7 10

デジタルの進化にともない新しい半導体メモリが開発される

新しいタイプの半導体メモリ MRAM／FeRAM／ReRAM

デジタル時代の進化にともない、データの迅速な保存とアクセスがより重要になっています。このニーズに応えるため、MRAMやFeRAM、ReRAMといった新しい半導体メモリ技術を開発しています。

MRAM

データストレージ
情報やデータを保存しておくための場所や方法を示す。

近年、データストレージ技術の進化は目覚ましい進化を遂げています。

とくに、MRAM（磁気抵抗メモリ）やFeRAM（強誘電体メモリ）、ReRAM（抵抗変化型メモリ）といった新しいタイプの半導体メモリは、従来のメモリ技術と比較して多くのメリットがあり、革命をもたらしています。

MRAMは、磁気の向きを変えることでデータを保存する半導体メモリです。不揮発性でありながら高速アクセスが可能で、電源が切れてもデータの保持が可能です。

さらに、書き込み回数の制限がほとんどなく、メモリの寿命を気にすることなく使用できます。

ReRAM

ReRAMは、電圧を印加することで材料の抵抗値を変化させ、データを保存する半導体メモリです。非常に小さいサイズでありながら、大容量のデータの保存が可能です。

低消費電力で高速なデータ書き込みが可能であり、将来的にはフラッシュメモリの置き換えとなる可能性も秘めています。

FeRAM

FeRAMは電場を利用して強誘電体の分極を変え、データを記録する半導体メモリです。

具体的には、小さな電場（電気をかける力）を加えて、メモリ内の強誘電体の電気の向きを「0」か「1」の状態に変えます。この電気の向きが変わることで、データ（情報）を記録できます。

MRAMの動作原理

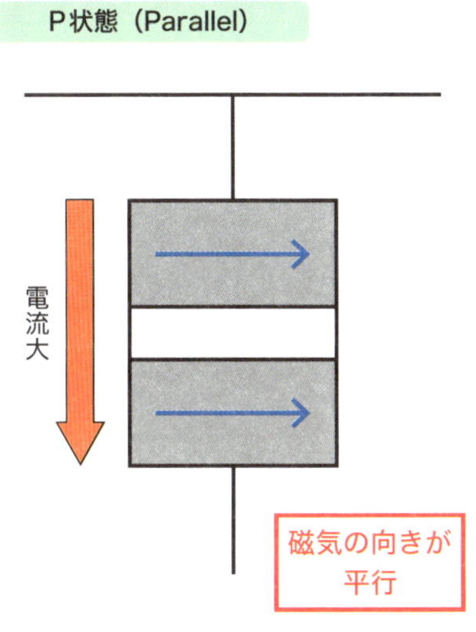

MJT（磁気トンネル接合）全体の抵抗値は小。流れる電流は大きくなる

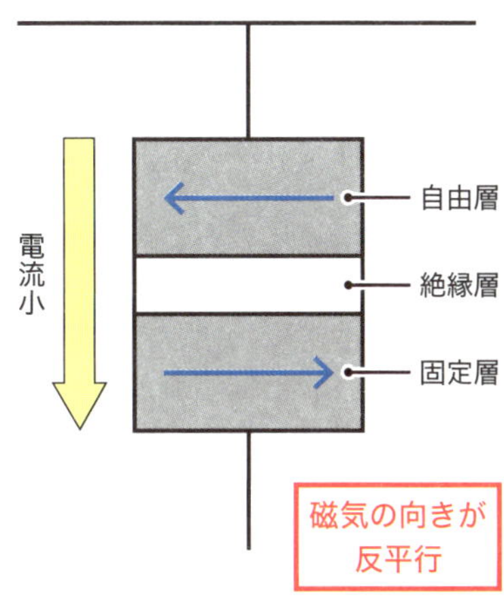

MJT全体の抵抗値は大。流れる電流は小さくなる

ReRAMの動作原理

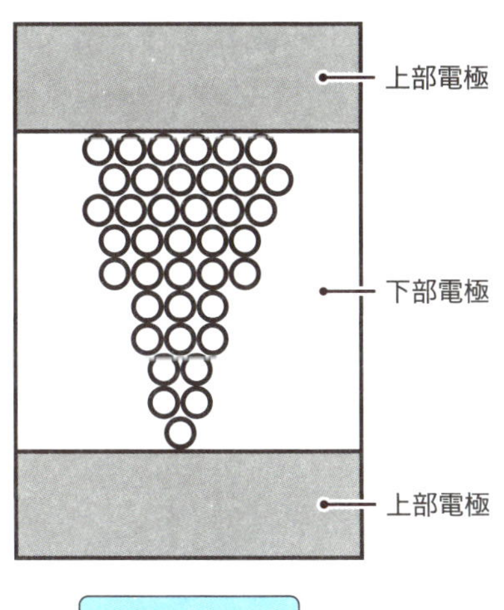

低抵抗状態

電流大

電子のつながりが途切れている

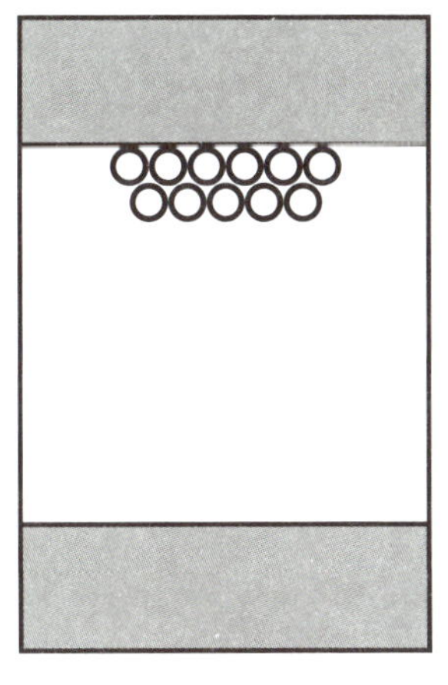

高抵抗状態

電流小

○…金属フィラメント

COLUMN 7

半導体メモリの進化

1960年代まで主流だった磁気コアメモリ

コンピュータの心臓部ともいえるメモリは、長い歴史の中で革命的な変貌を遂げてきました。磁気コアメモリから最新の量子メモリまで、メモリ技術はコンピュータの性能を飛躍的に向上させてきました。

磁気コアメモリは1950年代から1960年代にかけて主流だったメモリ技術です。小さな磁気リングを用いてデータを保存し、磁化の方向で0と1を表現します。当時、この革新的な技術によって、コンピュータの記憶装置として広く利用されました。

ところが、物理的な制約と複雑な製造過程による高コストが問題となり、次第にシリコンベースのメモリ技術へ移行するようになったのです。

量子メモリ技術とその未来への影響

半導体メモリは、コンピュータの小型化とコスト削減に大きく寄与しました。DRAMとSRAMの登場により、半導体メモリがコンピュータの主要な記憶装置として普及しました。

さらに、不揮発性のフラッシュメモリは、電源を切ってもデータの保持が可能となり、ポータブルデバイスに欠かせない技術となりました。

近年では、量子コンピューティングの進展とともに、量子メモリ技術への期待も高まっています。量子メモリは、量子コンピュータの情報処理の基本単位である「量子ビット」の量子状態を保存する役割を果たします。

この技術が実現すれば、量子暗号通信や複雑なシミュレーション、暗号解読など、多くの分野で革新がもたらされることでしょう。

第8章

半導体センサー

半導体センサーは、半導体技術を利用し、さまざまな物理量を電気信号に変換するデバイスです。これにより、温度、圧力、加速度、光、磁気、湿度、ガス濃度などの物理的（化学的）な情報を、電子機器で処理できる形式に変換します。半導体センサーは高い感度と精度、低コストのため、多くの分野で利用されています。

Chapter8 01

さまざまな物理量を電気信号に変換する

半導体センサーの概要

半導体センサーとは、外部の物理的／化学的変化を電気信号へ変換するデバイスです。これは、私たちの身の回りにある電子機器に使われるだけでなく、自動運転システムの進展にも必要不可欠です。

外部の変化を電気信号へ変換する半導体センサー

半導体センサーとは、半導体の特性を利用して外部の物理的変化や化学的変化を検出し、電気的な信号へ変換するデバイスです。光や温度、圧力といった外部の刺激や変化に応じて、半導体の電気的特性が変化します。

その変化をセンサーが検出し、デジタルデータやアナログ信号として、電子機器が読み取れるようにします。

たとえば、デジタルカメラのイメージセンサーは、レンズを通じてとらえた光を電気信号に変換し、それを画像として表示します。同様に、温度センサーは周囲の温度変化に応じて電気的な変化を感知し、その情報を信号に変換して温度に表示します。

イメージセンサー
光を電気信号へ変換するデバイス。デジタルカメラやスマートフォンのカメラ内部に搭載されている。

半導体センサーのメリットは、小型化が可能でありながらも高感度でかつ製造コストが低い点です。加えて、その耐久性と信頼性から、多くの商業的／産業的アプリケーションに利用されています。

車載向けセンサー技術の進化と役割

近年では、自動運転技術の進展にともない、車載向けセンサー技術の重要性が飛躍的に増加しています。

自動運転車が適切な判断を下すためには、多種多様なセンサー技術（超音波センサー、LiDARなど）を組み合わせて、周囲環境を正確に認識する必要があるためです。

LiDAR
光を利用して物体との距離や形状を測定するセンシング技術。自動車の自動運転技術などで利用されている。

自動車に搭載されているセンサー情報を統合し、リアルタイムで解析することで、自動運転車は安全かつ効率的な走行が可能となります。将来的に自動運転技術がさらに進化すれば、センサーの性能や精度の向上が求められるでしょう。

半導体センサーとは

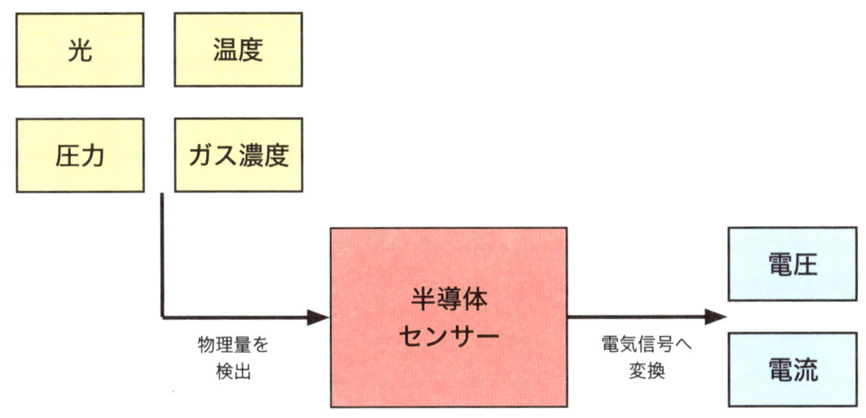

自動車に搭載されている半導体センサーの例

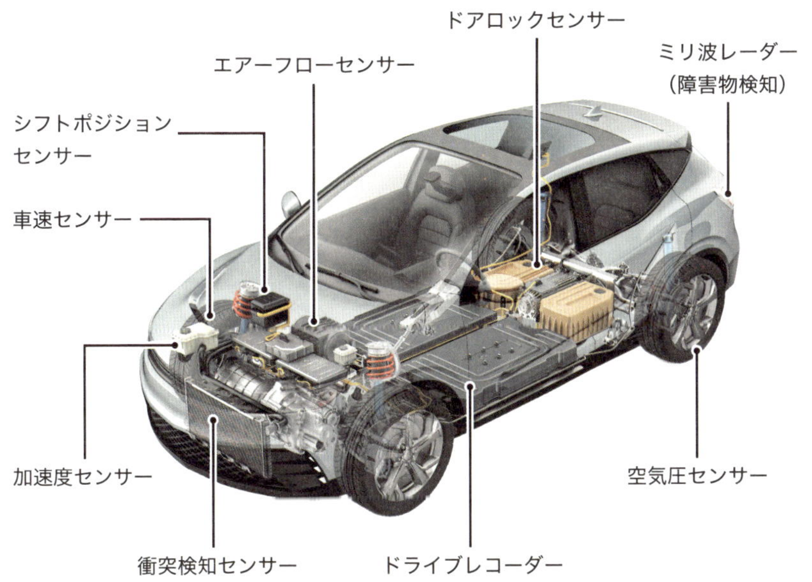

最新の車では、自動運転などの高度な運転支援システム（ADAS）のためのセンサーが追加され、週百から千以上のセンサーが搭載されることも。ただし、具体的な数字を挙げるのは難しく、年々の技術進歩や車の種類によってセンサーの数は大きく変わる

Chapter8
02

モバイルデバイスにも使われ、微小な変位や振動を検知する

加速度センサー

加速度センサーは物体の動きをとらえ、加速度を計測するためのデバイスです。スマートフォンの画面の向きが変わるのも加速度センサーによるものです。また、ドローンや車の高度な技術まで、使用用途は多岐にわたります。

物体の動きを検出する加速度センサーの基本原理

加速度センサーは、その名の通り、物体の加速度を測定するためのセンサーです。

このセンサーはさまざまな用途で利用されており、スマートフォンの画面が自動的に縦や横に切り替わるのも、この加速度センサーの働きによるものです。重力や動きだけでなく、振動や衝撃についても検出できます。

加速度センサーの動作原理を考えるときは、箱に小さな玉が入っていることをイメージするとわかりやすいと思います。手に持っている箱を急に前に動かせば、玉は後方に転がります。一方で、箱を急停止させると玉は前方に動きます。

これは、玉が慣性の法則にしたがって動いているためです。

加速度センサーもこれと同じ原理で動作します。車やスマートフォンなどが動くと、センサー内の「玉」もその動きに応じて移動し、電気信号として読み取ります。

そして、この「玉」の移動量や方向が、外部からの加速度として計測されるのです（上記の例は静電容量型加速度センサー）。

慣性の法則
物体が外部から力を受けない限りは、静止状態を続けるか、または一定の速度で直線運動を続けるという基本的な原理。

静電容量型加速度センサー
静電容量の変化を利用して加速度を測定するセンサー。静電容量とは、電荷を蓄える能力を示す物理量。

加速度センサーの多様な利用

静電容量型の加速度センサーを例に原理を説明しましたが、このほかにも多くの種類があります。

また、近年の技術の進化により、加速度センサーは非常に小型化されています。そのため、スマートフォンやウェアラブルデバイス、さらにはドローンや車の安全システムなど、多岐にわたる分野での利用が増えてきました。

加速度センサーの動作原理（静電容量型加速度センサーの例）

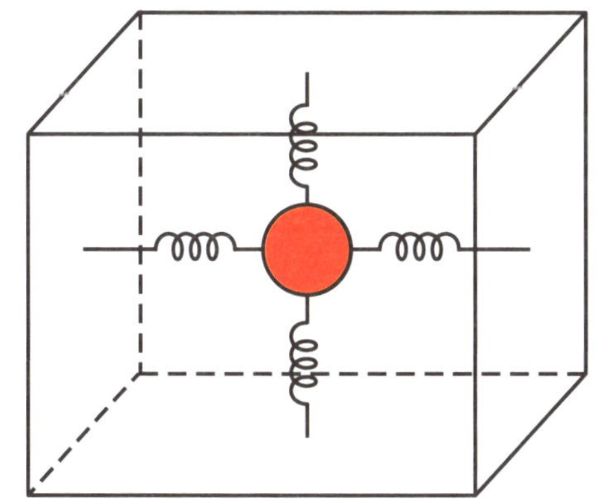

静止している状態で、玉は箱の中心に位置している

加速度センサーの動作原理は「箱に小さい玉が入っている」ことをイメージするとよいです

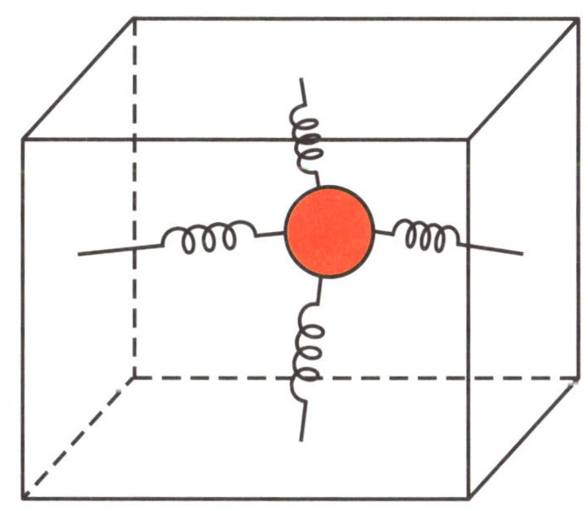

前に箱を動かすと玉は後方に移動する

手に持っている箱を前に動かせば、玉は後方に転がります。一方、箱を急に停止させれば玉は前方に動きます。これを慣性の法則と呼びます

温度を電圧もしくは抵抗値といった物理量に変換する

温度センサー

私たちの日常生活において、さまざまなシーンで正確な温度の把握が求められます。温度センサーには接触式と非接触式の2種類があり、それぞれ異なる特性を持っています。

接触式温度センサーの代表格「サーミスタ」

温度は、私たちの日常生活において、身の回りの多くの物事に影響を与える基本的な物理量です。

料理や健康管理など、さまざまなシーンで正確な温度測定が求められます。そのための重要なツールが温度センサーです。

温度センサーは、物体や環境の温度を測定するためのデバイスで、大きく「接触式」と「非接触式」の2つに分類できます。

接触式に代表されるものがサーミスタです。

サーミスタとは、温度（thermal）に敏感な抵抗器（resistor）のことで、温度に応じて電気抵抗が大きく変化するのが特徴です。

サーミスタは通常、半導体材料から作られており、その特性を利用して温度を測定または制御するために使用されます。少しの温度変化でも大きく反応するため、わずかな温度の変動も正確にとらえることが可能です。

非接触式温度センサー「赤外線センサー」

赤外線センサーは非接触式タイプの温度センサーであり、熱型と量子型の2種類に分類できます。

物体から放出される赤外線放射のエネルギーを吸収するのが熱型センサーです。熱型センサーには焦電素子が用いられ、物体から発するわずかな赤外線を検出します。

一方、量子型センサーは、赤外線の光子を吸収することで、物質の電子が励起される現象を利用したセンサーです。特定の波長の赤外線に対して、非常に高い感度を持つことが特徴です。

励起
物質内の電子、原子、分子などが低エネルギー状態から高エネルギー状態へと移行すること。

温度センサーの種類

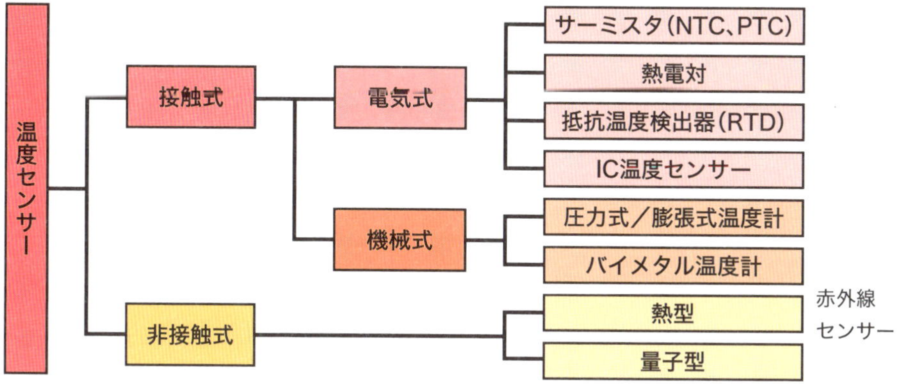

接触式温度センサー「サーミスタ」の特性

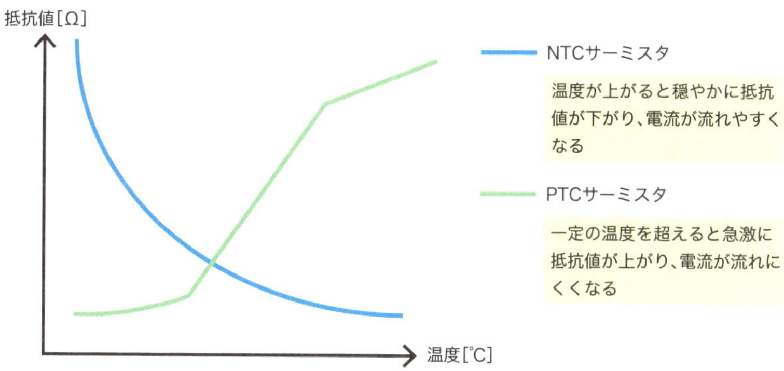

熱型センサー（焦電型赤外線センサー）の動作原理

通常はプラスの電荷にマイナスの電荷が吸着している状態にある。センサーが赤外線を検知すると、温度変化が生じ、電荷がアンバランスな状態になる

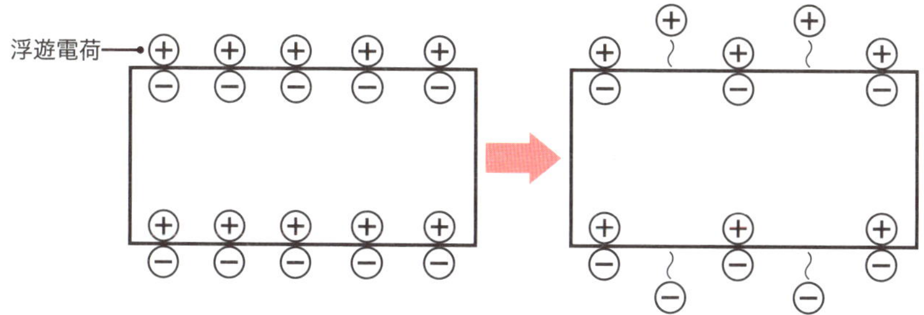

半導体を用いて圧力変化を検出する

Chapter8
04

圧力センサー

圧力センサーとは、ガスや液体の圧力を正確に測定するために必要不可欠なデバイスです。さまざまなシーンで活躍するこのセンサーは、形状の変形を電気信号として検出し、具体的な圧力値を示します。

圧力を感知するデバイス「圧力センサー」

圧力センサーとは、ガスや液体の圧力を測定するためのデバイスです。圧力の変化を感知することで、さまざまなシステムの安全性や効率を高める役割を果たしています。

たとえば、自動車のタイヤの空気圧を監視するシステムや、家庭用のガスコンロのガス圧を制御するシステムなど、圧力センサーの応用例は多岐にわたります。

圧力センサーの基本的なしくみは圧力による物理的な変化を電気信号に変化することです。圧力がかかるとセンサー内部の材料や構造が変形し、その変形に応じて電気的な特性が変化します。この変化を信号として取り出し、圧力の大きさを測定することが可能です。

圧力センサーの種類とその特性

圧力センサーにはいくつかの種類が存在しますが、代表的なものが「ピエゾ抵抗型」と「静電容量型」です。

それぞれ測定原理や応用先に応じて、特有の特性やメリットとデメリットがあります。

ひずみ（変形）に応じて、材料の抵抗が変化する特性を利用しているものが、ピエゾ抵抗型です。圧力が加わると材料が変形し、電気抵抗が変化する現象を利用しています。この抵抗の変化を測定して、圧力を検知するしくみです。

また、2枚の導体プレートの間の距離が変わることで生じる静電容量の変化を測定するのが静電容量型です。外部からの圧力により、片方のプレート（または両方）が変形すると、プレート間の距離が変わり、それにともなって容量が変化します。

ピエゾ抵抗型の動作原理

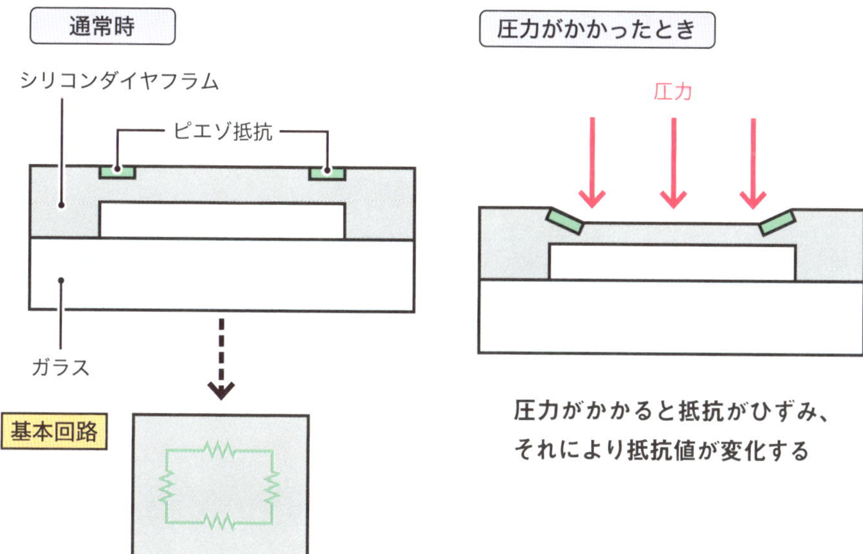

静電容量型の動作原理

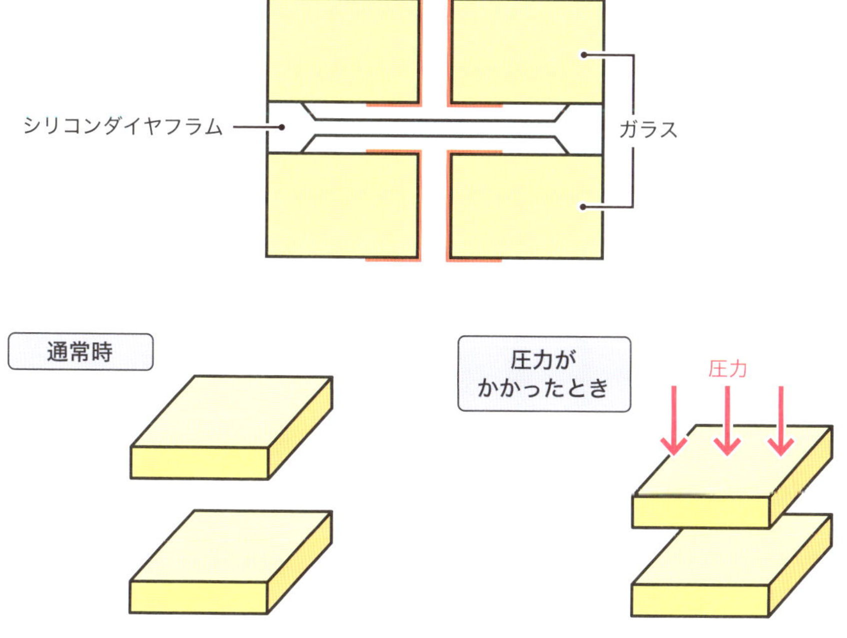

光を検出して電気信号に変換する

Chapter8
05

光センサー

光センサーとは、光の変化を電気信号へ変換するデバイスです。光センサーの代表例として「光電効果型」があります。これは光が物質に当たることで、電子が放出される特性を利用したものです。

外部光電効果型センサー

光センサーとは、光の存在や変化を検知し、電気信号へ変換する機能を持つデバイスです。この光センサーは、動作原理によって「光電効果型」と「熱効果型」の2つに大別できますが、本節では光電効果型に焦点を当てて解説します。

光電効果型は、光が物質に当たることで、電子が放出される特性を利用したものです。さらに、光電効果型は「外部光電効果型」と「内部光電効果型」と呼ばれる2種類に分類できます。

外部光電効果型センサーは、物質の表面で光を受け取り、そのエネルギーに応じて表面の電子が放出される現象を利用したものです。この電子の動きを検出することで、光の強さや存在を測定できます。高感度で迅速に応答するため、光が瞬時に変わる状況や、極めて低い光量を検出したい場合に用いられます。

具体的なデバイスとしては光電管、光電子増倍管などに使用されています。

光電管
光から電気へ変換するデバイス。光電効果を利用して可視光や紫外線といった光を電流に変換する。

光電子増倍管
非常に微弱な光を検出し、電気信号に変換する。このとき、入力された光に応じて電流を増幅させる。

内部光電効果型センサー

一方、内部光電効果型のセンサーは、光が物質の内部に浸透し、そのエネルギーで電子が励起される現象を利用しています。

励起された電子は外部へと放出することなく、物質の内部を移動します。この移動にともなって発生する電流を検出することで、光の強さや存在を確認することが可能です。

安定した検出が可能であり、長期間の使用や広範囲の光量を検出するのに適しています。太陽電池やフォトダイオード、フォトトランジスタがこの内部光電効果を利用したデバイスとして挙げられます。

外部光電効果型の原理

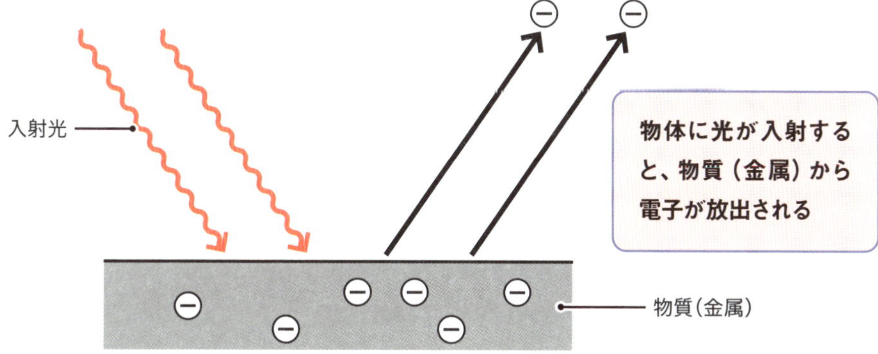

内部光電効果の原理

太陽電池の内部構造

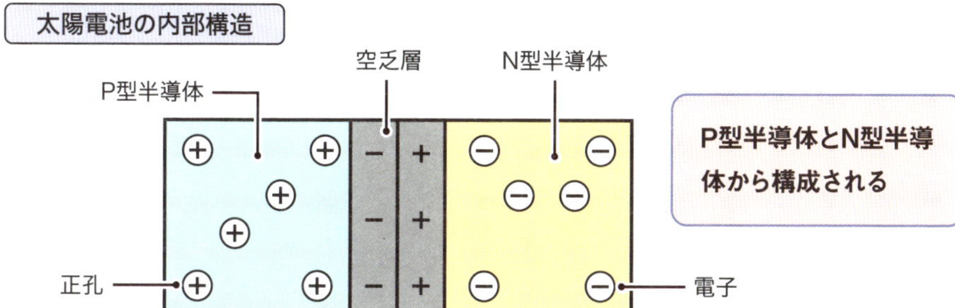

内部光電効果のしくみ

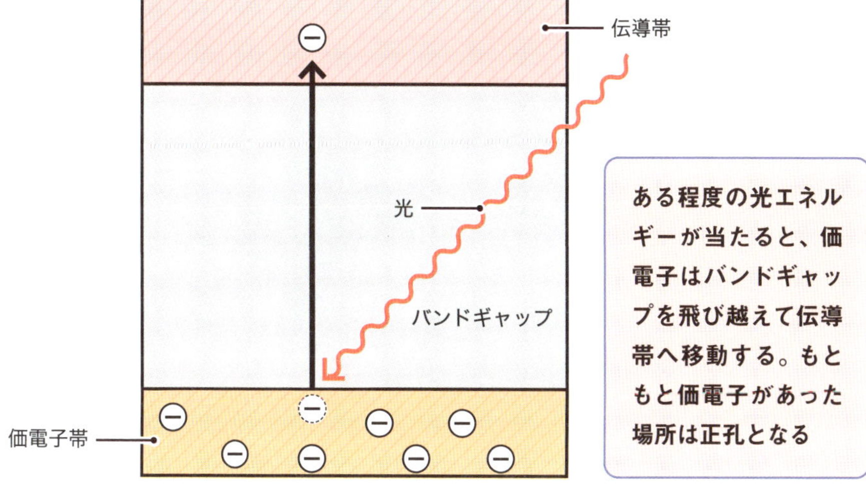

伝導帯
光
バンドギャップ
価電子帯
ある程度の光エネルギーが当たると、価電子はバンドギャップを飛び越えて伝導帯へ移動する。もともと価電子があった場所は正孔となる

磁場変化に応じて電気信号を出力するセンサー

Chapter8
06

磁気センサー

磁気センサーは、磁場の変動を電気信号へ変換するセンサーとして広く用いられています。非接触での検出が可能で、長寿命などの特性を持ちます。また、磁気センサーとしてもっともシンプルなデバイスがコイルです。

磁場を電気信号へ変換する磁気センサー

磁気センサーとは、磁場や磁場の変化を検知し、それを電気信号へ変換するセンサーの1つです。動作原理はセンサーの種類によって異なりますが、基本的には磁場の影響を受けて物質の特性が変わることを利用しています。たとえば、ホールICは磁場によって生じる「ホール効果」を利用したセンサーで、小型で応答性が高く、磁場の強さや方向を直接測定できます。

磁気センサーのメリットは、非接触での検出が可能で、物体に直接触れずに、その物体の磁性や動きを感知できる点です。この性質を利用して、自動車のABSシステムやハードディスクの読み取りヘッドなど、さまざまな用途で利用されています。

ABSシステム
車が急ブレーキをかけたときに、タイヤがロックしないようにするための安全システム。ブレーキを強くかけても、操縦性が失われないように動作する。

また、磁気センサーは物理的な摩耗がほとんどないため、長期間にわたって安定して動作し続けることができます。ただし、強い磁場や外部の電磁波の影響を受けやすいため、使用環境や配置場所を適切に選定する必要があります。

シンプルな磁気センサー「コイル」の動作原理

もっともシンプルな磁気センサーとしてコイルが挙げられます。この動作は「電磁誘導」という現象にもとづいています。具体的には、磁場が変化する環境にコイルを置くと、そのコイルに電圧が発生します。

たとえば、磁石をコイルの近くで動かすと、コイル内部にて一時的に電流が流れます。これは、磁石の動きによって磁場が変わり、その変化をコイルが電気信号として検出しているためです。

エンジンの回転数の検出や電子機器での動作確認など、さまざまな場所でこの原理が活用されています。

N極を近付けた場合と遠ざけた場合

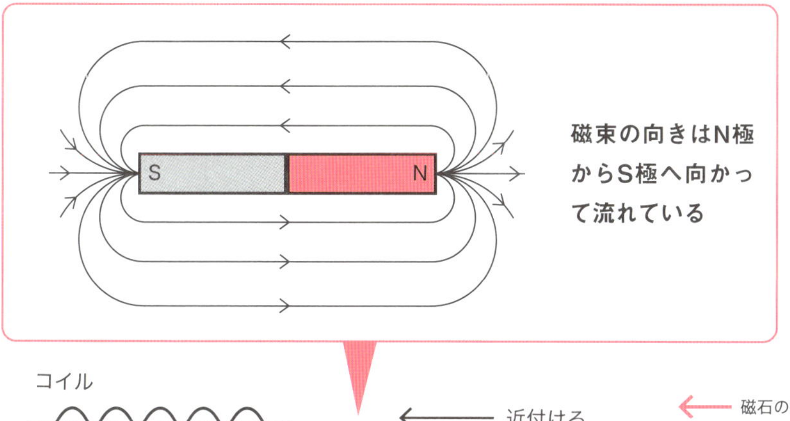

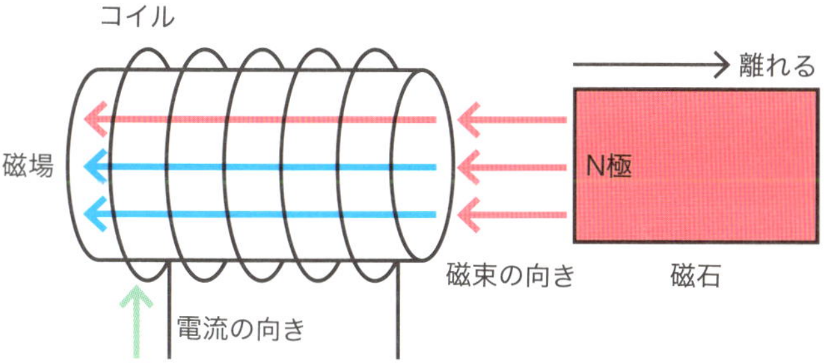

S
N

磁束の向きはN極からS極へ向かって流れている

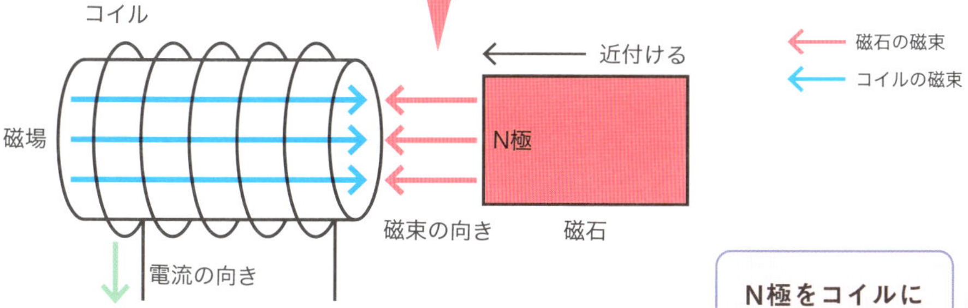

コイル
近付ける
磁石の磁束
コイルの磁束
磁場
N極
磁束の向き
磁石
電流の向き

コイル
離れる
磁場
N極
磁束の向き
磁石
電流の向き

N極をコイルに近付けると、磁束（右から左）が増加する。コイルはそれを妨げるように左から右へ磁束を発生させる

磁気センサーの紹介

インフィニオン製3D磁気センサー

出所：インフィニオンテクノロジーズ社ホームページ

日本セラミック製ホールIC

出所：日本セラミックホームページ

Chapter8
07

空気中の湿度を測定する

湿度センサー

湿度センサーとは、空気中の湿度を測定するセンサーです。電気式湿度センサーと呼ばれるものが主に使用され、抵抗式と容量式の2種類があります。独自の特性と適用範囲があり、用途によって使い分けます。

抵抗式湿度センサー

湿度センサーとは、空気中の湿度を測定するためのセンサーです。湿度は空気中の水蒸気の量を示し、快適さや機器の性能、保存状態などを左右する指標となります。

日常生活においてはエアコンや加湿器、産業分野では製品の品質管理のために湿度センサーが用いられています。

湿度センサーには多くの種類がありますが、本節では電気式湿度センサーの「抵抗式」と「容量式」について解説します。

抵抗式湿度センサーでは、湿度の変化によって材料の電気抵抗値が変わる性質を利用しています。これらのセンサーには、一般的にセラミックスや高分子材料が使用されており、湿度の変化に反応して抵抗値が変化します。湿度が増加すると、センサー表面に吸着する水分の量が増え、これによって変化する抵抗値から湿度を計測します。

抵抗式の湿度センサーは、とくに中／低湿度域での測定に適しており、応答速度が速い点が特徴です。

高分子材料
高分子化合物（分子量が10000を超えるもの）で作られている材料を高分子材料と呼ぶ。プラスチックやセラミックなどに使われる。

容量式湿度センサー

一方、容量式湿度センサーは、湿度の変化によって誘電体の誘電率が変わるという性質にもとづいて動作します。湿度が変化すると、ポリマーやセラミックなどの誘電体膜の誘電率が変動し、この変動は電極間の静電容量の変化として検出されます。

湿度が変化すると、これらの膜の誘電率が変わり、その結果生じる容量の変化を測定して湿度を計算します。

容量式の湿度センサーは、幅広い湿度範囲での測定が可能であり、高精度での測定が行えるというメリットがあります。

誘電率
物質が電場の動きをどれだけ阻害するかを表す数値。たとえば、水面にボールを投げ入れると、水がそのボールの動きを遅くする。このように、高い誘電率を持つ物質は電場の動きを強く阻害する。

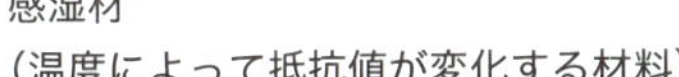

抵抗式湿度センサーの内部構造とイメージ図

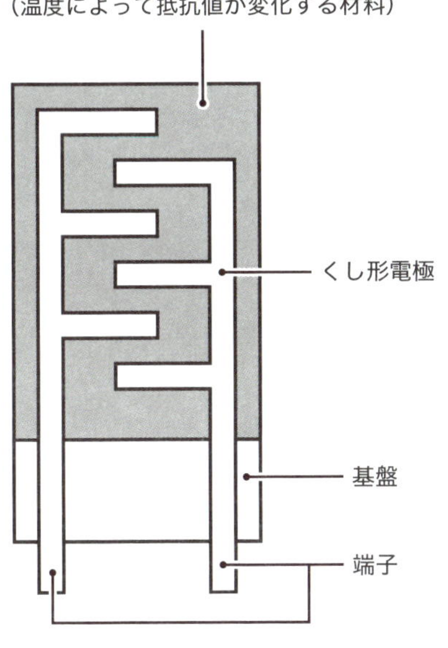

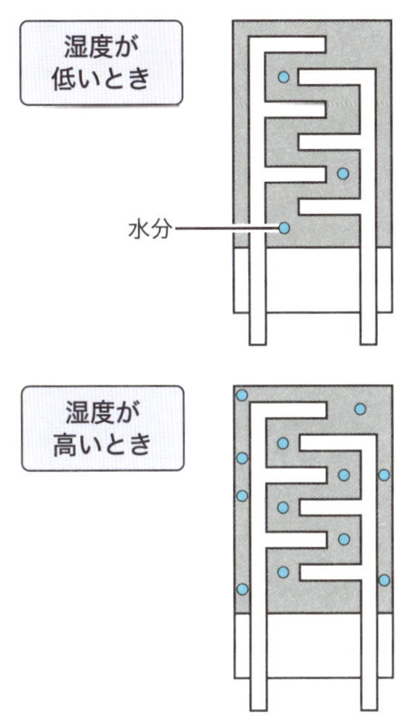

容量式湿度センサーの内部構造とイメージ図

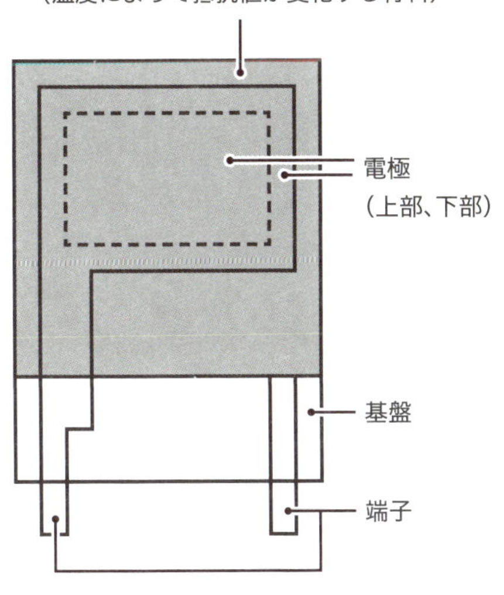

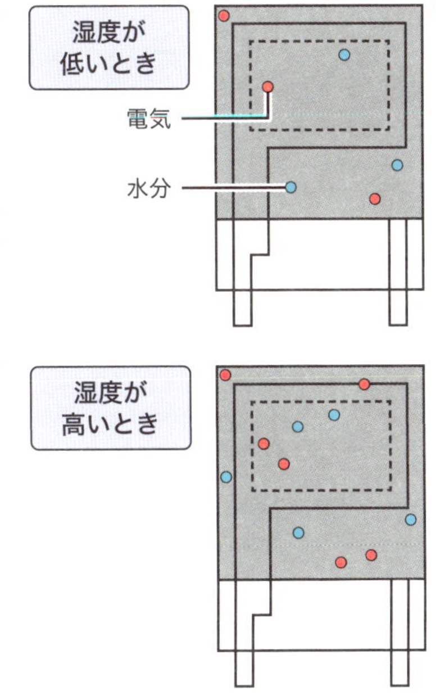

Chapter8
08

空気中の特定のガス濃度を検出

半導体ガスセンサー

空気中のガスを検出する半導体ガスセンサーは、私たちの安全と健康を守る重要な役割を果たします。高感度かつ迅速な応答性により、ガス漏れ警報器や空気清浄機などの機器に利用されています。

空気中のガスを検出する半導体ガスセンサー

半導体ガスセンサーとは、空気中の特定のガスを検出するために広く使用されているデバイスです。

このタイプのセンサーは、無色無臭で毒性の高い一酸化炭素を検知したり、空気の汚れを検知するのに有効です。ガス漏れの警報器や空気清浄機など、私たちの身の回りにある機器にガスセンサーが組み込まれています。

一般的に半導体ガスセンサーは、酸化すずや酸化亜鉛のような金属酸化物の薄膜で構成されており、正確にガスを検出するために加熱して使用することがほとんどです。

金属酸化物
金属と酸素が化学的に結合してできる化合物。高い融点を持つものが多い。

センサー内部に内蔵されているヒーターによってセンサー本体を加熱し、ガス分子が金属酸化物の薄膜の表面に吸着して化学反応を促す環境を作り出します。

金属酸化物は、特定のガスと反応することによって、電気抵抗が変化する性質を持っています。たとえば、還元性ガス（アンモニアや一酸化炭素など）はセンサーの表面の電子を増加させ、酸化性ガス（オゾンなど）は減少させます。この抵抗値の変化を測定することで、特定のガスの濃度検出が可能となるのです。

高感度で迅速なガス検出が行える

半導体ガスセンサーは、コンパクトかつ安価でありながら、高感度で迅速な応答を示します。

これにより、リアルタイムでのガス検出が可能となり、即時の安全対策や環境監視が可能です。

また、これらのセンサーは半導体製造技術を用いて作られるため、大量生産が可能な点もメリットといえるでしょう。

半導体ガスセンサーの外部（例）

新コスモス電機製半導体センサー

ヒーターと電極を兼ねる2つの貴金属線コイルの間に金属酸化物（酸化すず）を焼結させたセンサー

出所：新コスモス電機株式会社ホームページ

半導体ガスセンサーの原理

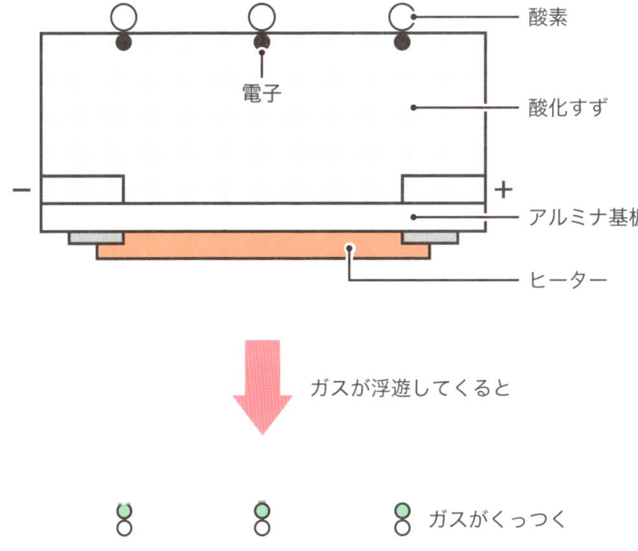

通常は空気中の酸素が金属酸化物（ここでは酸化すず）に吸着する。この段階では高抵抗の状態

ガスがくっつく

−

+

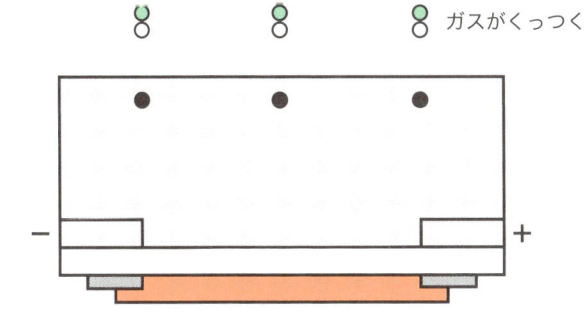

酸素はガスと反応して伝導電子は材料中に戻り、低抵抗の状態になる

COLUMN 8

魚の鮮度を判定するセンシング技術

魚の鮮度の判断は難しい

寿司や刺身などの日本食が世界中で認知され、人気を集めています。水産物の価値は鮮度によって大きく左右され、新鮮なものほど高価で取引されるものです。

日本では「目利き」が市場で重要な役割を担っており、経験と感覚をもとに魚の品質を判断しています。

ところが、「目利き」のいない海外市場においては、生食用と加熱用の水産物を区別することは困難であり、主に日系の店舗で取り扱っているのが現状です。

魚の品質を客観的に保証する方法として、魚の鮮度を示す「K値」とよばれる指標があります。これを測定するためには魚肉を採取した上で、化学測定を行う必要があり、専門的な技術と時間が必要な点が問題です。

電気抵抗の変化量を利用したセンシング技術

そこで、産業技術総合研究所（産総研）と北海道立工業技術センターの研究チームは、魚肉を採取することなく、ニオイだけで魚の鮮度を判定できる新しいセンシング技術を開発しました。

これには半導体式センサーが用いられており、ニオイ分子がセンサー表面で化学反応を起こし、その結果としてセンサーの電気抵抗が変化する性質を利用しています。

この抵抗変化量がセンサーの応答値となり、4つの鮮度状態（入荷直後、生食、加熱調理、腐敗）に分類するため、機械学習としてニューラルネットワークが用いられている点が特徴です。

この新技術により、魚の鮮度をかんたんかつ迅速に判定できるようになり、魚の品質管理と輸出がより効率的になることが期待されています。

第9章

主な半導体素材と半導体製品、メーカー

世界の半導体市場は増加傾向にあります。2023年の半導体企業の売上高ランキングでは、インテルが1位、エヌビディアが2位、サムスン電子が3位となっています。日本の半導体産業は、かつての重要な位置から競争にさらされていますが、自動車やIoT分野で独自の技術力を生かし、新たな市場を模索している状況です。

Chapter9
01

世界の半導体市場規模は増加傾向

半導体の世界売上ランキングと日本の現状

インテル、サムスン電子、エヌビディアは半導体業界をリードする企業です。それらの企業に対して、競争に直面する日本の企業は新たな市場を模索しています。

半導体業界の世界3トップ企業

半導体業界は、テクノロジーの進化とともに、世界経済の重要な柱の1つとなっています。2023年の世界売上ランキングでは、インテルが1位、エヌビディアが2位、サムスン電子が3位となっています。

1位のインテルは、長年にわたって半導体業界をリードしてきた企業です。マイクロプロセッサで広く知られており、パーソナルコンピューターやサーバー市場において圧倒的な地位を築いています。

2位のエヌビディアは、高性能なGPUの開発でよく知られるアメリカの企業です。ゲームやグラフィックスの分野にとどまらず、AIやディープラーニング、自動運転などの先端技術にもその技術が応用されています。

3位のサムスン電子は、韓国を拠点に多岐にわたる半導体や電子製品を手がけるグローバル企業です。とくに半導体メモリで強みを持ち、スマートフォンやタブレットなどのモバイルデバイス市場で大きなシェアを占めているのが特徴です。

ディープラーニング
AI（人工知能）の1つ。人間の脳の働きを模倣した「ニューラルネットワーク」と呼ばれるアルゴリズムを利用しており、大量のデータから複雑なパターンを学習する。

変化する世界市場と日本の半導体業界の位置付け

一方、日本の半導体産業は、かつては世界市場において重要な位置を占めていましたが、近年はこれらのグローバル企業との競争にさらされ、苦戦を強いられています。

日本企業は、独自の技術革新や市場ニーズへの対応を進め、自動車やIoT分野などで強みを発揮しています。グローバル市場でのシェア確保とともに、日本独自の技術力を生かした新たな市場を作り出すことが、今後の重要な課題といえるでしょう。

2023年の世界半導体企業売上高ランキング

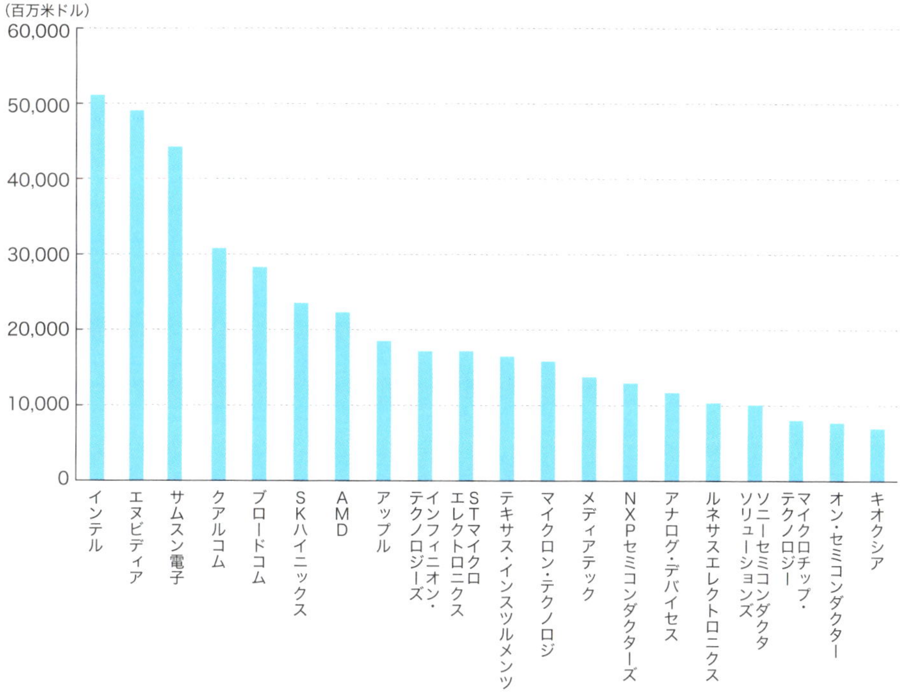

(百万米ドル)
60,000
50,000
40,000
30,000
20,000
10,000
0
インテル
エヌビディア
サムスン電子
クアルコム
ブロードコム
SKハイニックス
AMD
アップル
インフィニオン・テクノロジーズ
STマイクロエレクトロニクス
テキサス・インスツルメンツ
マイクロン・テクノロジ
メディアテック
NXPセミコンダクターズ
アナログ・デバイセス
ルネサスエレクトロニクス
ソニーセミコンダクタソリューションズ
マイクロチップ・テクノロジー
オン・セミコンダクター
キオクシア

出所：Omdia

国・地域別　半導体売上高シェア（2021年）

(%)
70
60
50
40
30
20
10
0
集積デバイスメーカー
ファブレスチップ企業※
市場全体のシェア
※半導体の設計に特化した企業
47
68
54
33
1
12
3
21
9
9
1
6
8
1
6
1
9
4
米国
韓国
台湾
欧州
日本
中国

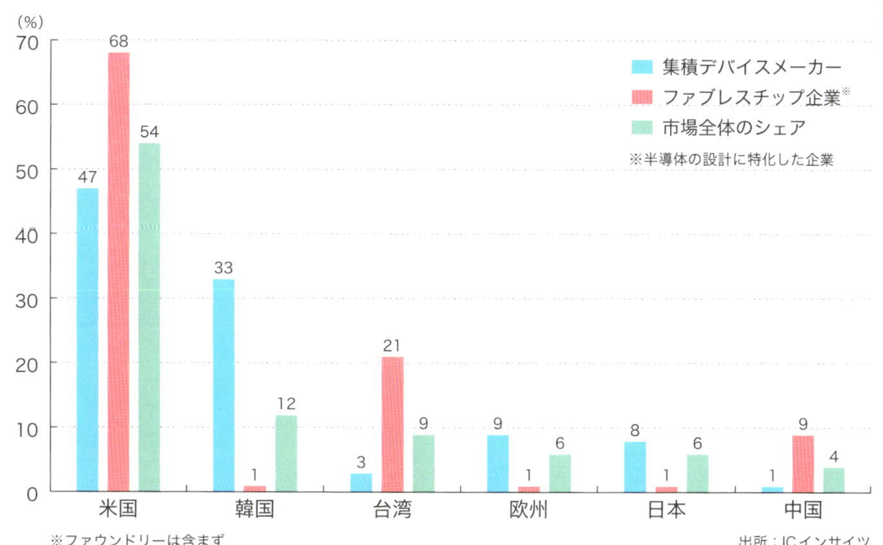

※ファウンドリーは含まず

出所：ICインサイツ

Chapter9
02

マイクロプロセッサで知られている

インテル

インテルは、世界初の商業用マイクロプロセッサを開発し、コンピューター産業の進展に貢献してきました。マイクロプロセッサ市場をリードするインテルは、「Core」と「Xeon」シリーズで広く知られています。

CPU市場でトップシェアを誇るインテル

インテル（Intel Corporation）は、CPUの分野でトップシェアを誇る半導体メーカーで、マイクロプロセッサなどで広く知られています。1968年にカリフォルニア州でゴードン・ムーアとロバート・ノイスによって設立されたインテルは、初期から技術革新の先駆者でした。

1971年には、世界初の商業用マイクロプロセッサ「4004」を発表し、以降コンピューター産業の進展に貢献してきました。

インテルの製品はPCやサーバー、データセンターといった幅広い分野で使用されており、とくにマイクロプロセッサの分野では長年にわたって市場をリードしてきました。

同社の「Core」シリーズや「Xeon」シリーズは、高い処理能力と省電力性で多くのユーザーから高い評価を受けています。

データセンター
通信やストレージシステムが集中して配置される場所。大規模なデータの保存や処理が行われる。

高性能マイクロプロセッサ「Core」シリーズ

インテルの「Core」シリーズは、個人向けコンピューターからビジネス用に至るまで、幅広い用途で利用される高性能マイクロプロセッサです。

このシリーズは、多様なモデルが展開されており、省エネルギー性と高い処理能力が特徴です。Core i3、i5、i7、およびi9といったようにカテゴリー分けがされており、モデルは特定の使用用途ごとに最適化がされています。

たとえば、i7とi9は高負荷のゲームや動画編集などの高いパフォーマンスが求められる作業に適しています。インテルはこれらのプロセッサを通じて、最新技術の統合と性能向上を目指しています。

PC向けiGPU（CPU内部にGPU機能を搭載）の市場シェア（2024年第1四半期）

● x86 CPU全体のシェア

	2023年第1四半期	2023年第4四半期	2024年第1四半期
インテル	85%	82%	82%
AMD	15%	18%	18%
iGPUの出荷台数	4300万台	6200万台	5600万台

出所：JPR（Jon Peddie Research）

iGPUのシェアはインテルが大半を占めていることがわかります

インテルの主力製品一覧

製品名	インテルCoreプロセッサ	インテルXeonプロセッサ
用途	PC用	高度なコンピューティングニーズ・サーバー向け
概要	複数のコアを持ち、マルチタスク処理や高度な計算処理に優れる	データ集約型のアプリケーションや大規模なデータベース管理に適している

製品名	インテルArc Bシリーズ
用途	グラフィックスボートなど
概要	本格的なゲーマーやプロのコンテンツクリエーター向けの製品

提供：Intel Corporation

DRAM、NANDフラッシュメモリなどを製造

Chapter9
03

サムスン電子

サムスン電子は、1938年創業のサムスングループの一環として1969年に設立され、DRAMとNANDフラッシュメモリの分野で世界をリードする韓国の半導体メーカーです。

DRAMとNANDで世界をリードするサムスン電子

サムスン電子は、韓国に本拠を置く世界をリードする半導体メーカーです。1938年に創業されたサムスングループの一部として、1969年にサムスン電子工業が設立されました。初期は主に電子機器の製造に注力していましたが、1980年代以降からは、半導体事業に本格参入し、急速にその地位を確立しました。

サムスン電子は、とくにDRAMとNAND型フラッシュメモリの分野で世界トップクラスの地位を築いています。これらのメモリ製品は、高速データ処理と大容量データストレージが要求されるデジタルデバイスに不可欠です。

サムスン電子のメモリ製品は、パソコンやサーバー、スマートフォンなど幅広いデバイスに採用されており、その技術力と生産能力は業界を牽引しています。

最先端のメモリ技術で3D NANDを開発

また、モバイルデバイス向けの半導体においても、先進的な技術が用いられています。

たとえば、2013年に発表した3D構造のNANDフラッシュは、メモリセルを垂直方向に積層することで、高密度のデータストレージが実現できます。現在、このNANDフラッシュは第8世代に進化し、積層数は238層になりました。また、IoTやAI技術の進展にともない、これらの分野に向けた半導体も開発しています。

さらに技術革新だけでなく、エネルギー効率の高い製品の開発やリサイクル可能な素材の利用に力を入れることで、持続可能な製造プロセスを目指しています。

AI
コンピュータやロボットに人間のように考えたり、学んだりする能力を持たせる技術。

2023年次世代DRAMの売上高

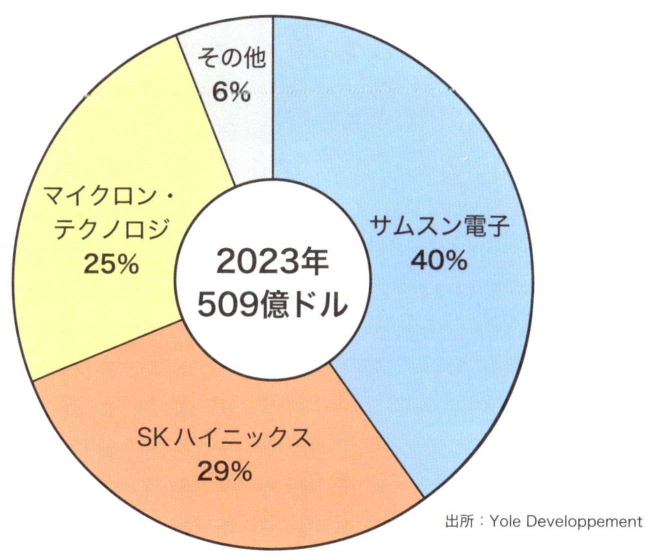

出所：Yole Developpement

サムスン電子のV-NANDと3D NANDの構造について

V-NAND

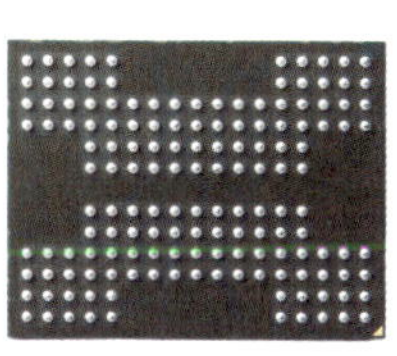

出所：サムスン電子ホームページ

3D NANDの構造

V-NANDは従来の平面型のNANDメモリとは異なり、セルが垂直方法に積層されています。これによりメモリの密度が大幅に向上します

Chapter9
04

GPU、人工知能(AI)、ディープラーニングの技術などに注力

エヌビディア

エヌビディアは、革新的なGPUとグラフィックスカードで知られています。AIやディープラーニング、自動運転の分野などにおいても技術革新を牽引しています。

グラフィックスカードとGPUで広く知られる

GPU
GPU(Graphics Processing Unit)は、画像処理を高速に行うためのハードウェア。高速で計算可能なことから、近年では機械学習やディープラーニングにも利用されている。

グラフィックスカード
コンピューター上で画像処理を行う拡張カード。このカードにはGPUが搭載されており、CPUに代わって画像の生成、表示を行う。

エヌビディア(NVIDIA Corporation)は、GPUの製造で知られるアメリカの半導体メーカーです。1993年に設立された同社は、コンピューターグラフィックス市場に革命をもたらし、現在ではAI、ディープラーニング、自動運転車の技術開発にも注力しています。

同社はグラフィックスカードとGPUの分野で業界を牽引する企業です。とくにゲーム用の高性能グラフィックスカードで広く知られています。代表的な製品として「GeForce」シリーズがあります。高度な画像処理能力を持っていることから、3Dグラフィックスの描写、ビデオ編集、コンピューターグラフィックスの作成など、多様な用途に活用されています。

AIとディープラーニングの分野に革新をもたらす

近年、エヌビディアはGPUの用途を画像処理からさらに拡大し、AIとディープラーニングの分野にも影響を及ぼしました。「Tesla」は、機械学習を含む大量のデータ処理を行うために利用されるGPUです。「Quadro」シリーズは、プロフェッショナル向けの3DCGやCAD制作に適しており、クリエイターの間で高く評価されています。

そのほか、「DRIVE」のような、センサーからリアルタイムで環境認識を行い、ドライバーの安全をサポートする自動運転車向けハードウェアも存在します。

このように、エヌビディアの技術は、ゲームからプロ向けのビジュアルコンテンツ制作、AIの研究、自動運転技術に至るまで、多岐にわたる分野で活用されています。

PC向けGPUの市場シェア

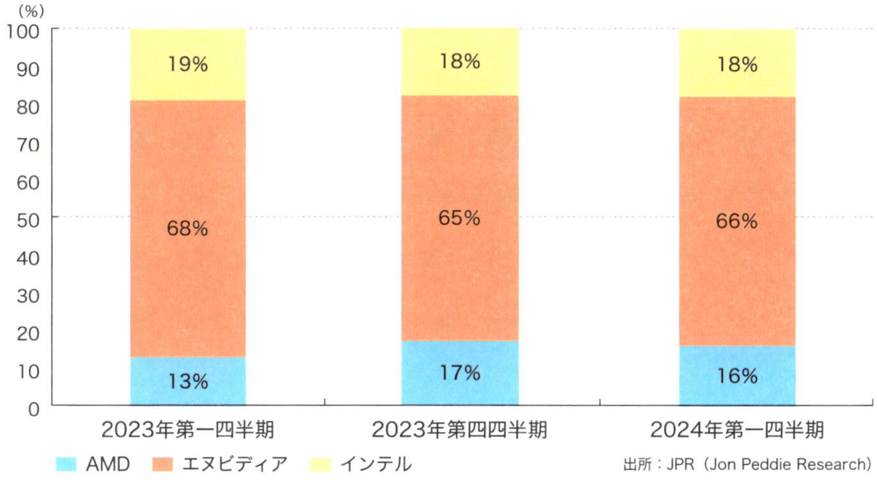

出所：JPR（Jon Peddie Research）

エヌビディアの主力製品一覧

製品名	GeForceシリーズ	Teslaシリーズ
用途	ゲーム、コンテンツ製作、ライブ配信	データセンターと高性能コンピューティング向け
概要	リアルタイムトレーシングとAI駆動のグラフィック機能	通常のグラフィックカードより多くの計算を同時に処理可能
	※画像はGeForce RTX 40シリーズ	※画像はTesla V100 SXM2

製品名	Quadroシリーズ	NVIDIA Drive Orin SoC
用途	CAD、3Dグラフィックス、ビデオ編集など	自動運転車両向け
概要	プロフェッショナルなグラフィック作業に最適化。専門ソフト（AutoCAD、SolidWorksなど）との高い互換性あり	毎秒1兆回以上の計算が可能。さまざまなレベルの自動運転車の開発に対応可能
	※画像はQuadro GP100	※画像はDRIVE Thor SoC

出所：エヌビディアホームページ

通信機器に使用される半導体が中心

ブロードコム

ブロードコムは創設以来、ネットワークから無線通信までの半導体技術で通信業界をリードしてきました。通信機器やワイヤレス通信機能をサポートする半導体を製造しており、高速通信の進展を支えています。

ネットワークから無線通信への技術革新

ブロードコムは、通信機器用を中心とした半導体を製造する企業です。同社は1991年にアメリカ合衆国で設立されて以来、通信技術の進化を牽引してきました。

ブロードコムの創立当初は、ネットワークの分野に注力していましたが、その後、無線通信やブロードバンドといった、先進的な技術も開発するようになりました。

ブロードバンド
インターネット接続方法の1つで、高速かつ大容量のデータ伝送が可能。

近年、積極的な研究開発と戦略的な買収によって、会社の成長は加速しました。近年、通信ネットワークの拡大やスマートフォンの普及にともない、ブロードコムの技術がますます重要になってきています。

ブロードコムは、データセンターや通信インフラ、無線デバイスに向けた半導体を提供しており、さまざまな分野において業界をリードしています。

高速通信を支えるブロードコムの主力製品

ブロードコムでは、通信機器やネットワーキングハードウェア向けのチップセットのほか、ワイヤレス通信機能をサポートするチップを取り扱っています。

これらの製品は、高速で信頼性の高い通信を可能にし、スマートフォンやルーター、データセンターのサーバーなど、現代のデジタルデバイスの中心部分に組み込まれています。

ルーター
異なるネットワーク間でデータパケットを転送するために中継を行うデバイス。

また、5Gの展開にも積極的に関与しており、高速なデータ通信やIoT技術の進展を支えています。ブロードコムの特徴として、先進的な技術と幅広い製品ラインナップを取り扱っており、さまざまな産業において重要な役割を担っています。

ブロードコムの製品別売上

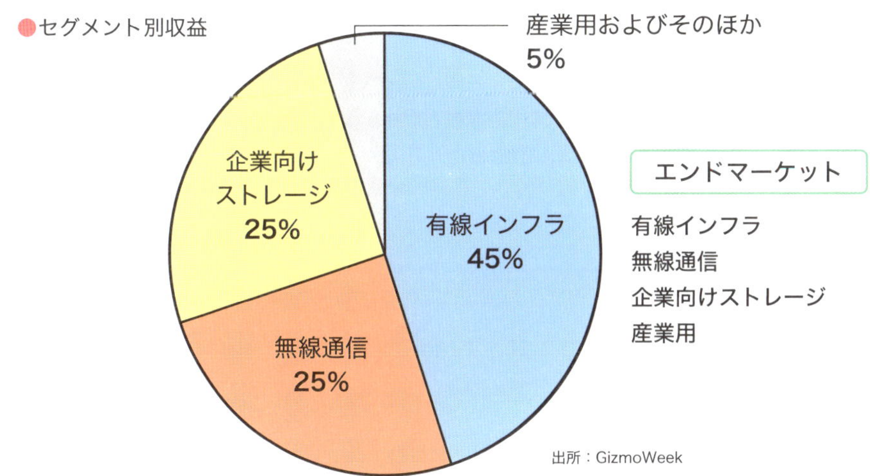

出所：GizmoWeek

ブロードコムの主力製品一覧

製品名	BCM78900シリーズ	BCM4390
用途	データセンターや高性能コンピューティング環境など	低消費電力モバイル機器、タブレット
概要	ネットワークスイッチングデバイスの一種で、とくに高密度かつ高帯域幅での通信が可能	Wi-Fi7とBluetooth5.4の機能が1つに。モバイル端末が高速なインターネット接続と効率的なBluetooth通信を同時に行える

製品名	エンコーダー	デジタルフォトカプラ
用途	産業用から設計用まで	産業用
概要	物理的な情報をデジタル信号に変換する。光学式から磁気式まで幅広いエンコーダーを取り扱う	電気信号から光信号に変換する。異なる電気回路間の信号伝達を行う

出所：ブロードコムホームページ

Chapter9
06

モバイル通信用半導体、ワイヤレス通信技術に強い

クアルコム

クアルコムは、モバイル通信とワイヤレス技術で世界をリードする米国の半導体企業です。Snapdragon 8 Gen 3のようなAI技術の統合にも注力しています。

モバイル通信技術で世界をリードするクアルコム

クアルコムは、モバイル通信とワイヤレス技術の分野で世界をリードするアメリカの半導体企業です。1985年に設立後、CDMA（符号分割多元接続）と呼ばれる技術の開発を通じて通信業界に大きな影響を与えました。

その後も革新を続け、Snapdragonプロセッサシリーズをはじめとする、高性能モバイルチップセットを生み出し続けています。これらのチップセットによって、高速データ通信や進化したグラフィック処理、効率的なエネルギー消費を実現しています。

CDMA（符号分割多元接続）
無線通信技術の1つで、主に携帯電話などの通信システムで使用されている。同じ周波数帯で2つ以上の複数通信ができる。

5G通信技術とAI技術に注力

クアルコムは5G通信技術の推進に積極的に取り組んでおり、5G対応モデムやプロセッサの開発にも注力しています。スマートフォンからウェアラブル、自動車、IoTデバイスに至るまで、幅広い製品にその技術が利用されています。

さらに、近年ではAI技術の統合にも力を入れており、2023年10月にはスマートフォン向けの最新チップセット「Snapdragon 8 Gen 3」を発表しました。

このチップセットには、数多くのAI機能が組み込まれており、とくに生成AIへの対応を強化しているのが特徴です。

5G
第5世代移動通信システムと呼ばれ、モバイル通信技術の最新世代。4Gよりも通信速度が大幅に向上し、低遅延なのが特徴。

IoT分野においても、家庭用電化製品やセキュリティシステム、産業用機器など、多様な用途に向けてチップセットを提供しています。これらの製品によって、デバイスのスマート化が促進され、私たちの生活がより便利でつながりやすいものになっています。

2023年第3四半期スマートフォンチップのシェア

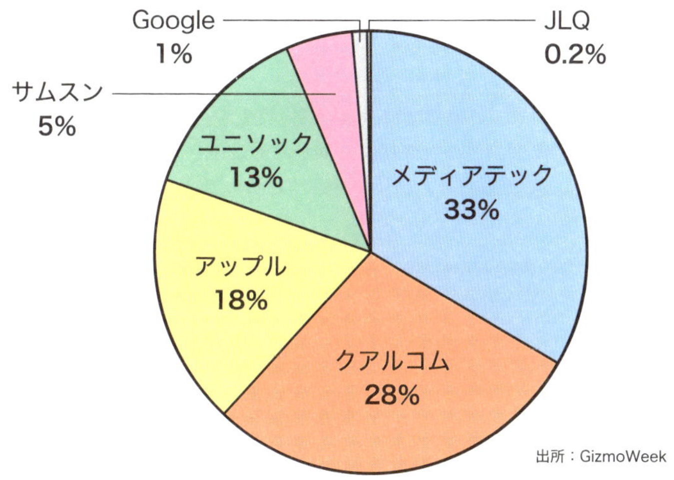

出所：GizmoWeek

クアルコムの主力製品一覧

製品名	QCC5100シリーズ	Snapdragon8Gen3
	QCC5100	Snapdragon 8 Gen 3
用途	ワイヤレスイヤホンやスピーカーなどのオーディオデバイス用チップセット	スマートフォンやほかの高性能モバイルデバイス向け
概要	クリアで高品質なオーディオ再生を実現	最新のCPUやGPUの採用により、高い処理能力を実現。生成AIにも対応

※画像はQCC5100シリーズ　※画像はSnapdragon8Gen3

出所：クアルコムホームページ

クアルコムはCDMAという通信技術を実用化したことで売上を伸ばし、現在ではスマホ関連の半導体市場で高いシェアを持っています。ファブレスメーカーであるため、製造は他社に委託をしています

Chapter9 07

自動車用MCUやアナログICなどを中心に生産

ルネサスエレクトロニクス

ルネサスエレクトロニクスは車載用MCUとSoCで広く知られ、自動車から家電までの幅広い分野で半導体技術を革新しています。三菱電機と日立製作所、NECから分社化した企業が経営統合し、2010年に設立されました。

車載用MCUとSoCで広く知られる

ルネサスエレクトロニクスは、日本を代表する半導体メーカーの1つで、2010年のNECエレクトロニクスとルネサステクノロジが合併して設立されました。

同社は、車載用MCU（マイクロコントローラ）やSoC（システムオンチップ）などで広く知られており、主力製品である車載用MCUは、車載電子システムの中核を担う重要な部品です。ルネサスのRH850ファミリーは、自動車向けの高性能MCUで、リアルタイム制御や高度な安全機能に対応しています。これらは車両のエンジン制御やボディコントロール、安全システムなどに広く使用されます。

さらに、インフォテインメントシステムやADAS（先進運転支援システム）向けのR-Carファミリーでは高い処理能力と低消費電力でスマートな運転体験を提供します。

近年では、自動運転技術やEV（電気自動車）に関連する製品にも注力しており、これらの分野での技術革新を推進しているのも特徴です。

MCU（マイクロコントローラ）
メモリや入出力ポートなどの機能を1つのチップに統合した小さなコンピュータ。

SoC（システムオンチップ）
コンピュータやほかの電子機器の主要な機能を1つのチップ上に集約したもの。複雑な処理と、多機能を1つのチップでこなすため、高性能デバイス向けといえる。

幅広い用途をカバーするルネサスの半導体

そのほか、ルネサスではアナログおよびパワーデバイスなど多岐にわたる半導体製品を開発しています。アナログICは、センサーからの信号を処理したり、電力管理を行ったりするなど、機能はさまざまです。自動車のみならず、産業機器や家電などの幅広い製品に利用されています。

このように、ルネサスでは、自動車産業をはじめとする多様な分野において、高品質な半導体製品の開発を行っています。

自動車用MCU（マイコン）の世界市場シェア（2022年）

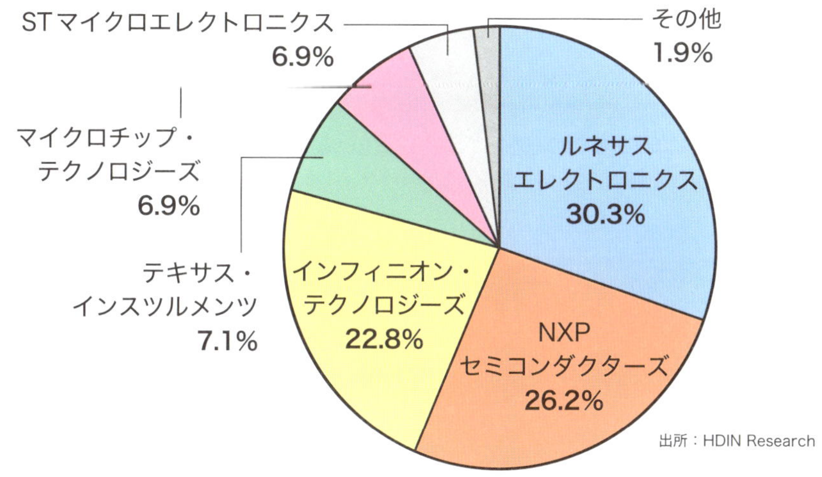

出所：HDIN Research

ルネサスエレクトロニクスの主力製品一覧

製品名	RH850ファミリー	R-Carファミリー
用途	自動車向けマイコン	自動車のインフォテインメントシステムやADAS向けのSoC
概要	リアルタイム制御や高度な安全機能をサポート	低消費電力かつ高い処理能力を持つ。車両内の多様な機能をサポート
	※画像はRH850／U2B	※画像はR-Car V4H

製品名	RXファミリー	RL78ファミリー
用途	一般消費者向け製品から産業機器まで	一般消費者向け製品から産業機器まで
概要	高性能な32ビットマイコン。高い処理能力と省エネルギー性能を備える	16ビットマイコン（一部8ビット）。低消費電力と高機能性を兼ね備え、幅広い分野で用いられる
	※画像はRX72N、RX66N	※画像はRL78／G24

提供：ルネサスエレクトロニクス

Chapter9 08

イメージセンサーなどの半導体製品で高い評価を受ける

ソニー

ソニーは電気機器だけでなく、半導体も市場で高い評価を受けている企業です。イメージセンサーに使用されているBSI技術は、とくに革新的な技術として評価されています。

変革を続けるソニーの歴史と製品

ソニーは1946年に盛田昭夫と井深大によって設立された日本の企業です（当初は「東京通信工業株式会社」という名前）。トランジスタラジオやテレビの製造から始まり、のちにウォークマンやプレイステーションなどを世に送り出しました。

また、電気機器だけでなく、同社の半導体部門は、技術革新と高品質な製品で世界市場において高い評価を受けています。

明るさとクリアさを追求したソニーのBSI技術

とくに、ソニーのイメージセンサーは、高い性能と革新的な技術で注目を集めています。同社のBSI（Back Side Illumination）技術は高い光感度を持ち、暗い環境でもより明るくクリアな画像生成が可能です。これは、従来のFSI（Front Side Illumination）技術と比較して、より多くの光をとらえられるようになったためです。

このBSI技術は、スマートフォンやデジタルカメラ、監視カメラなどの製品に採用されており、高解像度と低ノイズの特性を持つCMOSセンサーの開発において、業界をリードしています。

そのほか、AI機能を搭載したセンサーの開発など、新しい技術の統合にも積極的です。

BSI（背面照射型センサー）
センサーの背面（裏側）から光を受け取る。より多くの光を捉えられるため、画質の向上とノイズの低減が期待できる。

FSI（表面照射型センサー）
センサーの表面（表側）から光を受け取る。BSI技術に比べて低照度での性能が劣る可能性がある。

ソニーの半導体事業は、ハードウェアの提供だけでなく、画像処理技術やソフトウェアの開発にも力を入れています。さらに、半導体の研究開発において、環境への配慮も重視しており、省エネルギー製品の開発や製造過程での環境影響の最小化に努めています。

裏面照射型CMOSイメージセンサーの特徴

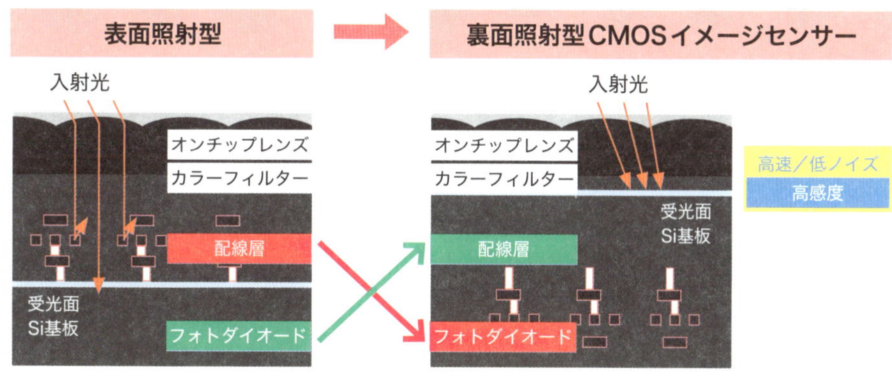

従来の表面照射型CMOSイメージセンサーと比較して、約2倍の感度と低ノイズを実現している。
シリコン基板の裏側から光を照射することで、配線やトランジスタの影響を受けることなく、単位画素に入る光の量を増大できる。
夜景などの暗い場所でも滑らかで高画質な映像の撮影が実現できる

CMOSイメージセンサー　市場シェア（2023年）

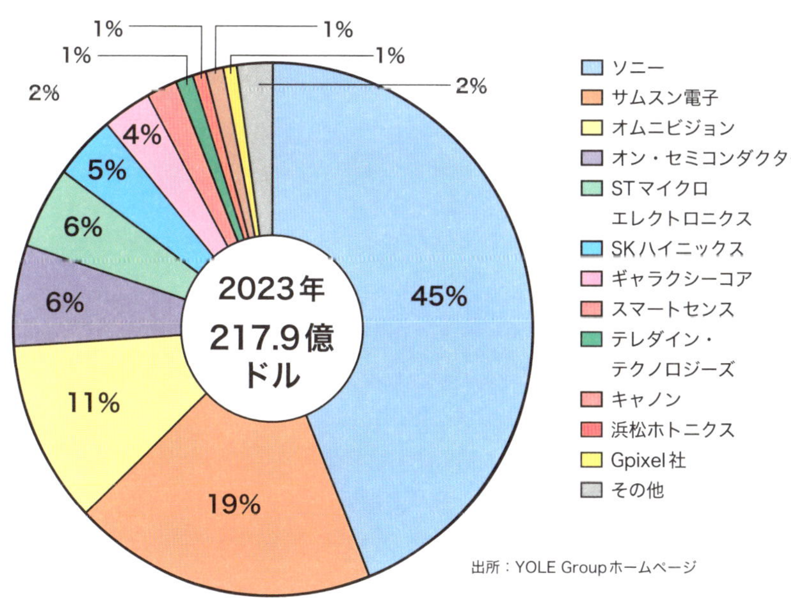

出所：YOLE Groupホームページ

Chapter9
09

フラッシュメモリとSSDで知られる

キオクシア

キオクシアは、世界初のNAND型フラッシュメモリを発明し、業界をリードしました。このほかにもSSD、先進技術「BiCS FLASH」によって情報保持から高速アクセス、大容量ストレージを提供しています。

世界初のNAND型フラッシュメモリを発明

キオクシアは、世界をリードする半導体メーカーの1つであり、とくにフラッシュメモリと**SSD（ソリッドステートドライブ）**の分野でその名を馳せています。

SSD（ソリッドステートドライブ）
フラッシュメモリなどの半導体を利用してデータを保存する記憶装置。

かつては、東芝のメモリ部門として知られていましたが、2018年に独立し、データ保存技術の革新に向けた取り組みを進めています。

キオクシアは、フラッシュメモリ市場における先駆者であり、1987年に世界初のNAND型フラッシュメモリを開発しました。これは不揮発性のメモリ技術で、電源が切れても情報の保持が可能であるため、スマートフォンやデジタルカメラ、USBメモリといったポータブルデバイスに広く活用されています。

また、キオクシアはSSDにおいても革新を続けており、高速データアクセスと大容量ストレージを実現する製品を提供しています。SSDは従来の**HDD（ハードディスクドライブ）**と比較して、高速かつ耐衝撃性に優れ、加えて消費電力が低いのが特徴です。この特性を活かし、PCやサーバー、データセンターといった分野で利用されています。

HDD（ハードディスクドライブ）
磁気を利用してデータを保存する記憶装置。

先進技術でデータストレージ業界をリード

キオクシアの強みは、先進的な半導体製造技術と、データストレージに関する幅広い知識と経験です。

同社は、3Dフラッシュメモリ技術「BiCS FLASH」をはじめ、次世代メモリ技術の開発においても業界をリードしています。この技術は、より多くのデータをより小さなチップ上に格納することができ、デバイスの小型化と大容量化を実現しています。

2023年第4四半期におけるNAND型フラッシュメモリのシェア

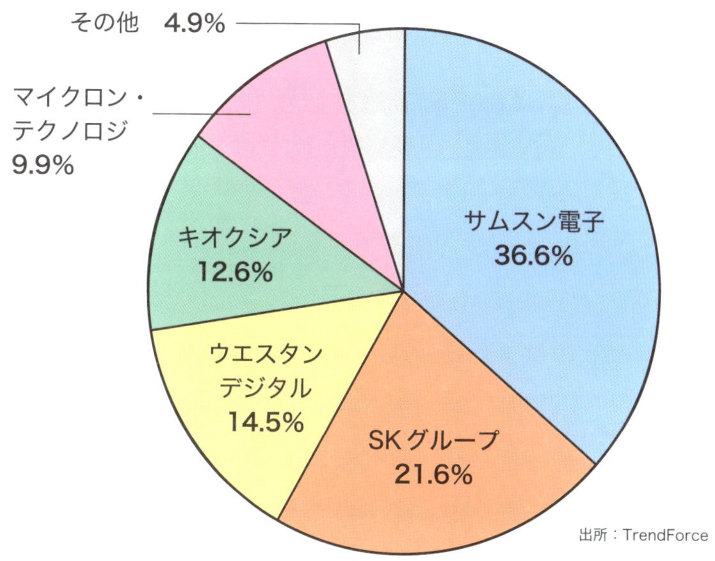

出所：TrendForce

キオクシアの3次元フラッシュメモリ技術「BiCS FLASH」

従来はデータを蓄えるメモリ素子を平面（2次元）上で並べていた。しかし、メモリ素子を微細化技術で小さくするには限界があり、記憶容量を増加することが困難になった。この問題を解決するため、メモリ素子を上にも積んだ3次元フラッシュメモリ技術「BiCS FLASH」を開発

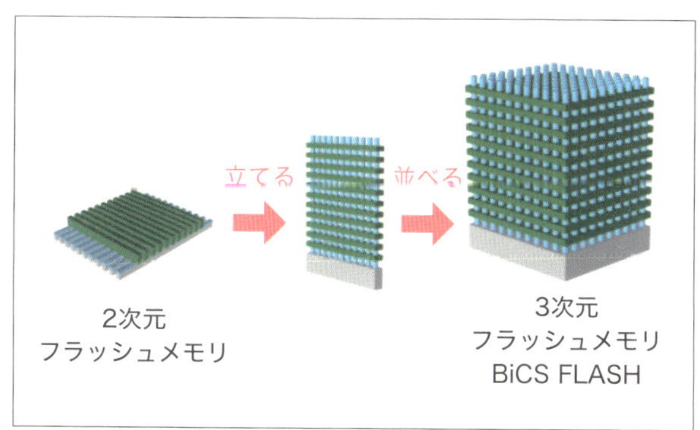

第8世代の3次元フラッシュメモリ「BiCS FLASH」

第9章 主な半導体素材と半導体製品、メーカー

COLUMN 9

車載対応の半導体

高温や低温、振動に強い設計が求められる車載対応の半導体

車載対応の半導体は、高温／低温耐性や耐振動、耐衝撃性など、過酷な環境条件下での使用が前提とされています。

自動車は、炎天下から極寒の地域まで、どのような気候条件の中で走行するかわかりません。そのため、－40℃から＋150℃といった極端な温度範囲であっても、安定して動作するように設計しなければいけません。

加えて、自動車は道路の凹凸や衝撃によって、常に振動に晒されている状況に置かれています。そのため、車載用半導体はこれらの物理的ストレスに耐えられるように設計されています。

これに対して、一般的な半導体はこのような過酷な条件を想定して作られていないため、車載用半導体とは異なる設計が求められるのです。

安全規格ISO 26262と長期信頼性

車載用半導体は、安全性を重視した設計が必要です。ISO26262と呼ばれる自動車業界の安全規格にもとづいて、万が一半導体が故障しても、車両の安全性が保たれるしくみが求められます。

さらに、自動車は長期間にわたって使用されるため、車載用半導体にも長期の信頼性が求められ、性能の劣化を最小限に抑えなければなりません。

車載対応の半導体と一般的な半導体の違いは、自動車が直面する厳しい環境条件と厳格な安全基準に由来します。

これらの特性により、車載対応の半導体は、自動車の安全性と信頼性を確保するための重要な役割を果たしています。

第10章

半導体のこれから

スマートフォンやIoTデバイス、自動車業界にて半導体の需要がさらに増加することが予想されます。技術革新と製造能力の拡大が求められ、5GやAI、量子コンピューティングなどの新しい技術が重要となるでしょう。それに加えて、サプライチェーンの強化、環境への配慮なども欠かせません。

「需要の拡大」と「供給体制のひっ迫」

Chapter10
01

半導体不足はなぜ起きたか

近年、世界的に半導体不足が深刻化しています。その背景には、自動車業界の電動化の進展や、新型コロナウイルスの影響によるデバイス需要の増加が挙げられます。

自動車業界の電動化

半導体は現代のテクノロジーを支えるための重要な要素であり、多くのデバイスやシステムに欠かせない存在です。

近年、この半導体の供給が追い付かない「半導体不足」と呼ばれる現象が世界中で発生しています。では、その背景には何があるのでしょうか。

1つ目の理由に、自動車業界における急速な電動化が挙げられます。EV（電動車）や**HEV（ハイブリッド車）**は、従来のエンジン車と比較して、センサーや高度な制御技術／通信技術などを数多く使用しています。

HEV（ハイブリッド車）
ガソリンエンジンと電気モーターを動力源として利用する自動車。

これらの技術を実現するためには、より多くの半導体が必要となり、結果として車載向けの半導体の需要が急激に増加し、供給が追い付かなくなっています。

需要の爆発的な増加と供給体制のひっ迫

2つ目の理由に、新型コロナウイルス感染症の蔓延の影響が考えられます。在宅ワークやオンライン教育のニーズが急増し、パソコンやタブレットといったデバイスの需要も飛躍的に増加しました。加えて、5G技術の普及やIoTデバイスの増加も新たな需要を押し上げています。

その一方で、半導体の製造には高度な技術が必要とされるため、生産ラインの迅速な拡張が難しいのが現状です。なぜなら、限られた地域やメーカーが生産の大部分を占めているためです。

さらに、天災や工場の火災、国際的な貿易摩擦などが原因で、半導体の生産や輸送が一時的に中断されるケースが増えました。これが世界的な供給の不均衡を生む原因となっているのです。

自動運転システムの世界市場規模予測

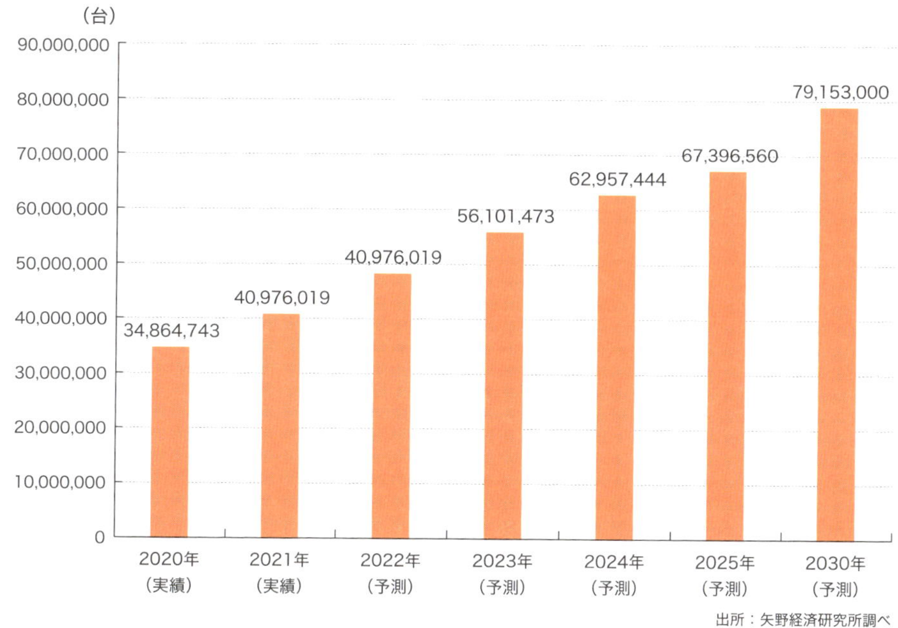

出所：矢野経済研究所調べ

新型コロナウイルスと半導体不足の関係

COVID-19のまん延で「新しい生活様式」へ

ただでさえ半導体が不足しているのに、追い打ちが

需要が爆発的に増える

COVID-19の感染状況によって集団感染などが発生。世界中で工場の閉鎖が相次ぎ、人手不足によって半導体の生産能力も低下。さらに船の遅延など輸送にも影響が出た

Chapter10 02

世界の半導体の出荷額は、2015年以降増加傾向

半導体の市場規模と成長見通し

半導体市場は、過去数10年で世界的に急成長を遂げ、2022年には12兆5,493億円に到達しました。2020年代後半には5Gから6G、先端AI技術の普及が市場の新たなトレンドとして注目されるでしょう。

半導体市場は世界的に増えつつある

半導体の世界市場規模は、2023年の6,252億米ドルから2032年には1兆3,077億米ドルに達すると予測されています。さらに2024年から2033年までの間に、年平均成長率8.8%で成長すると予想されています。

この急成長の背景には、スマートフォン市場の成長があります。さらに、IoTによって、家電製品から産業機器まで、多くのデバイスがインターネットに接続できるようになり、これらにはセンサーや通信チップなどの半導体が使用されています。

それ以外にも、ADAS（先進運転支援システム）や電動車の普及にともない、車載向けの半導体需要も増加しています。

国内の半導体市場（出荷額）は、2018年から減少していましたが、2022年には1兆145億円（前年比36.9%増）と増加に転じ、再び成長を示しています。

出荷額の多くは画像センサーが占めており、そのうち47.3%はソニーセミコンダクタソリューションズ（日本企業）がシェアを占めています。

ADAS
自動車の運転をサポートするシステムや技術。ドライバーの安全性を高めたり、負担を軽減するための機能がある。

電動車
電気をエネルギー源として動く車。ガソリンやディーゼル車とは異なり、電気モーターによって駆動する。

次世代通信技術とAI技術へのシフト

しかしその一方で、半導体市場の拡大にともない、競争も激化しています。新興国の台頭や技術開発競争の激化により、業界のリーダーシップを維持するための投資と努力が絶えず求められる状況となっています。

2020年代後半には、6G通信技術や先端AI技術の商用化が進むことで、これらの分野での半導体の使用が増加すると予測されています。

コンポーネント別半導体市場予測（2023年～2033年）

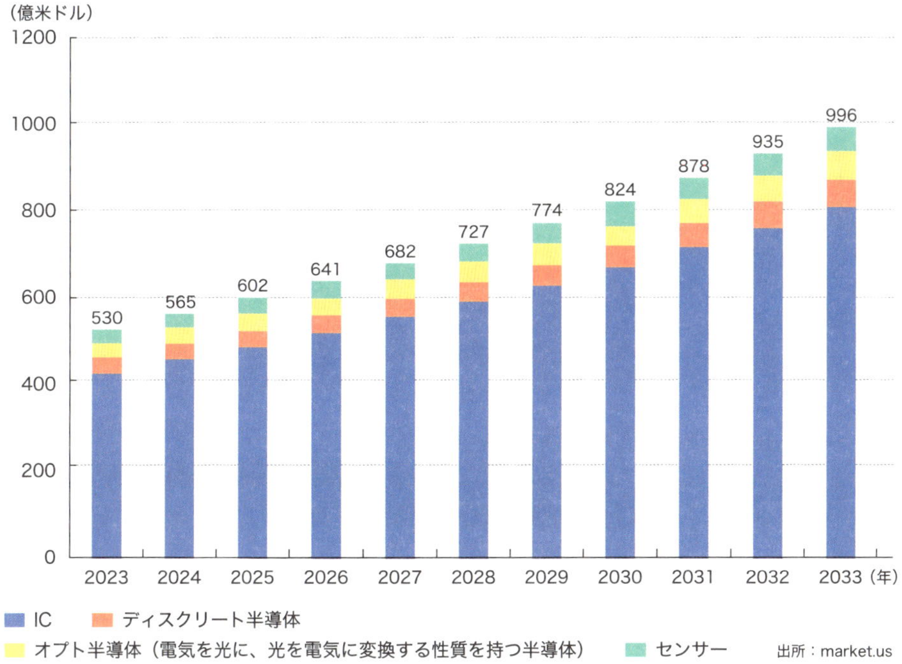

（億米ドル）

1200
1000
800
600
400
200
0

2023	2024	2025	2026	2027	2028	2029	2030	2031	2032	2033（年）
530	565	602	641	682	727	774	824	878	935	996

IC　ディスクリート半導体
オプト半導体（電気を光に、光を電気に変換する性質を持つ半導体）　センサー

出所：market.us

世界のCMOS画像センサー市場のシェア（2023年出荷額）

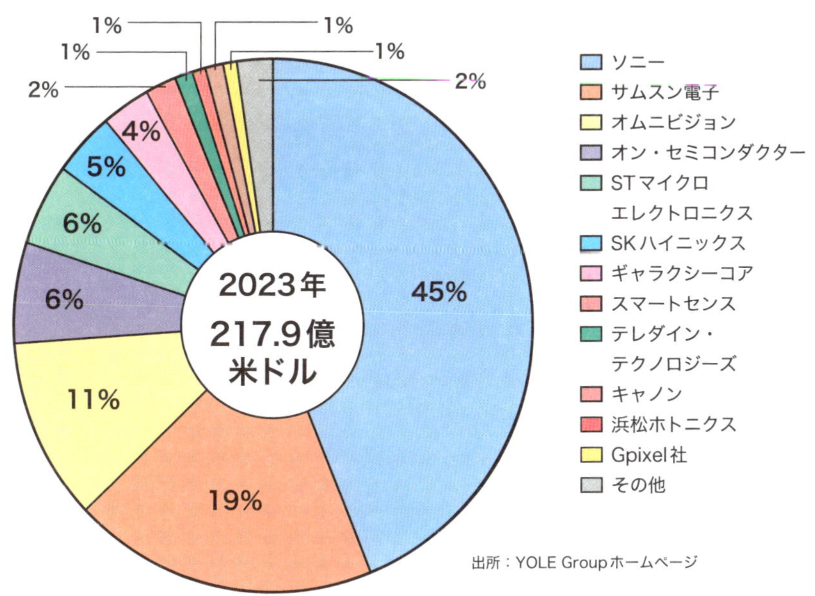

出所：YOLE Groupホームページ

Chapter10
03

「露光装置」など半導体製造装置23品目の輸出を規制

半導体製造装置の輸出規制

2023年7月、政府は露光装置をはじめとする23品目を輸出規制の対象にしました。この半導体の輸出規制は、産業界だけでなく、国際関係や技術開発の動向にも影響を及ぼすルールです。

露光装置を中心とした輸出規制の影響

半導体技術は、現代社会を支える基盤として不可欠なものです。スマートフォンや自動車、国防産業に至るまで、あらゆる分野において半導体の存在に依存しています。

このような背景の中、半導体に関する輸出規制は、国際的な政治や経済の状況に大きな影響を及ぼす可能性があります。

中でも注目を集めているのが、露光装置の輸出規制です。露光装置とは、微細な回路をシリコンウェハー上に転写する装置で、半導体製造の初期段階において重要な役割を果たします。

露光装置を所持している国や企業は、最先端の半導体を生産する能力を持ち、技術的な優位性を確立できます。

しかし、半導体製造装置の輸出規制対象となっているのは、露光装置だけではありません。全体で23品目が規制の対象となっており、それぞれが半導体製造の重要な工程で使用されるものばかりです。このような規制は、技術移転の防止や、国際的な戦略的優位の維持を目的として導入されます。

新規参入の障壁と技術的優位のバランス

これらの輸出規制が施行されると、特定の国や企業は半導体の製造技術の獲得が困難になります。結果として、技術的なハードルが高まり、新規参入の障壁となる可能性も考えられます。

その一方で、規制を行っている国や地域は、自らの技術的優位を維持できるというメリットがあります。半導体の輸出規制は産業界のみならず、国際関係や技術開発の動向にも影響を与える重要な政策となっているのです。

新たに輸出管理の対象となる品目の概要（例）

洗浄装置(3品目)	各製造工程の前処理として表面の不純物の除去を行うための装置
成膜(11品目)	プラズマを用いてウェハーを回転させ原子レベルで成膜する装置
	EUVマスク※1用の成膜を行う装置
	シリコンやシリコン化合物を規則正しく成長させ成膜する装置
熱処理(1品目)	熱処理によって薄膜内の隙間を除去する装置
露光(4品目)	EUV用に設計された塗布／現像装置
	EUVマスク用防護カバー製造装置
	ArF液浸露光装置※2
エッチング(3品目)	最先端の立体構造を実現するためのエッチング装置
検査(1品目)	EUVマスクの検査装置

※1 EUVリソグラフィにて使用されるフォトマスクの1つ。EUVリソグラフィとは極端紫外線（Extreme Ultraviolet）を用いて微妙なパターンを転写する技術

※2 ArFエキシマレーザーを光源とする液浸リソグラフィのこと。液浸とはレンズとウェハーの間に水を入れること

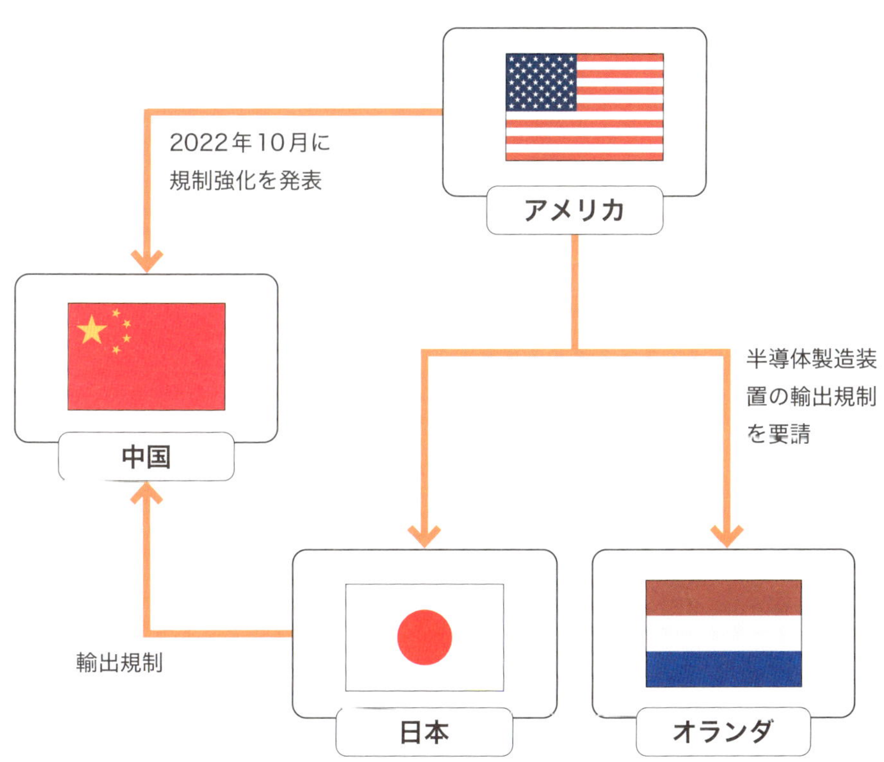

Chapter10
04

より高性能で低消費電力なデバイスが求められる

IoTとAIの技術進化で半導体が果たす役割

半導体技術は、急速に進展するIoTとAIシステムの核心として注目を集めています。デバイスのセキュリティ強化から、AIの高速計算に対応できるような半導体が求められています。

暗号化技術を組み込んだ半導体

近年、IoT（Internet of Things）とAI（人工知能）の技術が急速に発展しており、その中心に位置しているのが半導体技術です。では、IoTとAIの時代において半導体はどのような役割を果たすのでしょうか？

IoTデバイスが普及する一方で、データの盗難や改ざんといったセキュリティに関する問題が増加しています。そのような脅威から逃れるためには、デバイスの設計段階からセキュリティ対策を盛り込むことが重要です。

たとえば、暗号化技術を組み込んだ半導体を使うことで、暗号化データの保護を高速に行いつつ、物理的／論理的な攻撃からシステムを保護できます。

AIアルゴリズム向け半導体

AIアルゴリズムは大量のデータを高速に処理することを求められます。とくに、ディープラーニングのようなニューラルネットワークがベースの手法は、複雑かつ大量の計算を要します。これらの要求を満たすためには、高性能な半導体が必要不可欠であり、近年ではAI専用のチップが増加しています。

たとえば、GPUはもともとゲームや映像処理をするために利用されていましたが、大量の並列計算処理能力を生かしてディープラーニングのトレーニングにも利用されるようになりました。

また、GoogleのTensor Processing Unit（TPU）やNVIDIAのA100のようなAI特化型の半導体も市場に登場しています。

並列計算
複数の計算処理を同時に実行する計算手法。計算時間を大幅に短縮できる点がメリット。

IoT機器とセキュリティ対策の必要性について

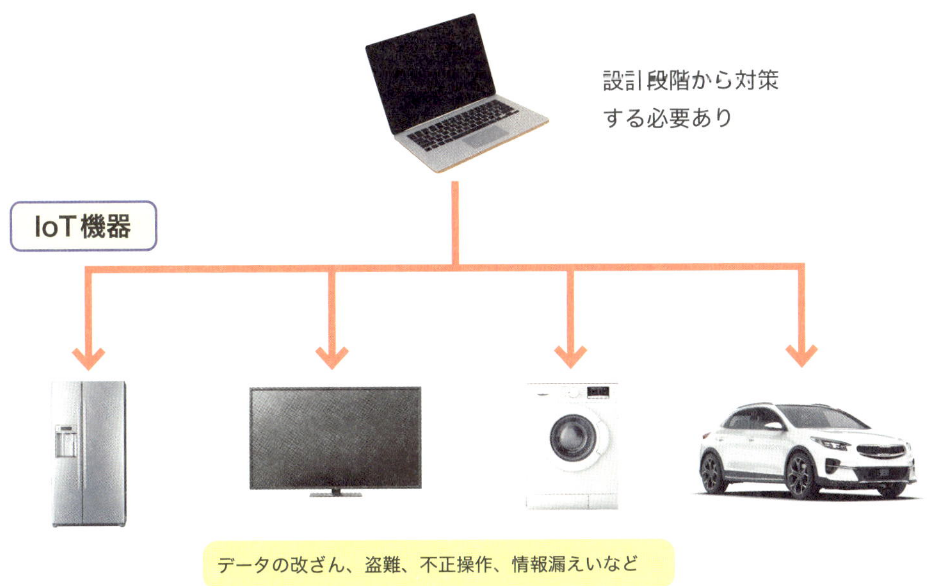

世界のAIチップ市場予想（2023年～2033年）

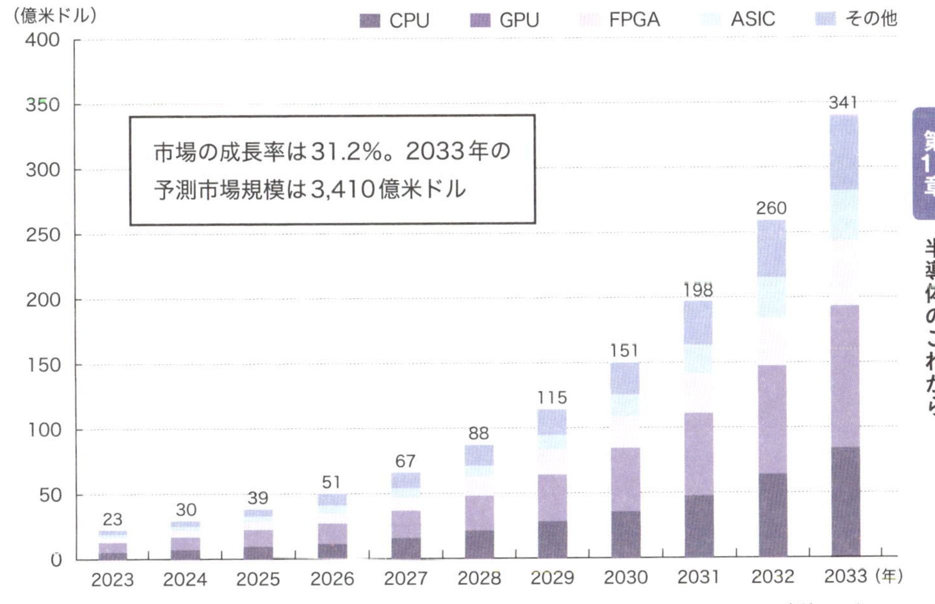

出所：market.us

第10章 半導体のこれから

Chapter10 05

半導体の微細化に向けてより高度な技術が必要

高密度集積回路の需要増加にともなう課題

半導体の需要が高まる一方で、チップの微細化や製造コストの増大といった課題が浮上しています。半導体業界は、これらの問題を解決するために新技術や材料研究に努めています。

デバイスの進化と半導体微細化の課題

近年、スマートフォンやAI、IoTデバイスの技術進化にともない、半導体の需要がより高まっています。

これらの高機能のデバイスを実現するためには、小さなチップ上に数多くの機能を搭載する微細化が必要ですが、これには大きな課題がともないます。

たとえば、トランジスタが小さくなるにつれて、リーク電流が増加する可能性があります。リーク電流とは、電子回路上で本来流れるべきでない場所や状態で流れる電流のことです。リーク電流の増加によって、デバイスの消費電力や発熱の問題が悪化するリスクがあります。

結果として、バッテリー駆動のデバイスの動作時間の短縮や、デバイスの信頼性低下にもつながりかねません。加えて、微細化が進行すると部品同士が近付くため、電気がほかの部分に影響を及ぼしやすくなり、信号の遅延が生じる可能性もあります。

半導体業界の進化と課題

さらに、製造コストの増大も無視できない問題です。高度な製造技術や新たな設備、とくに次世代のEUVリソグラフィの導入などには莫大な資金が必要となります。

このような課題に取り組むために、半導体業界では新しい材料の研究や3D集積技術、さらには新しいデバイス構造開発に日々努力を重ねています。

高密度集積回路の需要が増える現代において、社会全体の進歩を支えるためには半導体の技術進化が必要であり、それに見合うような高度な技術の開発が今後も続くでしょう。

EUVリソグラフィ
極端紫外線を用いて半導体チップに微細な回路を描写する先端技術。チップ上により多くのトランジスタを密集させることが可能。

ムーアの法則：マイクロプロセッサーあたりのトランジスタ数

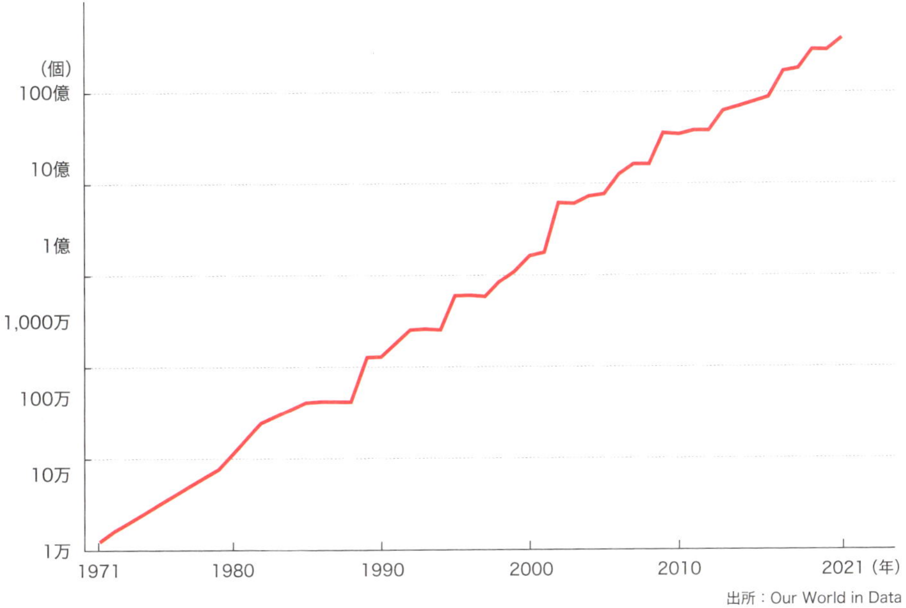

リーク電流と微細化の関係

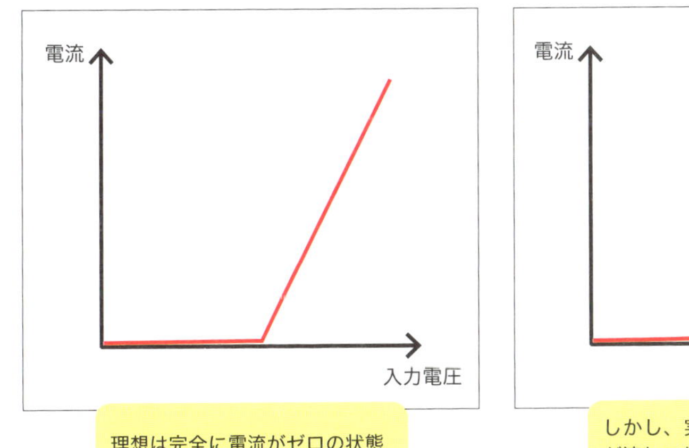

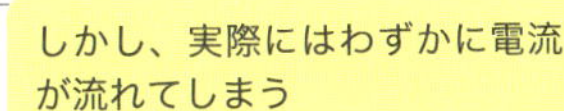

しかし、実際にはわずかに電流が流れてしまう

微細化が進むことで空乏層も狭くなる。すると、電子が空乏層を通過しやすくなり、リーク電流の発生が高まる

Chapter10
06

次世代メモリ市場は2031年に440億米ドル規模に達する予測

次世代メモリ技術の発展と今後の展望

半導体メモリ市場全体は成長を続けており、2033年には2025億米ドル規模に達すると予測されています。その中でも、次世代メモリ市場も拡大し続け、2031年には440億米ドルに達する見込みです。

高速大容量メモリ技術の拡大

スマートフォンやAI、自動運転車などの次世代デバイスを活用する上で、ビッグデータの迅速な処理と保管が求められています。

このようなデバイスは、高速かつ大容量のメモリが必要であるため、業界をリードする企業は次世代メモリ技術の開発に注力しています。とくにウェアラブルデバイスやスマートフォンなどの先端製品の発展が世界全体の市場の成長を後押ししています。

次世代メモリ「MRAM」の売上高予測とその影響

次世代メモリ技術は、特殊な材料や製造プロセスを使っており、これらを作るためには新しい設備が必要です。それらの設備を作る工場の設備投資も増え、結果として市場が大きくなります。

たとえば、MRAM（磁気抵抗メモリ）と呼ばれる新しいタイプのメモリは、2020年には製造装置の売上が1000万米ドルでした。それが、2031年には11億米ドルにまで増えるのではないかと予想されています。

これは、MRAMの需要が高まっていることを示しています。とくに、スタンドアロン型（単体で使用するタイプ）や**STT RAM**（スピン注入トルクランダムアクセスメモリ）の売り上げが、今後さらに伸びると見られています。

従来のMRAMは、磁場を使ってメモリセルの磁化状態を変更する必要がありました。STT RAMの場合、電流によって磁化の向きを変更するため、小さな電流で効率的にデータを書き換えることができ、デバイスのエネルギー効率が向上します。

STT RAM
MRAMの一種であり、スピン注入トルク現象を利用してデータを書き込むメモリ技術。高い書き換え耐性や省エネ性能が期待されており、次世代の非揮発性メモリとして注目されている。

2023年から2033年までの半導体メモリ市場規模

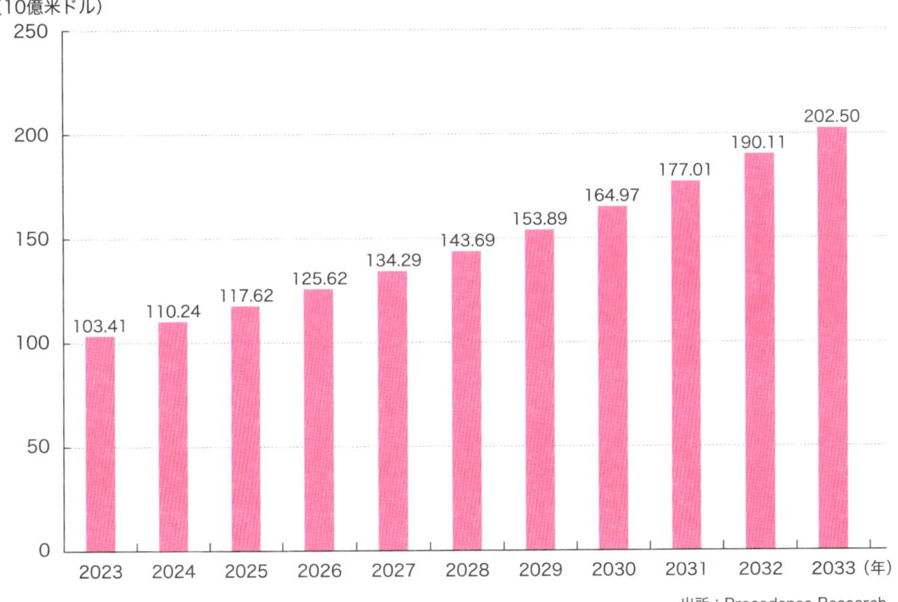

出所：Precedence Research

STT MRAMの製品

エバースピン・テクノロジー社
EMD4E001G

出所：エバースピン・テクノロジー社ホームページ

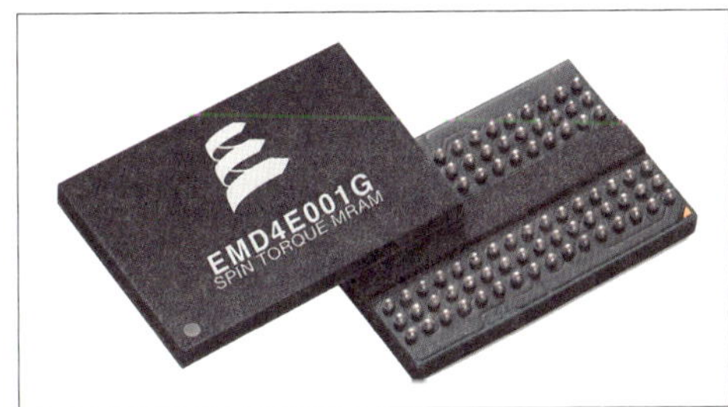

ネットソル・テクノロジーズ社
Serial STT-MRAM

出所：ネットソル・テクノロジーズ社ホームページ

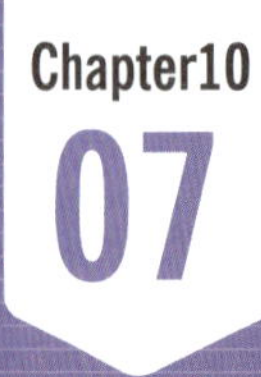

センサーの高性能化と搭載数増加

センサー技術の進化と拡大

センサー技術の進化は著しく、自動運転から健康管理、IoTの発展に貢献しています。この変革にともない、5GとAIの時代に新たな可能性を開く可能性があります。

日常を革新するセンサー技術とその進歩

センサー技術は、産業から消費者向け製品のいたるところで使用され、私たちの生活をより豊かで便利なものに変えています。

現代のセンサー技術は、精度の向上や小型化、省エネ、コスト削減が求められており、それに加えて搭載されるセンサーの数も増加傾向にあります。

自動車産業においては、自動運転の実現に向けて、安全性と信頼性を保証するためのセンサー技術が極めて重要です。これらのセンサーによって、車両の周囲環境を360度監視し、リアルタイムでデータを収集／分析することで、安全性の向上と効率的な運転を可能にします。さらに、技術の進歩とともに、センサーはより小型化、低コスト化、高性能化する傾向にあります。

また、健康管理の分野においては、ウェアラブルデバイスに内蔵のセンサーが心拍数や血圧、睡眠パターンなどを監視し、ユーザーの健康状態を常にチェックします。個人が健康状態を自己管理しやすくなるだけでなく、遠隔医療や予防医療の発展にも貢献しているのです。

5GとAIの時代におけるセンサー技術の変革

センサー技術の進化は、IoTの急速な発展にも寄与しています。センサーから得られた膨大なデータはクラウドに送信され、AIによってさらなるデータ解析と活用が可能となります。

さらに、5G通信の普及によって、高速で大容量のデータ転送が可能になります。より複雑なデータ分析がリアルタイムで行えるようになり、新たなサービスやビジネスモデルの創出を支援します。

センサーデバイスと関連製品の世界市場予測（概要）

	2023年見込	2022年比	2029年予想	2022年比
光／電磁波	8,216億円	104.6%	1兆8,067億円	2.3倍
音波／磁気	7,132億円	108.6%	8,399億円	127.9%
機械／物理	8,030億円	107.8%	1兆1,267億円	151.3%
環境	2兆9,186億円	111.9%	3兆9,521億円	151.6%
通信／その他デバイス	3兆3,674億円	115.3%	4兆4,605億円	152.7%
合計	8兆6,237億円	111.8%	12兆1,860億円	157.9%

富士キメラ総研

センサーデバイスと関連製品の世界市場予測

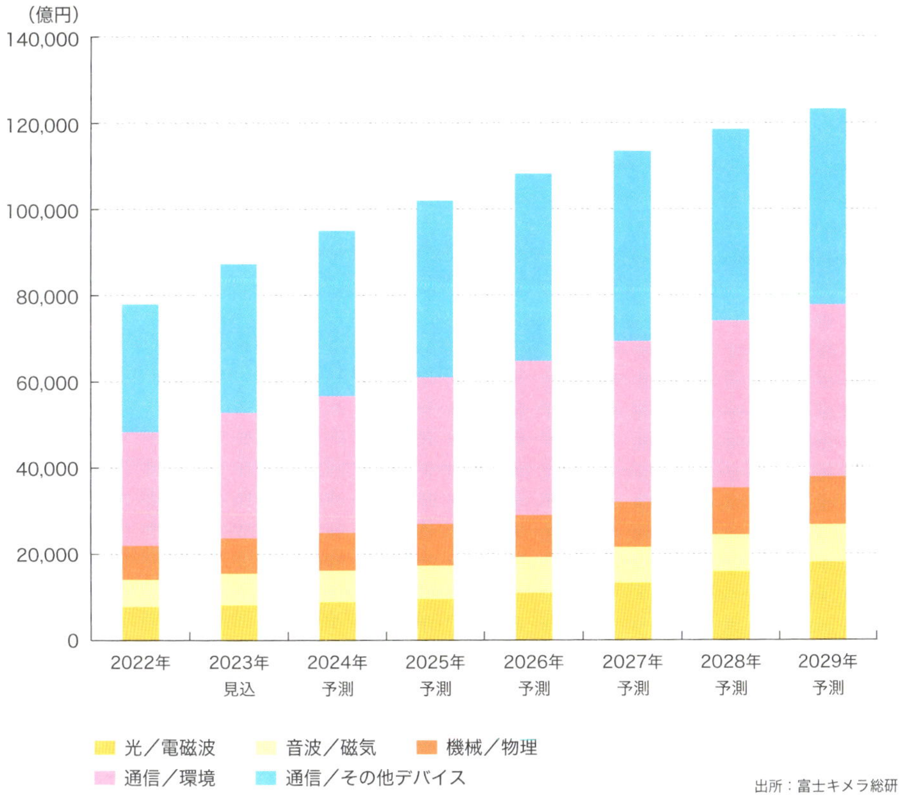

出所：富士キメラ総研

製造工程における環境負荷の低減

Chapter10
08

半導体業界における環境問題への取り組み

半導体業界では、有害物質の使用削減や廃棄物の削減、製造工程のエネルギー効率の向上といった環境対策が進められています。本節ではその環境対策の一部を紹介します。

鉛の使用量削減やリサイクルによる環境保護

半導体技術の進歩によって、市場が急速に拡大していますが、半導体を製造する過程では多くのエネルギーが必要です。さらに、有害な化学物質も使用するため、大きな環境負荷がかかるといった問題があります。

これらの問題に対処するために、半導体業界では環境に優しい取り組みや改善策を実施しています。

たとえば、多くの半導体メーカーでは、共晶ハンダから鉛フリーハンダへの切り替えを進めています。ハンダは、半導体チップをプリント基板に固定したり、電子部品間の電気的に接続するための重要な金属です。

しかし、ハンダに含まれる鉛は有害な化学物質であり、環境汚染や人体への健康被害が懸念されています。電子機器を廃棄することで鉛が流れ出し、広範囲にわたって土壌や水源を汚染する可能性があります。廃棄時の環境への影響を減らすために、半導体メーカーは製品のリサイクルを促進し、廃棄物管理を強化しています。

鉛
鉛には毒性があり、体内に取り込まれると貧血や中枢神経へ被害を及ぼす可能性がある。

製造効率化による半導体産業の環境改善

また、製造工程の効率化も環境負荷を低減する上で重要な項目といえるでしょう。先進的な製造技術を利用することで、原材料の使用量を減らし、生産過程での廃棄物を最小限に抑えられます。たとえば、EUVリソグラフィのような最新の微細加工技術を利用することで、チップ1つあたりの材料使用量を削減でき、環境への影響を減らせます。これらの取り組みによって、業界全体の持続可能性を高め、環境負荷の低減を目指しているのです。

共晶はんだと鉛フリーはんだの違い

	共晶ハンダ	鉛フリーハンダ
使用材料	鉛（Pb）と錫（Sn）の合金で構成。もっとも一般的な配合は錫63%と鉛37%	鉛を含まない材料から作られる。鉛の代わりに錫、銀、銅などの合金が使用される
融点	約183℃	通常は217℃以上
環境への影響	鉛を含むため、廃棄時に環境汚染のリスクがある	電子機器の廃棄時に汚染を減らせて、環境にやさしい
使用感	濡れ性がよく、信頼性の高い接合が実現できる	共晶ハンダと比べると濡れ性が劣る。接合部の信頼性に関しては、研究が進んでいる

半導体メーカーが鉛フリー化をするねらい

環境への影響

- 鉛による環境汚染
  鉛は有毒な重金属で、土壌や水源の汚染を引き起こす可能性がある
- 持続可能性
  環境に優しい製品を提供し、持続可能性戦略を図る

法規制への対応

- 国際法規制
  多くの国々では、電子機器に含まれる鉛の使用を制限する法律（RoHS指令など）が施行されている
- グローバル市場への製品展開
  法規制に準拠することは、グローバル市場での製品販売が可能

Chapter10
09

高機能化と高性能化によってより信頼性が求められる

半導体の信頼性

半導体の微細化が進む中でも、信頼性の確保は重要です。製造の精度向上、材料の選定、設計最適化、そして厳格なテストプロセスが、高機能デバイスの開発の鍵となります。

微細化時代における半導体の信頼性確保

半導体の信頼性には、さまざまな要因が関係しています。

要因の1つに製造プロセスの精度が挙げられます。半導体は年々微細化が進んでおり、わずかな不純物や製造誤差によって、製品の品質に大きな影響を及ぼす可能性があるためです。そのため、製造時の精密な管理と品質チェックは必要不可欠です。

また、半導体の性能や耐久性を維持するには、使用する材料の純度が高いだけでなく、安定した性質を持たなければなりません。新しい材料の開発も、性能向上や新機能の実現に寄与しています。

それに加えて、少ないエネルギーで高速処理を行うためには、デザインの最適化や緻密な設計が求められます。

とくに、IC（集積回路）においては、1つのチップ上に複数の機能を組み合わせるため、その設計の複雑さが信頼性に大きく影響します。

製造からテストまでの厳格なプロセス

最後にテストと評価です。製品を市場に投入する前には、広範囲にわたる厳しいテストを実施し、クリアしなければなりません。具体的には、温度や湿度、電圧などの条件下での長期間にわたる動作テストが行われ、製品の信頼性を保証します。

以上のように、半導体の信頼性を確保するためには、製造から設計、テストに至るまでのすべての工程での厳密な品質管理が要求されます。

半導体技術のさらなる進化によって、より複雑かつ高機能なデバイスの開発を可能にし、社会全体の発展に寄与するでしょう。

半導体の不良発生の要因

外的要因

極めて小さい不純物やほこり
温度や湿度のコントロール不足

エッチングの問題

エッチング工程における誤差や不均一性
（エッチングの深さなど）

フォトリソグラフィの誤差

マスクのパターンや露光の不正確さ

組み立てやパッケージング

チップの組み立てやパッケージングの工程で生じる物理的ストレス
接着不良

材料の品質

シリコンウェハーやほかの材料の品質不良
ウェハーに含まれる微小な欠陥や不純物

検査とテストの不足

品質を保証するためのテストが不十分

半導体のテストの例

分類	試験項目	試験条件	結果（故障数／試料数）
寿命試験	高温動作	Ta=125℃、Vcc=5.5V、t=1,000h	0/45
	高温放置	Ta=150℃、t=1,000h	0/22
	低温放置	Ta=-55℃、t=1,000h	0/22
	高温高湿放置	Ta=65℃、RH=95%、t=1,000h	0/77
	高温高湿バイアス	Ta=85℃、RH=85%、Vcc=5.0V、t=1,000h	0/22
環境試験	湿度サイクル	-55℃～150℃、200サイクル	0/45
	熱衝撃	0℃～150℃、15サイクル	0/22
	ハンダ付け性	230℃、5s、ロジン系フラックス	0/22
	ハンダ耐熱性	リフロー、260℃、10s	0/22
	PCT	Ta=121℃、RH=100%、t=100h	0/22
機械的試験	リード引張強度	2.5N、10s、1回	0/22

Chapter10

10

ムーアの法則に終わりはあるのか

微細化はどこまで続くのか

ムーアの法則にもとづく半導体の微細化は、長い間産業の成長を牽引してきました。近年、半導体業界では、物理的な制約や技術的な課題を解決するために新しいアプローチがされています。

トランジスタの微細化が直面する技術的な壁

ムーアの法則に従い、長年にわたって半導体の微細化が進展してきましたが、近年その限界が見え始めています。

ムーアの法則は、1965年にインテルの共同創設者ゴードン・ムーアによって提唱され、「半導体のトランジスタの数は約2年ごとに倍増する」と予測されていました。この予測は長い間、半導体産業の成長の目標となっていました。ところが、近年では技術的な障壁により、進展のペースが遅れているのが現状です。

まず、トランジスタがサイズダウンすることによって、**リーク電流**の発生が高まります。さらに、トランジスタのサイズが極小になることで、電子が予測不能な振る舞いを行う可能性があります。これが原因で、信号の伝達がしづらくなったり、デバイスの動作が不安定になったりすることが懸念されます。

リーク電流
電子回路や半導体デバイスにおいて、本来流れるはずのない経路を通じて流れる微小な電流。

さらに、リーク電流が増加することで、デバイスの消費電力と発熱量が増加し、効率や信頼性に悪影響を及ぼします。

ムーアの法則を超えるための新しい半導体技術

これらの課題に対処するため、半導体業界は新しいアプローチに目を向けています。3次元構造を採用したトランジスタの設計や、新材料の使用がその一例です。これらの技術は、ムーアの法則が直面している物理的な限界を突破し、半導体技術の進化を継続させる可能性を秘めています。

近年はより高性能化を目指す**モア・ムーア**、**モア・ザン・ムーア**といった技術も注目されています。また、従来とは異なる原理で計算を行う量子コンピューティングに対して、半導体技術による実装も期待され、研究が進められています。

モア・ムーア
既存のCMOS技術をさらに微細化し、高性能化を目指すアプローチ。

モア・ザン・ムーア
微細化だけでなく、MEMSや光学デバイスなど、半導体に新しい機能を組み込むことで付加価値を高める技術。

ムーアの法則と具体例について

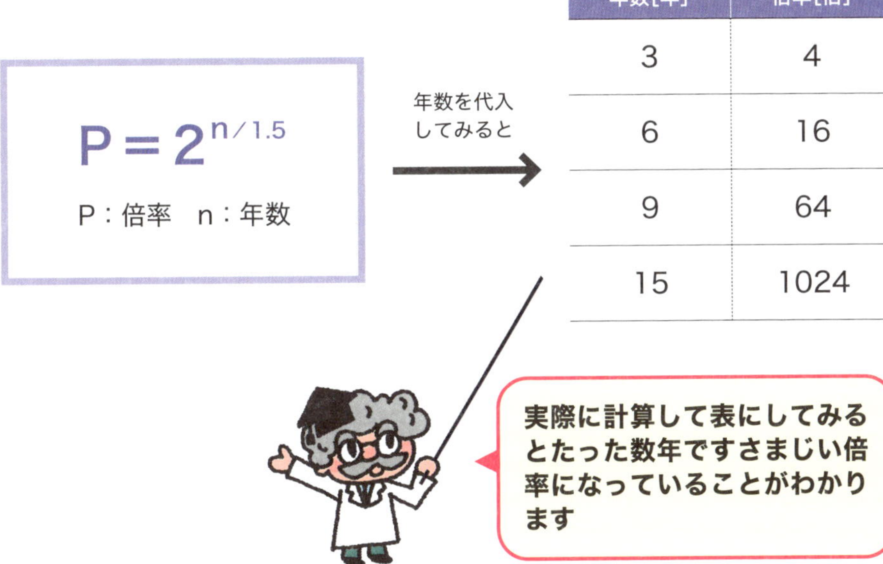

P = 2^n/1.5
P：倍率　n：年数
年数を代入
してみると
年数[年]
倍率[倍]
3
4
6
16
9
64
15
1024
実際に計算して表にしてみるとたった数年ですさまじい倍率になっていることがわかります

従来のトランジスタと3次元構造のトランジスタの違い

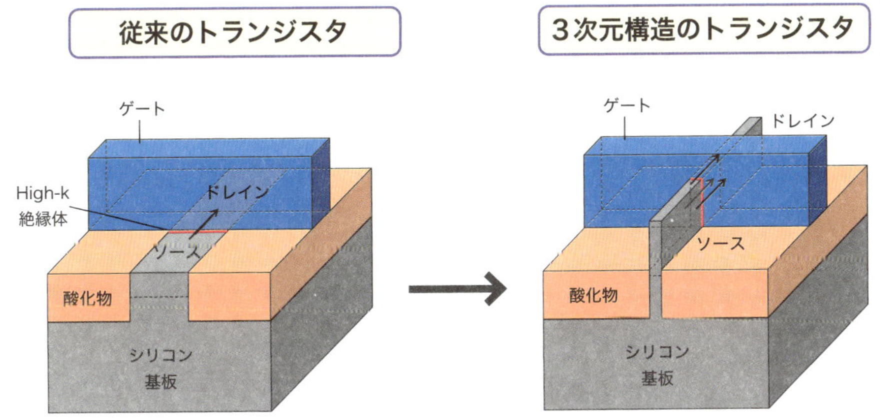

制御ゲートを立体にすることで発熱とリーク電流を抑制

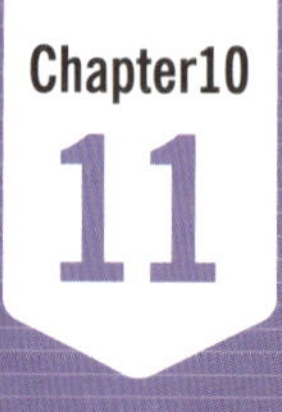

次世代の産業に欠かせない先端半導体の技術開発を加速

国内の半導体産業強化

1980年代、日本は半導体産業で世界をリードしていました。近年はIoTや電動化によって、半導体の需要が急増。政府と大手企業が連携し、6G、AI技術への対応と先端半導体技術の再獲得に臨んでいます。

かつて日本は半導体産業をリードしていた

1980年代、日本は半導体産業において世界をリードしていました。とくに、DRAM市場においては圧倒的なシェアを誇っていました。その背景として、高い水準の精密技術や量産技術、そして緻密な製造工程の管理が行われていたためです。

DRAM
コンピューターの主記憶装置として広く用いられるメモリ。小型のキャパシタに電荷として保存して情報を保持する。

しかし、技術と市場の急速な変化に対応できなかったことや、韓国や台湾の半導体メーカーの台頭により、日本のリードは次第に失われていきました。

スマートフォンやタブレットの普及によって、新しい時代の技術ニーズに応える力が求められる中、日本の半導体産業は再びその地位を取り戻すべく、変革のときを迎えています。

半導体需要の急増と日本の取り組み

近年、デジタル化の進展、IoT（Internet of Things）の拡大、自動車の電動化など、多岐にわたる分野にて、半導体の需要がより増加しています。国内外での競争が激化する中、国内の半導体産業の強化が課題となっています。

今後、先端半導体の開発において、次世代通信技術の5Gや6G、AI技術の進展に対応していかなければなりません。そのためには、半導体の小型化、性能向上、および低電力消費の技術向上が求められます。

このような要求に応えるためには、先端の製造技術だけでなく、新しい材料や設計手法の研究も必要不可欠です。

国内では、政府主導での研究開発プロジェクトの推進や、産学連携の強化が進められています。大手企業も研究開発への投資を増加させ、先端半導体技術の開発競争に挑んでいます。

日本の半導体産業の現状

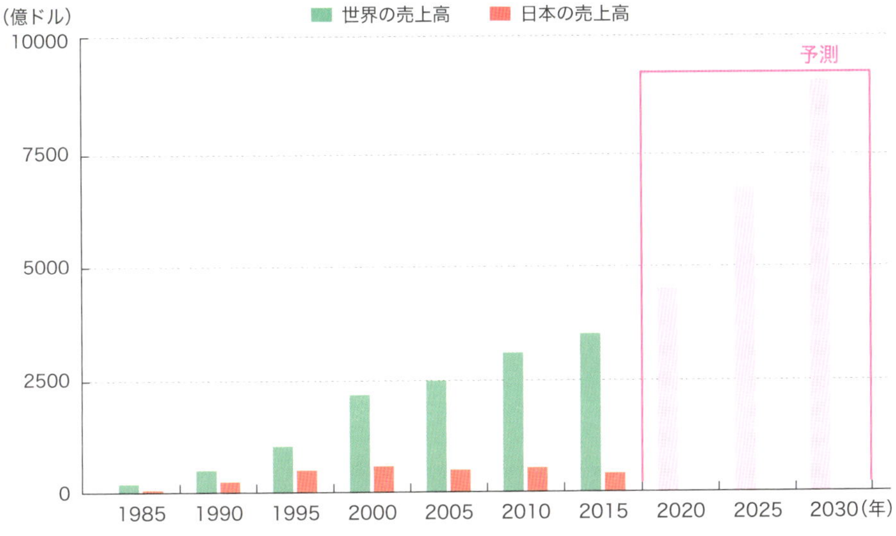

出所：2021年経済産業省半導体戦略（概略）より改変

国内産業基盤を高めるための対策

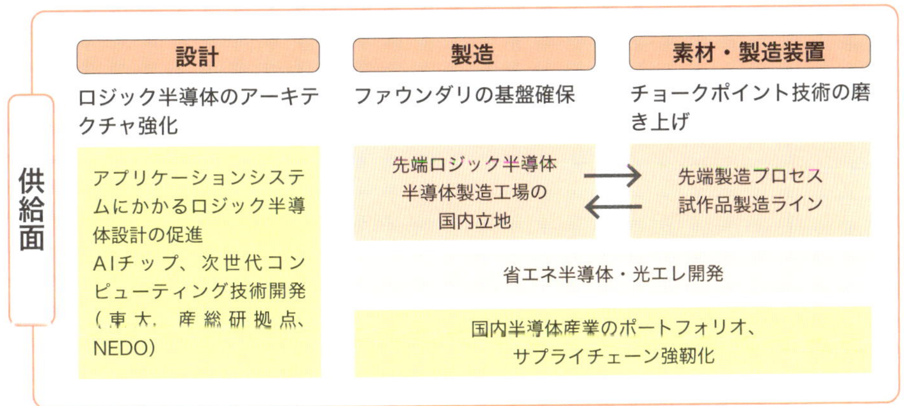

COLUMN 10

半導体のEOLがもたらす業界の変化

半導体製品の寿命と産業への影響

半導体におけるEOL（End of Life）とは、特定の半導体製品が製造または販売の寿命の終わりに達することです。その後のメーカー元によるアップデート、修理、部品の提供などのサポートが受けられなくなります。

EOLプロセスは、技術の進歩、新しい製品の登場、市場需要の変化などさまざまな要因によって引き起こされます。

特定の製品がEOLに達することによって、メーカーはその製品の修理、サポート、アップデートを提供する義務がなくなります。これによって、新しい製品や技術に割くリソースを増やすことが可能です。

半導体EOLと電子機器メーカーの対応

EOLは半導体メーカーにとって多くのメリットがあります。その一方で、EOL宣言を受けた半導体が既存製品に使用している場合、電子機器メーカーは代替となる部品を探さなければなりません。

代替候補となる部品が、もとの部品と同等の機能を持ち、既存のシステムや製品との互換性があることを確認する必要があります。これには、電気的特性、物理的サイズ、ピン配置などが含まれます。加えて、代替部品がもとの部品と同じ、またはそれ以上の性能を発揮できるのかも検討しなければなりません。

このように、半導体のEOL宣言を受けるたびに、電子機器メーカーは部品の代替や在庫管理の検討に多くの時間を費やす必要があります。しかし、最新の技術に移行することにより、高性能かつ効率的な製品を生み出すことにつながります。

半導体をより深く学ぶためのおすすめ書籍

●物性物理学を学ぶ入口として

『トポロジカル物質とは何か 最新・物質科学入門』長谷川修司著　講談社

半導体の物理は、原子や電子といったミクロなスケールの現象を説明する「量子力学」、膨大な数の原子や電子を扱う「統計力学」をベースとして、物質の性質を説明する「物性物理学」の中で半導体としての性質を示す物質について学ぶことになります。そういった物性物理学（固体物理学や電子の振る舞いにフォーカスしたものは電子物性とも呼ばれます）の文献は数多くありますが、上記が参考になるでしょう。

●半導体デバイスを理解するために量子力学、統計力学から一通りまとめられたものとして

『電子・物性系のための量子力学　デバイスの本質を理解する』小野行徳著　森北出版

●半導体全般に関する専門書として

『半導体デバイス 基礎理論とプロセス技術 第2版』S.M. ジィー著　産業図書

『最新VLSIの基礎 第3版』タウア・ニン著　丸善

●新しい技術として期待されている量子コンピューティングに関する入口の文献として

『スッキリ！がってん！量子コンピュータの本』森貴洋著　電気書院

『量子コンピューティング 基本アルゴリズムから量子機械学習まで』嶋田義皓著　オーム社

●量子コンピュータ、そして量子通信に関する専門的な文献として

『量子コンピュータと量子通信I, II, III』M.A. ニールセン、I.L. チャン 著　オーム社

本書執筆においての参考文献

図解入門よくわかる最新半導体の基本と仕組み［第3版］　西久保靖彦著　秀和システム

「半導体」のことが一冊でまるごとわかる　井上伸雄、蔵本貴文著　ベレ出版

索引

数字／記号／アルファベット

あ行

か行

さ行

た行

な行

は行

著者紹介

田中 瑞穂（たなか　みずほ）

大学卒業後、自動車部品メーカーにて車載電子機器のハードウェア設計に従事。その傍ら、ライターとしても活動し、電子部品をはじめ製造業に関する記事を執筆。専門的な技術をわかりやすく伝えることを心がけ、一般の読者に向けて理解しやすい解説を行っている。

監修紹介

森山 悟士（もりやま　さとし）

2005年東京工業大学大学院博士課程修了。博士（工学）。同年、理化学研究所 基礎科学特別研究員、2007年より物質・材料研究機構国際ナノアーキテクトニクス研究拠点独立研究者、主任研究員等を経て、2020年東京電機大学工学部准教授に着任。現在、東京電機大学工学部教授。専門は、2次元電子材料物性、量子デバイス工学。

■装丁　井上新八
■本文デザイン　株式会社エディポック
■本文イラスト　植木美恵
■担当　土井清志
■DTP　竹崎真弓（株式会社ループスプロダクション）、佐藤修
■編集　金丸信丈・大廻真衣（株式会社ループスプロダクション）

図解即戦力
半導体のしくみとビジネスがこれ1冊でしっかりわかる教科書

2025年4月30日　初版　第1刷発行

著者	田中瑞穂
監修	森山悟士
発行者	片岡　巌
発行所	株式会社技術評論社 東京都新宿区市谷左内町21-13 電話　03-3513-6150　販売促進部 03-3513-6160　書籍編集部
印刷／製本	株式会社加藤文明社

ISBN978-4-297-14830-0 C0034　　Printed in Japan

◆お問い合わせについて

- ご質問は本書に記載されている内容に関するもののみに限定させていただきます。本書の内容と関係のないご質問には一切お答えできませんので、あらかじめご了承ください。
- 電話でのご質問は一切受け付けておりませんので、FAXまたは書面にて下記問い合わせ先までお送りください。また、ご質問の際には書名と該当ページ、返信先を明記してくださいますようお願いいたします。
- お送りいただいたご質問には、できる限り迅速にお答えできるよう努力いたしておりますが、お答えするまでに時間がかかる場合がございます。また、回答の期日をご指定いただいた場合でも、ご希望にお応えできるとは限りませんので、あらかじめご了承ください。
- ご質問の際に記載された個人情報は、ご質問への回答以外の目的には使用しません。また、回答後は速やかに破棄いたします。

◆お問い合わせ先

〒162-0846
東京都新宿区市谷左内町21-13
株式会社技術評論社　書籍編集部
「図解即戦力
半導体のしくみとビジネスがこれ1冊でしっかりわかる教科書」係
FAX：03-3513-6167

技術評論社ホームページ
https://book.gihyo.jp/116